21 世纪教学活动设计案例精选丛书

初中数学教学活动设计案例精选

丛书主编　禹　明
本册主编　李文虎
副 主 编　陈　华　黄洪毅
编　　委　李文虎　黄洪毅　缪　雷　肖永斌
　　　　　刘曙昌　梁海洋　甘元玲　陈　华

北京大学出版社
PEKING UNIVERSITY PRESS

图书在版编目(CIP)数据

初中数学教学活动设计案例精选/ 禹明丛书主编. —北京：北京大学出版社，2012.3
(21世纪教学活动设计案例精选丛书)
ISBN 978-7-301-20243-2

Ⅰ.①初… Ⅱ.①禹… Ⅲ.①中学数学课—教学设计—初中 Ⅳ.①G633.602

中国版本图书馆 CIP 数据核字(2012)第 021976 号

书　　　　名：	初中数学教学活动设计案例精选
著作责任者：	禹　明　丛书主编　李文虎　本册主编
策　　　划：	周雁翎
责 任 编 辑：	李淑方
标 准 书 号：	ISBN 978-7-301-20243-2/G・3338
出 版 发 行：	北京大学出版社
地　　　　址：	北京市海淀区成府路 205 号　100871
网　　　　址：	http://www.pup.cn　　新浪微博：@北京大学出版社
微信公众号：	通识书苑（微信号：sartspku）　科学元典（微信号：kexueyuandian）
电 子 邮 箱：	编辑部jyzx@pup.cn　　　　　总编室zpup@pup.cn
电　　　　话：	邮购部 62752015　发行部 62750672　编辑部 62767346　出版部 62754962
印　　刷　者：	北京虎彩文化传播有限公司
	787 毫米×1092 毫米　16 开本　14.5 印张　260 千字
	2012 年 3 月第 1 版　2023 年 12 月第 5 次印刷
定　　　　价：	30.00 元

未经许可，不得以任何方式复制或抄袭本书之部分或全部内容。
版权所有，侵权必究
举报电话：(010)62752024　电子邮箱：fd@pup.cn

序

朱慕菊

当今世界正在发生着深刻的变化。社会的发展决定了教育必须跟上时代的步伐,因此,教育必须朝着适应未来的方向进行深刻的变革。自2001年9月启动我国新一轮基础教育课程改革以来,中小学的课堂里正在发生着质的变化,课程改革的理念已在基础教育改革的实践中得到广泛认同。

课堂教学设计是教学中的一个重要环节,是教学的目的性、过程性、科学性与艺术性的统一,不但需要深厚的教育理论作支撑,而且需要适切运用丰富多样的教学方法和教学技术。本丛书编写者长期以来坚持以新课程的理念为指导,对课堂教学进行了深入的探索,获得了有益的经验。

第一,在教育理论与实践的结合上进行了有益的探索。长期以来,教师们普遍认为系统而复杂的教学理论不易被有效地运用于课堂教学中。而在新课程推进过程中,教师们努力学习新课程所倡导的教学理论,并积极探索与实践的结合,特别注重把教学理论和研究成果运用于实际教学,指导教学工作,同时也注重将教师的教学经验总结上升到理论层面。事实证明,理论必须与实践不断结合才能为教师所掌握和运用;同样,也只有经常性地反观课堂教学实践,对其进行深度思考与梳理,才能使教学认识上升到理性的高度。这套《21世纪教学活动设计案例精选丛书》正是积极探索教育理论与实践相结合的产物。

第二,在教师的专业发展上进行了有益的探索。新课程的推进既向教师提出了巨大的挑战,同时也应看到,它更是教师专业发展的极好机遇。教师工作的性质决定了它不是机械的重复。教师既要坚定不移地贯彻落实党的教育方针,同时作为专业人员还必须遵循少年儿童心理发展的规律,谙熟他们的需求,掌握学科教学的内容与方式。在当今社会快速发展的背景下,教师的专业修养也需要与时俱进。因此,新课程所倡导的学生学习方式的变革、教师教学方式的变革,都需要教师在工作岗位上不断思索,不断进步,实现其专业发展。而本丛书编写者正是深刻理解了教师专业发展对于推进新课程的重要性，他们想方设法促使教师对自己的课堂教学进行自觉的反思与总结，引导教师们在理论与实践之间进行反复的"对话"，并将"对话"的结果以课堂教学设计的形式表达出来，帮助教师整理了教学思想，提升了教育理念，促进了教师专业的发展。

  第三，在改变课堂教与学的方式上进行了有益的探索。查尔斯·赫梅尔在《今日的教育为了明天的世界》中指出，在百科全书式的知识已经过时、百科全书比老人老得还快的大变革时代里，教师再也不能仅限于传授知识，而需要"唤醒不被知晓或沉睡中的能力，使得每个人都能分享到人们完全能够发挥自己才能的幸福"。因此，改变教与学的方式成为本次课程改革追求的重要目标之一。这套丛书正是以改变教与学的方式为突破口，对课堂教学如何体现学生的主体地位，如何突出知识的建构过程，如何增强学生的情感体验，如何使学生形成正确的价值观等方面的问题作了大量深入的探索。这套丛书中的教学设计虽然侧重活动性，但每一个教学活动的设计都力图向人们反映一种理念：只有将学习任务转化为学生的自我需求，才能真正唤起学生的求知欲望，才能真正激活学生学习的内在动力，才能真正使学生成为学习的主人。

  衷心希望这套丛书能够为全国的中小学教育工作者提供借鉴。

2012 年 2 月

（朱慕菊：国家基础教育课程教材专家工作委员会秘书长）

前 言

禹 明

最近，国家九年义务教育课程标准正式公布了。在总结我国十多年来基础教育课程改革经验的基础上，教育部正式公布的国家九年义务教育课程标准在强调德育领先、坚持渗透社会主义核心价值观的同时，特别强调了对学生创新精神和实践能力的培养。而要实现这一点，我们就要继续转变中小学课堂教学方式，在课堂上尊重学生，充分调动学生的积极性和主动精神，培养学生的批判性思维和学生的实践能力。为了学习，落实国家九年义务教育课程标准的精神，帮助中小学教师转变课堂教学方式，北京大学出版社出版了《21世纪教学活动设计案例精选丛书》，以帮助中小学各学科教师更好地在国家九年义务教育课程标准的指导下，研究课堂教学，改进课堂教学，提高基础教育的教育质量。

我们一直强调教学过程的重要性。因为学生知识的获取，能力的提升，情感的变化都是在教学过程中逐步实现的。教学过程要由一个一个教学活动构成。要想实现有效的教学过程，一定要设计好每一个教学活动，使教学活动符合学生的认知发展水平，符合学生的实际生活经历。在设计教学活动时，要考虑在活动中学生学什么？怎样学？学得怎样？要考虑如何让学生主动学习，合作学习，探究学习。一堂课是否有效与课堂教学活动的好坏正相关，学生是否能成为课堂学习的主人也与课堂教学设计的好坏正相关。因此，研究课堂教学活动的设计是课程改革的需要，是落实国家九年义务教育课程标准的需要，也是中小学教师专业发展的需要。

《21世纪教学活动设计案例精选丛书》的编写不以某一版本的教材为依据。它是根据基础教育课程改革的基本理念，依据国家九年义务教育课程标准编写的。这就使本丛书具有普适性，可供使用任何版本教材教学的中小学教师参考使用。本丛书收集的活动设计，有别于教育教学案例，它是课堂教学中的某个教学环节，或是精心设计的导入，或是针对具体学习任务而设计的小游戏。每一个教学活动设计体现了以学生为主体的理念，而且经过了多年教学实践的检验，行之有效。由于丛书提供的活动类型多样,宛如一个课堂教学活动设计的"超市",各个学科的教师完全可以根据自己教学的实际需要,任意选用或组合,也可以在现有基础上改造与创新。在编写本丛书时,我们并没有强求体例一致,这样,我们可以保存每个教学活动设计的个性与特点,体现教学活动设计的多元化。对于广大的一线中小学教师而言,本丛书是实用的教学参考书,因为本丛书的作者都是来自教学第一线,他们的教学活动设计就是在教学第一线产生的。

《21世纪教学活动设计案例精选丛书》是一套"草根"作品,散发着浓浓的芳草气息,而课程改革的春天不正是弥漫着这股清香味么?愿同行们喜欢它,也期待着你们的指教。

2012年2月

于深圳市教育科学研究院

(禹明:特级教师,教育部教师教育课程资源专家委员会专家,教育部"国培计划"首批教师培训专家,教育部九年义务教育课程标准综合审议专家,教育部外国人子女学校认证专家组专家,深圳大学师范学院兼职教授,教育硕士导师)

编者说明

师范院校的教师职业技能培养的严重缺失,课程改革培训中重理论轻教法的倾向,教师职业技能方面专业引领的不足,这些是导致课程改革中出现诸多问题的重要原因。改变教师的教育理念非常重要,但新的理念不是自然而然地就能转化为新的教学设计和行为的。在这个过程中需要专业技能的支撑,比如如何上好讨论课,如何通过游戏使学生掌握英语的时态,如何使学生通过有趣的活动认识数学的抽象概念,如何让学生通过讨论春游的安排了解人民代表大会的议事程序,等等。新的课程理念只有在这些细节的落实之处才能真正体现出来——这就是我们编写这套《21世纪教学活动设计案例精选丛书》的初衷。

谁是教师职业技能培养的引领者?是那些将自己的热情和智慧奉献给课程改革事业的富有创造性的教师们。南山区的教师们在这方面作出了有益的探索。本套丛书所收集的活动,不同于以往的案例,它是课堂上的一个教学环节,或是一种精心设计的导入,或是一个针对具体的学习任务而设计的小游戏……每一个活动设计都体现了以学生为主体的理念,都已经被教学实践证明是行之有效的好方法。

这套丛书没有依据某一个版本的教材,而是按照课程改革的理念,依据课程标准编写的,这就使得这套丛书具有了普适性,使用任何版本教材教学的教师都可以使用。其中所设计的活动的类型多种多样,宛如一个课堂活动的"超市",教师可以根据自己教学的需要,任意选用和组合。即便是每本书或每个设计,我们也没有强求体例一致,我们想让每个教师鲜明的个性跃然纸上。这套丛书是教师的实用参考书。

当教师们的职业技能逐渐提高的时候,课程改革的事业就会展现出更加绚丽的前景!我们编写本套丛书的目的,是希望为提高教师的职业技能贡献一份力量。我们也期待热心的读者提出宝贵的意见。

目 录

序 ·· 朱慕菊(1)
前言 ··· 禹　明(3)
编者说明 ·· (5)

第一部分

活动 1.01　走进数学世界 ··· (2)
活动 1.02　能思会动学数轴 ·· (5)
活动 1.03　选择合适的统计图进行数据整理 ································ (8)
活动 1.04　生活中的数学 ·· (12)
活动 1.05　轴对称性质的探索及应用 ·· (15)
活动 1.06　我们一起体验"经济" ·· (21)
活动 1.07　心率与年龄 ··· (24)
活动 1.08　机会有多大 ··· (27)
活动 1.09　高 度 的 测 量 ·· (30)
活动 1.10　估算瓶子里米粒的数目 ··· (34)
活动 1.11　游戏的公平与不公平 ·· (37)
活动 1.12　其实我也很美 ·· (41)
活动 1.13　奇妙的中点四边形 ··· (45)
活动 1.14　相似三角形的应用 ··· (48)
活动 1.15　基本图形在相似三角形中的作用 ································ (52)

第二部分

活动 2.01　构造有意义的图案 ··· (56)
活动 2.02　探寻数学美 ··· (59)
活动 2.03　走哪条路线 ··· (62)
活动 2.04　活用三角形的三边关系 ··· (65)
活动 2.05　感受数学的美 ·· (68)
活动 2.06　用正多边形拼地板 ··· (72)
活动 2.07　初中数学教学活动设计 ··· (75)
活动 2.08　让你的脑筋动起来 ··· (77)
活动 2.09　解直角三角形的应用 ·· (80)
活动 2.10　旗杆有多高 ··· (84)
活动 2.11　档案中的学问 ·· (86)

活动 2.12　学生逃餐为哪般？……………………………………………………（89）

第三部分

活动 3.01　平行线的识别 …………………………………………………………（94）
活动 3.02　关于正方体切去一块后剩下立体图形中顶点数、棱数与面数的研究 …（98）
活动 3.03　机会的均等与不等 ……………………………………………………（100）
活动 3.04　列举所有等可能的结果 ………………………………………………（104）
活动 3.05　地面装修中的数学问题 ………………………………………………（107）
活动 3.06　轴对称的认识 …………………………………………………………（110）
活动 3.07　图形拼剪的实践与探索 ………………………………………………（113）
活动 3.08　图形的全等 ……………………………………………………………（117）
活动 3.09　"是简单的相加除以 6 吗？" …………………………………………（121）
活动 3.10　三角形可以分成两个等腰三角形的条件 ……………………………（124）
活动 3.11　欧拉公式 ………………………………………………………………（127）
活动 3.12　立体图形展开图 ………………………………………………………（133）
活动 3.13　镜子改变了什么 ………………………………………………………（136）
活动 3.14　黄金分割 ………………………………………………………………（139）
活动 3.15　勾股定理活动设计 ……………………………………………………（145）
活动 3.16　自主探究 ………………………………………………………………（149）

第四部分

活动 4.01　你会拼三角形吗 ………………………………………………………（153）
活动 4.02　一次方程（组）在生活中的运用 ………………………………………（156）
活动 4.03　多边形内角和公式的推导 ……………………………………………（160）
活动 4.04　你发现了吗？ …………………………………………………………（163）
活动 4.05　你会铺地砖吗？ ………………………………………………………（166）
活动 4.06　拼图的乐趣 ……………………………………………………………（170）
活动 4.07　生活中的轴对称 ………………………………………………………（174）
活动 4.08　生活中的轴对称之美初探 ……………………………………………（178）
活动 4.09　玩转七巧板 ……………………………………………………………（182）
活动 4.10　瓷砖的铺设 ……………………………………………………………（184）
活动 4.11　数据的收集 ……………………………………………………………（187）
活动 4.12　成功与失败 ……………………………………………………………（190）
活动 4.13　位置的确定 ……………………………………………………………（193）
活动 4.14　在电脑教室学数学 ……………………………………………………（197）
活动 4.15　直角三角形中三边之间的关系 ………………………………………（201）
活动 4.16　让活动贯穿整个课堂 …………………………………………………（207）

后记 ………………………………………………………………………………（213）

第一部分

　　数学活动要贴近学生生活实际,让学生切实体会到数学来源于生活,数学就在我们身边。数学活动要关注学生的生活世界、重视学生的亲身体验。

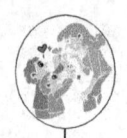

活动 1.01

走进数学世界

【活动课题】
　　走进数学世界。

【设计理念】
　　紧密联系学生的生活实际,在现实世界中寻找数学题材。让教学贴近生活,让学生在生活中看到数学,摸到数学,感受数学与日常生活的密切联系,增加对数学的亲近感,体验用数学的乐趣。

【活动目标】
　　1. 感受中国、世界数学发展的历程,找出中国在数学发展中所占的地位与作用,激发学生对数学的兴趣、对国家的热爱。
　　2. 找寻生活中的数学,从细小处发现、认识数学的趣味性、知识性、探究性。
　　3. 通过走进数学世界,想一想我们的生活当中,有哪些要解决的数学问题。以小组合作的方式,提出你在生活中遇到的数学问题,并加以解决。

【活动准备】
　　教师课前提出三个板块的主题,要求学生收集、处理相关资料;同时,学生还可以以小组为单位对资料进行分析、整理、归纳。

【活动过程】
　　一、认识数学的发展
　　1. 中国是世界文明发源最早的国家之一,与古代埃及、印度、巴比伦并称为四大文明古国。在绵延不断的五千年文明史中,中华民族积累了极其丰富的文化遗产。在这个多姿多彩的历史文化宝库中,数学无疑是其中一颗璀璨的明珠。它在世界数学史上,乃至在整个人类文明发展史上都光彩夺目,具有极其重要的地位和价值。中国古代的数学成就如同造纸、火药、指南针、印刷术这四大发明一样,是中华民族对世界文明的一项重大贡献,是值得炎黄子孙珍视的一份骄傲。简述中国古代流传至今的《墨经》、《周髀算经》、《九章算术》等自然科学和数学著作。
　　2. 世界数学发展中具有突出地位的《几何原本》、《代数学》。
　　3. 感受数学问题:
　　(1) 中国古代益智游戏——华容道。游戏玩法,一次点击移动一个人物,直到将曹操(最大的方块)从最下面中央的箭头处移出(图1)。

(2) 中国古代益智游戏——九连环。以金属丝制成9个圆环,将圆环套装在横板或各式框架上,并贯以环柄(见图2)。游戏时,按照一定的程序反复操作,可使9个圆环分别解开,或合而为一。

(3) 罗素悖论。一天,萨维尔村理发师挂出了一块招牌:村里所有不自己理发的男人都由我给他理发。于是有人问他:"您的头发谁给理呢?"理发师顿时哑口无言。

图1 华容道游戏

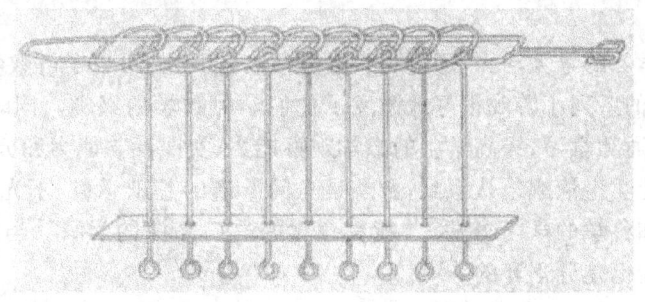

图2 九连环示意

(4) 哥德巴赫猜想(Gold Bach Conjecture)。1742年6月7日,哥德巴赫(Gold Bach)写信给当时的大数学家欧拉(Euler),提出了以下的猜想:

① 任何一个不小于6的偶数,都可以表示成两个奇质数之和。

② 任何一个不小于9的奇数,都可以表示成三个奇质数之和。

(5) 国际数学家大会。国际数学家大会(ICM)是由国际数学联盟(IMU)主办的,每4年举行一次,至今已有百余年的历史。

简要了解:世界上的数学奖有哪些?

二、身边的数学

在我们的日常生活中,数学是必不可少的。比如:去超市购物,各商家都在搞促销活动,如何比较商品的价格,哪一家更便宜?室内装修,如何进行度量,怎样计算装修的费用,如何知道你的装修是否合理、价钱是否公道?

三、利用数学解决问题

计算:$1+2+3+4+\cdots+100=?$

判断:$1+3+5+7+\cdots+99=2+4+6+8+\cdots+100$?

四、课后活动

1. 主题:

(1) 了解数学世界。

(2) 贴近生活,寻找数学。

(3) 通过走进数学世界,想一想我们的生活当中,有哪些要解决的数学问题。

(4) 思考:学习数学需要怎样的品质?

2. 活动方式:上网、资料查阅、小组交流

3. 要求:

(1) 以个人为学习单位做好主题(1)、(2),并提交作业;

(2)以 6 人小组为学习单位,交流主题(1)、(2)内容,同时做好资料分析、整理、归纳工作,确定小组主题(3)的内容,合理分工合作,提交作业;

(3)作业可以为电子文档,Word,PowerPoint,FrontPage 形式均可,作业也可以为书面文档;

(4)文档要求主旨明确,观点、看法表述清晰,语句通顺;

(5)总结这次教学活动,结合主题(4),写出活动的体会和感悟,字数不少于 600 字。

【活动评述】

兴趣是学习的最大动力,通过这次教学活动,同学们可以了解数学发展的历史与现状,教师提供的系列小游戏很好地激发了他们学习数学的兴趣。同时也可以促进学生相互交流、沟通和学习,提高学生的数学观察能力、实践参与能力和分工合作能力。

还应该让学生清醒地认识到,数学是一门严谨的基础学科,不光要有兴趣,还要有坚定的毅力和科学的学习方法,才能真正学好这门高深的学科。当然,这与教师的传授、鼓励、帮助也是分不开的。

【资料链接】

http://www.pep.com.cn/shzdsx/生活中的数学

http://www3.xinhuanet.com/newscenter/icm2002/news.htm 国际数学家大会

http://www.icm2002.org.cn/Chinese/B/cnewspub.htm 2002 年国际数学家大会新闻发布会在京举行

http://www.cbe21.com/subject/maths/sxsl.php 数学史料

http://soft.withu.com/hrd/中国古代益智游戏华容道

http://www.cbe21.com/subject/maths/html/040302/2004_03/20040331_100040.html 中国数学的地位

(深圳市南山实验学校 赵 煦)

活动 1.02

能思会动学数轴

【设计理念】
　　数轴在数学中是比较重要的基础知识。学好数轴,有利于理解数(有理数)与形(表示有理数的点)之间的关系。后面的相反数、绝对值、有理数大小的比较方法是在数轴上学习的,还有不等式、直角坐标系都离不开数轴。数轴对学生来说是新生事物,纯粹的说教,学生被动接受,效果不好,那么,怎样解决这个困难? 既然数学来源于生活,我们就用生活中非常熟悉的例子"温度计"来帮我们解决这个问题,通过这种形式的教学,促进学生自主学习,自我发展,逐步培养探索精神。

【活动目标】
　　理解数轴三要素,能准确地画出数轴,能把有理数用数轴上的点表示出来,能指出数轴上的点表示什么有理数。初步体会数与形的结合。

【活动准备】
　　课前每人准备一支温度计、一个温度计模型(教师用于演示)。

【活动过程】
　　一、准备
　　复习正数、0、负数的意义,并要求学生写出正分数、正整数、负分数、负整数各三个。
　　二、观察与思考
　　要求学生观察温度计,发现温度计的结构,借助温度计的这个模型导出数轴的意义。这部分内容是本节的一个重点,分活动部分和提升部分进行。
　　1. 先让学生自己观察温度计,并整理观察结果,再与同学交流,互相补充,然后教师应朝着下面三个方面统一认识:① 温度计有均匀的刻度和读数(目的是暗示数轴有单位长度);② 温度计有零上、零下温度的分界点:零度(目的是暗示数轴有原点、正数、负数的分界点);③ 温度计有上升方向(目的是暗示数轴有正方向)。正因为温度计上有了零度,均匀的刻度和读数,温度上升、下降的方向,我们才可以读出各种温度,缺一不可。活动部分要有足够的时间去观察交流,训练学生怎样获得第一手资料,培养学生的分析能力、归纳能力。
　　2. 在上面活动的基础上,让学生在温度计上读出 $-3℃$, $-0.5℃$, $0℃$, $15℃$, $23.6℃$, $26.5℃$。教师向学生提出问题:如果温度计足够长,我们是否可以读出任

意的温度读数,比如 500℃,1000℃,-200℃,-197℃,甚至更大的读数?我们把上面温度单位去掉可得的数:-3,-0.5,0,15,23.6,-26.5,500,1000,-200,-197,这些都是有理数。利用这个问题进一步让学生发挥想像:如果把温度计看作一条直线,我们是否就能在上面表示任意有理数?这个问题让学生互相充分讨论,让学生发表见解,不要急于总结。教师有意识地引导学生向数轴方向思考:我们参照温度计在一条直线上规定零点、单位长度、正方向,并在上面表示有理数,这时教师就可以水到渠成地给出数轴的概念:规定了原点、正方向和单位长度的直线叫数轴。在教学中应该强调原点、正方向和单位长度三要素缺一不可。学生通过这样自己动脑思考,自己观察总结,应该比较容易接受数轴的概念。这是提升部分,由具体到抽象,是本节的难点,教师对有困难的学生应该加强辅导。接下来教导学生画出准确的数轴。为了加强理解,要求学生完成下列问题:

判别下列数轴是否正确,并说出理由。

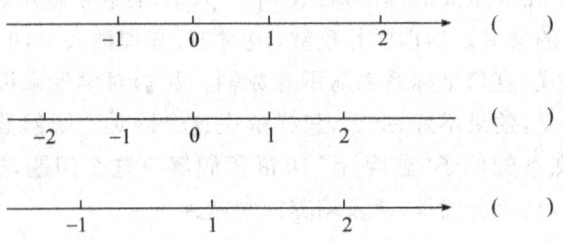

三、转换

学习了数轴,下一步就是引导学生在数轴上体会由数到形、由形到数的互相转换过程,但在由形到数的转换时,教师要特别注意,数轴上的点不一定都表示有理数,也可以表示无理数,教师要把握好,避免问题加深,减轻学生的学习负担。

1. 用温度计引导学习由数到形。要求学生在温度计上找出表示-3℃,-0.5℃,0℃,15℃,23.6℃,26.5℃,32℃ 的刻度,并作好记号。这些数据最好有整数、小数、有正数、负数、0。教师可以利用温度计模型来示范,可以重复多次实验。如果学生掌握较好,教师应指出:一个温度可在温度计上有惟一的刻度与这个读数相对应,引申提出问题:一个有理数能否由数轴上的点表示出来,怎样表示出来,例如:2,3,-2,3.5,-5。这个问题可以由学生交流合作,发挥互动互学,教师根据情况统一给出正确的表示方法(也可以由表示正确的同学上黑板示范),要求所有学生必须掌握正确的表示方法,不能降低要求,否则会留下教学隐患。把有理数用数轴上的点表示出来难度不算大,下面的问题教师应注意引导:数轴上的点并非都表示有理数(教师不用跟学生讲,心中有数即可)。

2. 由形到数的互相转换。由形到数的教学可以用学生测量自己的体温的方法来引导:让每个学生测量自己的体温,读出温度,可以重复多次实验,启示思考:我们能由刻度读出温度,就说明这个刻度(这个位置)代表着惟一一个数值,同样道理,数轴上的点可以表示有理数(要注意避免无理数),教师给出正确的表示方法。让学生完成下列练习以便加强理解：

练习：在下面数轴上标出 A：3，B：0，C：-1，D：1，E：-2

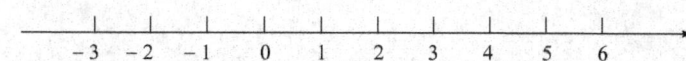

（在教学过程中，教师应注意学生出现"点等于数"的情况，点是图形，数不是图形）

四、归纳

让学生归纳本课的学习成果：

1. 掌握数轴的意义，能正确画出数轴。
2. 能把一个有理数用数轴上的点表示出来。
3. 能指出数轴上的点表示什么有理数。

五、练习

略

六、作业

略

【活动评述】

  这节课要使学生做到动脑动手，学会比较观察，归纳总结，从而自主获得新知识。教师课前准备要充分，教学中要抓住时机从温度计逐步提炼出数轴的三要素：① 0度与原点；② 刻度与单位长度；③ 温度的上升方向与正方向。当学生从温度计上形成数轴三要素时，教师必须及时帮助学生形成数轴的概念，使学生体会数学来源于生活，生活当中有数学，不要为活动而活动，要因活动而得到知识和方法，培养探索精神，这才是我们的教学、教育目的。

（深圳市西丽二中　张华杰）

活动 1.03

选择合适的统计图进行数据整理

【活动课题】

选择合适的统计图进行数据整理。

【设计理念】

1. 努力为学生营造一个生动具体的学习情景,选取的例子尽量贴近学生生活,有生活气息。
2. 活动的形式以教师与学生合作探索为主。
3. 在教学中,通过学生亲身经历收集、整理、描述、分析和提炼数据的全过程,从中获得知识、技能。
4. 重视数学对学生的德育教育,培养学生分工合作的精神。

【活动目标】

1. 联系现实生活中的实际问题,让学生经历收集、整理和分析、提炼数据的全过程。
2. 明白不同的统计图有各自的特点,体会对于同一组数据来说不同的统计图有优劣之分。

【活动准备】

一、关于学生

1. 利用课余时间了解桃源片区 6 个在售楼盘的各种有关数据,可以从网上或报刊上查询,也可以直接到这 6 个有关的楼盘售楼处收集。
2. 并将收集到的数据在课前交给任课教师。

(注明:选择桃源片区的 6 个在售楼盘是因为这些楼盘毗邻而建,方便调查)。

二、关于教师

1. 将学生所收集的数据先进行简单整理,并制成幻灯片。
2. 安排本节课在电脑课室授课,尽量让每一个学生都能尝试用计算机中的 Excel 软件绘制图表。

【活动过程】

1. 师生共同回忆所学过的三种统计图:扇形统计图、条形统计图和折线统计图。
2. 教师用幻灯片展示学生在课余时间收集到的有关桃源片区 6 个在售楼盘的各

种有关数据：

桃源片区新建在售的6个楼盘以拼音字母为序自然排列为：城市假日(C)、俊峰丽舍(J)、润城花园(R)、挪威森林(N)、欧陆经典(O)、中爱花园(Z)。

(1) 用地规模。城市假日：占地25878平方米，占6个楼盘总面积的16%；俊峰丽舍：占地44691平方米，占6个楼盘总面积的28%；润城花园：占地32991平方米，占6个楼盘总面积的20%；挪威森林：占地10000平方米，占6个楼盘总面积的6%；欧陆经典：占地29840平方米，占6个楼盘总面积的18%；中爱花园：占地20263平方米，占6个楼盘总面积的12%。

(2) 容积率。城市假日：容积率2.60；峻峰丽舍：容积率2.95；润城花园：容积率2.09；挪威森林：容积率2.4；欧陆经典：容积率1.8；中爱花园：容积率3.20。

(3) 车户比。城市假日：车位户数比6.0∶10；峻峰丽舍：车位户数比4.7∶10；润城花园：车位户数比5.0∶10；挪威森林：车位户数比5.0∶10；欧陆经典：车位户数比6.2∶10；中爱花园：车位户数比5.0∶10。

(4) 每平方米均价。城市假日：5000元左右；俊峰丽舍：4600元左右；润城花园：4100元左右；挪威森林：4200元左右；欧陆经典：4300元左右；中爱花园：4350元左右。

3. 学生阅读相关数据，在老师的指导下展开活动。

第一步，将全班同学分成6个小组分别活动。分组的方法：按照能力进行分组，每组都包括不同能力的学生，尽量使各组的学生平衡，每组学生内部都有明确的分工，比如课前的数据收集由成员分开调查，而在进行数据分析时，可以让分析能力较好、计算机操作能力强的学生更多地承担有关任务，而在总结结论时，偏向于表达能力强的人选。

第二步，指导学生先重点阅读信息1(用地规模)，然后让学生交流、思考，各小组自行选择不同类型的统计图，利用计算机的Excel软件制作统计图，教师在一旁协助指导。

第三步，教师将不同小组所制作的统计图通过投影仪展示出来。

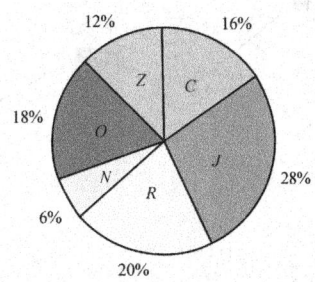

第四步，在这道题的数据处理上，有一半的学生选择扇形统计图，另一半学生选择条形统计图，那么请学生互相交流、讨论，比较两种不同的统计图的特点和作用。

第五步，学生根据信息2(容积率)，动手制作统计图，教师将学生的作品进行展示。

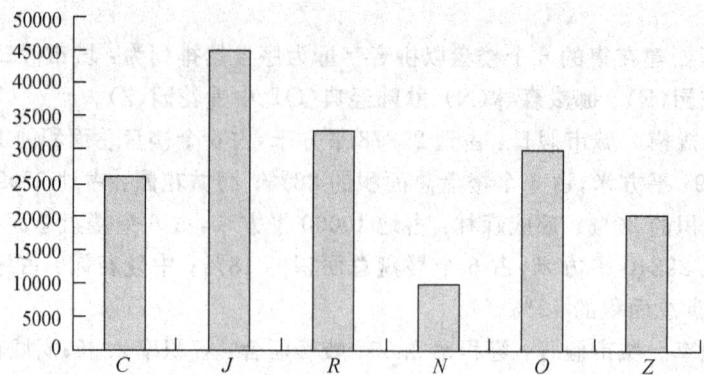

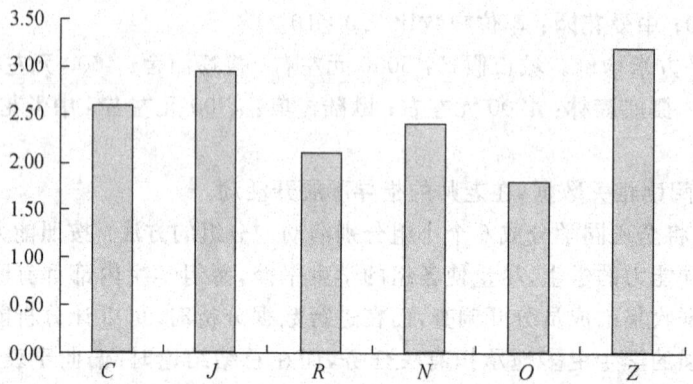

第六步,学生讨论:为什么在这组数据的处理上,绝大多数的同学选择用条形统计图?可否用折线统计图?这两种统计图的差别在哪里?

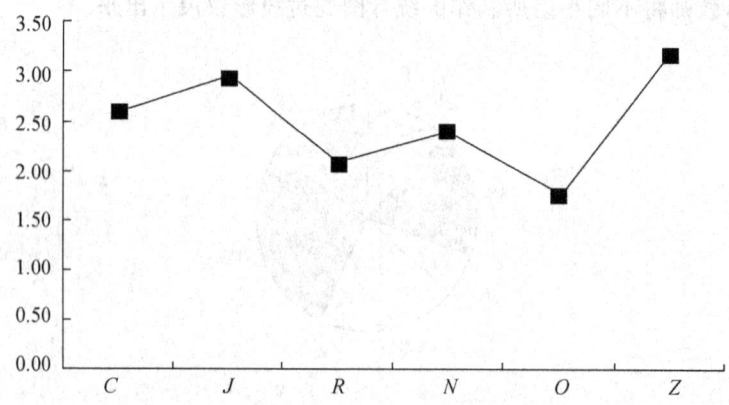

第七步,学生继续根据信息 3 和信息 4,动手制作统计图,教师将学生的作品展示,并让学生互相交流、讨论选择的统计图有何特点。(本步骤的图示略)

第八步,由学生交流、总结出三种统计图的特点和作用,并填写下表。

	扇形统计图	条形统计图	折线统计图
特点			
作用			

【活动评述】

    1．课前让学生从网上、报刊等处收集与生活有关的数据，提高了学生收集数据和分析数据的能力。课堂上结合实际生活中相关的问题，让学生自己分析并画出合适的统计图，从中找到处理数据的规律，掌握了扇形统计图、条形统计图和折线统计图的区别、方法和作用。

    2．多媒体的使用，提高了学生学习的兴趣和探究问题的欲望；利用 Excel 软件绘制图表，节省了学生的许多时间，让学生有更多的时间与空间去思考数学问题，增大了课堂容量，提高了学生学习的积极性。

【资料链接】

    1．深圳搜房网 http：//sz.soufun.com/

    2．新课程怎样教（数学八年级下）．北京：开明出版社

（深圳市西丽二中　谢慧燕）

活动 1.04

生活中的数学

——"一次函数的实践与探索"教学活动

【设计理念】

数学课程的发展受到了社会、科技、教育、数学方方面面的影响。现在许多方面的条件都发生了深刻的变化,决定了数学课堂教学必须进行改革。首先是数学观念的变化。"素质教育,以人为本。"数学教育不是数学的教育,而是通过数学进行教育。人人学习有价值的数学,让数学服务于人。在今天,数学应当成为人们交流信息、解决问题的有效工具。

【活动目标】

本节教学内容是"一次函数的实践与探索"。在学生掌握了一次函数的基本概念和性质的基础上,提供相应素材,让学生通过分析、探究,建立函数关系式和函数图象,从图象中获取信息,对这些问题尝试用数学方法加以解决。强调学生动手参与,强化数学建模思想,提高学生应用已有知识灵活处理实际问题的能力。

【活动过程】

一、建立教学情境

随着上课的铃声,我健步走入教室。我提出一个学生在课堂上意想不到的问题:

"你们的父母都用手机吗?用的请举手。"

学生几乎都举起了手。

我然后再问:"那你们知道你们父母申请的是哪项业务吗?是移动还是联通?是动感地带还是神州行或者是神州大众卡?"

这时,只有几位同学举起了手。我分别请他们说出了各自父母手机申请的业务。

我又问:"你们知道通信公司推出的这么多业务,哪一项业务是最实惠的吗?"

同学们七嘴八舌地说开了,各抒己见。

最后,我说:"今天我们就要利用所学的函数知识来解决这个问题。"

二、出示问题

中国移动深圳分公司推出了几项手机移动业务。其中一项是神州行业务,无需月租,通话费0.6元/分。另一项动感地带业务,月租26元,通话费0.3元/分。现我校张老师和李老师都想申请其中一项移动业务。其中张老师估计他每月电话费控制在150

元左右;李老师电话不多,电话费控制在50元左右。请你帮助他们选择一下,申请哪项业务较为实惠。

三、分析探究

学生一看问题,马上有了反应。有的主张申请神州行,有的主张申请动感地带。我告诉学生,你们所主张的方案必须要有充分的理由,用科学的依据说话,不能凭感觉,要有科学的态度。

此时,同学们陷入了沉思。

课堂安静下来。五分钟后,我再次提问:"这两项业务中,话费金额和通话时间的关系是怎样的?联系我们刚学过的知识,你有什么发现?"

学生开始动笔。几分钟后,大部分同学举起了手。我请了一位班上平时表现中上的学生回答。他说:"设动感地带话费为 Y_1 元,通话时间为 T_1,则得到动感地带话费的函数关系式 $Y_1=26+0.3T_1$。这是一个一次函数。设神州行话费 Y_2 元,通话时间为 T_2 分钟,则其函数关系为 $Y_2=0.6T_2$。这是一个正比例函数。"

"回答得很好。"说完,我将两个关系式板书在黑板上。

然后有同学问:"老师,写出这两个关系式有什么用?"

我笑着回答:"你们根据这两个关系式,画出它们的图象,你又会有新的发现,但要注意自变量 T_1,T_2 的取值范围。"

10分钟过去了,我巡视了一遍,发现大部分学生都画出了图象(图象如下)。然后我把我准备的图象出示在黑板上。

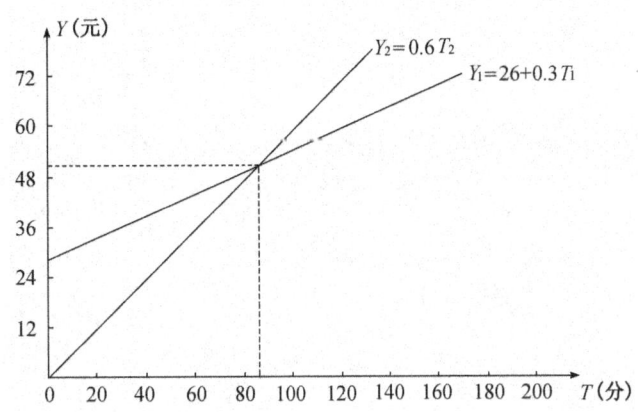

然后我提问:"通过观察,分析图象,你能获得什么有效的信息?两条射线的交点表示什么涵义?"

"交点表示两种业务在通话时间为八十分钟时的话费相当。"

有学生迫不及待地回答出来了。

我又问:"那你们能算一算是八十几分钟吗?怎么列式?此时话费为多少元?"

我请了一位成绩较好的同学上台板书。列式计算如下:

$$0.6T=26+0.3T$$
$$T\approx 86.67 \text{ 分钟}$$

$$Y_1 = 0.6T = 0.6 \times 86.67 \approx 52 \text{ 元}$$
$$Y_2 = 26 + 0.3T = 26 + 0.3 \times 86.67 \approx 52 \text{ 元}$$

"通过计算,我们知道,当通话时间约为86分钟时,两种业务的话费大约相等,都为52元。然后你们看,通过时间超过86分钟时,两种业务的话费增长情况是怎样的?"

"神州行的增长快,动感地带的增长慢。"有同学马上回答道。

"回答得很好。这样,你们知道怎样为张老师、李老师选择了吗?"

"知道了。给张老师选择动感地带,李老师选择神州行。"同学们异口同声地回答道。

四、总结

"通过这节课的探索,我们知道,数学的学习是为了解决我们生活中的实际问题,数学是为我们服务的。"我再一次强调了数学在生活中的重要作用。

下课铃响了。有几个同学说:"我回家帮我的父母也算算他们的手机业务,帮他们选择一种经济实惠的业务。"看着他们,我笑了……

【活动评述】

"学以致用"是中国的一句古话。新课程改革的一个重要目的,就是要让学生亲自去体验、感受、用所学的知识解决实际问题。通常在数学教学中,我们忽视了实际应用。而现在,应当进一步让学生经历和体会数学学习中"问题情境→建立模型→解释应用→拓展"的过程,强化数学应用与建模意识,提高分析问题和解决问题的能力。

(深圳市南山区文化武术学校　石清安)

活动 1.05

轴对称性质的探索及应用

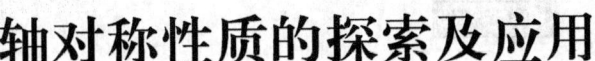

【设计理念】

《数学课程标准》指出"数学教学是数学活动的教学","让学生经历数学知识的形成与应用过程"。在数学教学中,必须让学生通过主动参与的活动(包括观察、描述、操作、猜想、思考、交流和应用等),亲身体验如何"做数学",如何实现数学的"再创造",并从中感受到数学的力量,促进数学的学习。

这节课,学生将借助几何画板软件,在动手操作的过程中,探究轴对称的性质,并在理解的基础上,设计出自己喜欢的轴对称图案,感受对称美。

【活动目标】

1. 通过画轴对称图形的对称轴,探索轴对称的基本性质。
2. 理解连接对称点的线段的垂直平分线是这个图形的对称轴。
3. 能作出简单图形关于已知直线的轴对称图形。
4. 经历操作、观察、发现、归纳、总结的探索过程,提高分析问题、解决问题的能力。
5. 尝试设计轴对称图案,体验数学美,进一步培养创新意识。

【活动准备】

1. 知识内容:学生已经通过生活中的实例认识了轴对称和轴对称图形的概念,并对线段、角等基本图形的轴对称性进行了探究。
2. 信息技术:学生能够熟练运用几何画板构造简单图形,并且会进行部分度量和变换操作。

【活动过程】

一、说一说

1. 生活中有哪些轴对称物体?
2. 我们已经学过哪些轴对称图形,它们分别有几条对称轴?
3. 回顾轴对称图形和轴对称的概念。

二、探索轴对称的性质及其应用

1. 作图一:A、B两点成轴对称吗?如果是,请你作出它的对称轴。

文件1

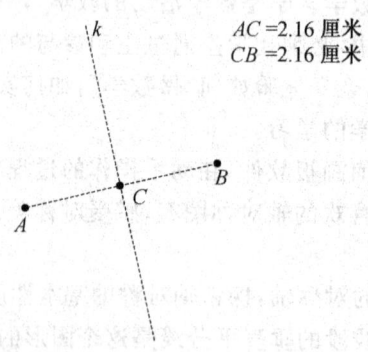

显示说明

学生答：是。（立刻动手作对称轴。）
老师：怎样做它的对称轴呢？
学生1：连接 A、B，作线段 AB 的垂直平分线。
老师：从图中能得到哪些量，将它们度量出来。
学生动手操作，不一会儿就完成了。

$AC = 2.16$ 厘米
$CB = 2.16$ 厘米

老师：如果让 A 点在平面内自由运动，你所得到的结论还成立吗？
学生作图中 A 点的动画，并观察。

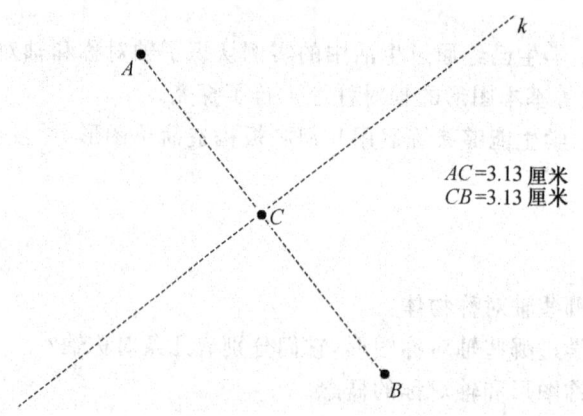

$AC = 3.13$ 厘米
$CB = 3.13$ 厘米

老师：通过刚才的操作和观察，我们可以得到怎样的结论呢？
学生2：对称点到对称轴的距离始终相等。
学生3：对称轴垂直平分对称点的连线。

老师：你们说得非常好。也就是说，如果一个图形是轴对称图形，那么连接对称点的线段的垂直平分线就是这个图形的对称轴。

2. 作图二：你能作出这个轴对称图形的对称轴吗？说出作法。

文件2

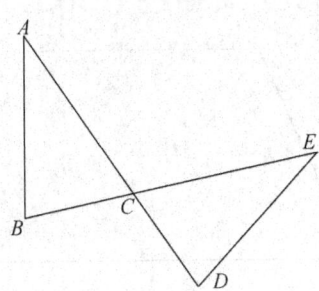

学生4：连接 A、E，作线段 AE 的垂直平分线。

学生5：过 C 点作一条直线。

学生1：不对。

老师：为什么呢？

学生1：过一点不能确定一条直线。还可以作线段 BD 的垂直平分线。

老师：C 点在图中有什么特殊性吗？

学生6：C 点在对称轴上，它的对称点是它本身。

老师：很好。那你们再给这个图形变变形状，任意拖动其中一点，看看有什么发现？

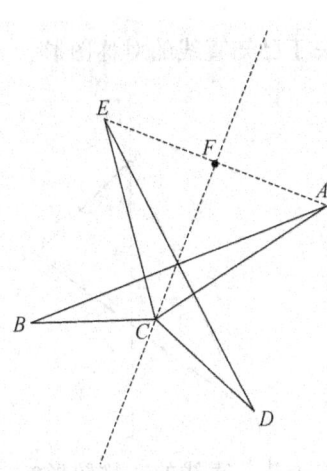

学生7：对称点到对称轴的距离相等。

学生8：对称点不能在对称轴的一边。

老师：说得很好，不过我们通常说对称点不在对称轴的同侧。

学生6：对称点要么位于对称轴的异侧，要么在对称轴上。

老师：你说得太好了。

（在以上活动过程中,学生借助几何画板,自主探究,仔细观察,积极思考,学习情绪异常高涨,一个个非常兴奋。）

3．作图三：请作出这个等腰梯形的对称轴。

文件3

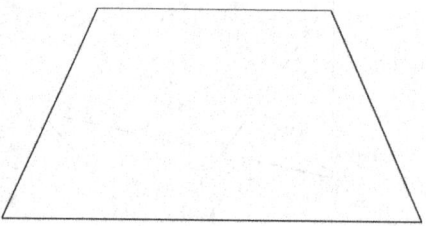

学生们很快就完成了。

老师：你们是怎么作的？

学生9：直接作上底的垂直平分线。

学生10：作下底的也行。

老师：很好。

4．作图四：作出线段 AB 关于直线 j 的轴对称图形（文件4）。

学生立刻用几何画板中的反射命令完成作图,并表示太简单了。

老师：这样的作图在几何画板中我们很容易完成,那我们在作业纸上也要一样正确地完成才行。大家拿出作业纸,试一试（课前,给每个同学都发了一张作业纸）。注意：做完后请思考问题,试着归纳结论。

作业纸内容如下：

作图：请作出下列各图关于已知直线的对称图形。

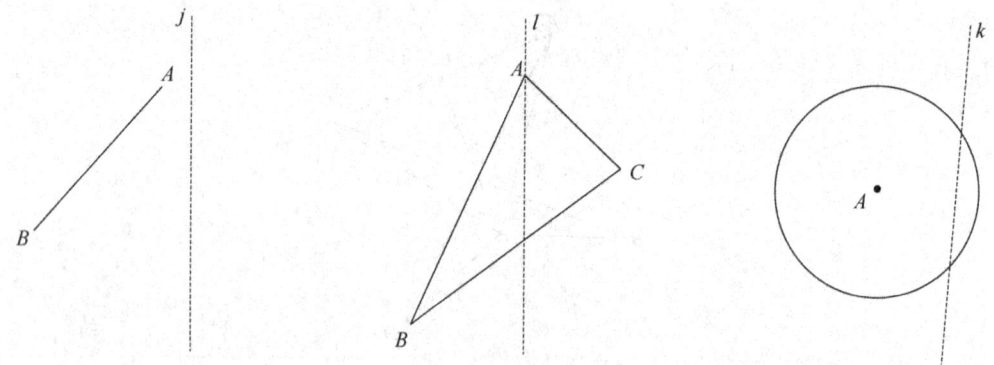

思考：如何作已知图形关于某条直线的对称图形？

归纳：大部分同学都开始动手做,但个别同学不知所措。

老师：大家先停一下,我先请一个同学说一说第一个图应该怎么作？

学生9：先作 A 点的对称点,再作 B 点的对称点,然后把它们连起来。

老师：对,作图之前先提几点要求：① 作对称点的时候要保留作图痕迹；② A 点的对称点通常我们用 A′点来表示,其他字母也一样。

全班同学都动起来了,我在巡视的时候发现,部分同学被第三个图难住了。

老师:谁会作第三个图,给大家说说?

学生11:先找圆心的对称点,然后用相同的半径作圆就可以了。

在这位同学的提示下,组内交流,互相协助共同完成作图。

老师:做完后思考结论,试着写下来。谁来说一说他得出的结论?

有思考的,有立刻就动笔写的,过了一会儿,部分同学举手。

学生6:先作出已知图形中各点的对称点,然后把它们连接起来。

老师:说得太好了。

全班同学为他的精彩回答报以热烈的掌声。

老师:那么通过刚才的作图,你们认为轴对称的实质是什么?

片刻沉静后……

学生9:我知道了。它们都可以归结为点到点的对称(非常兴奋地说)。

同学们报以更热烈的掌声。

通过亲自动手作图、组内交流及师生交流,学生对轴对称的性质有了更深刻的理解,仿佛豁然开朗了。在分享自己劳动成果的同时,大家都蠢蠢欲动,希望有更多的挑战,学生的"再创造"性得到充分的调动。

5. 作图五:你们认识这个图标吗?把它补充完整后看看是什么。

文件5:

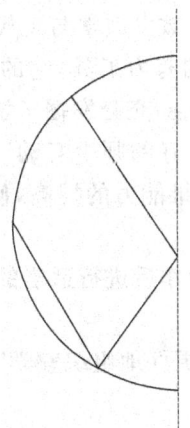

只有几个学生知道,大部分同学立刻运用几何画板开始动手作。

学生:是上海大众轿车的标志。

设计图案:让我们自己动手设计喜欢的轴对称图案,看谁设计的图形最漂亮、最有意义。

经过一段思考之后,大家两眼紧盯电脑,全身心地投入了。在操作过程中,我将最先设计好的同学的作品展示出来(网络教学系统可以共享),在欣赏别人作品的同时,大家更加紧设计自己的作品,展示的作品越来越多了,好的作品也越来越多,同学们的脸上流露着专注、喜悦、紧张……"老师,我的!我的!"要求展示的同学拼命地举手,还大声地喊着,有的同学还运用了动画,使自己的设计更加生动。一个一个惊喜就这样产生了。

下面是几个学生设计的图案:

下课铃响的时候,大家还忙得热火朝天,我只好让他们把自己的作品保存,课后认真完成,收集起来作为实践作业与大家一起分享。

【活动评述】

1. 这节课是基于网络环境下,数学教学与现代信息技术的整合而设计的。几何画板真正成为学生学习和探索知识的有力工具,它的运用促进了师生之间的交流、合作,为学生提供了更多动手、动脑的机会,充分发掘了学生的潜能,展示了学生的创新能力。

2. 几何画板和尺规的运用、良好的师生互动、积极的情感体验以及对知识深层次的认识,无不促进了学生高层次思维能力的提高,使得"活动"并不仅仅是简单化、形式化的"手动"。

3. 在课堂教学中,学生动手操作后进行适当的再总结,从而达到主题的深化,这方面还做得不足。

4. "在网络环境下,教师如何更好地组织教学"是急需进一步探讨的问题。

【资料链接】

1. 中华人民共和国教育部.数学课程标准.北京:北京师范大学出版社,2001年

2. 教育部基础教育司.《数学课程标准》解读.北京:北京师范大学出版社,2002年

3. 钟启泉主编.为了中华民族的复兴,为了每位学生的发展.上海:华东师范大学出版社,2001年

4. 施良方.课程理论.北京:教育科学出版社,2002年

5. 朱成杰.数学思想方法教学研究导论.上海:文汇出版社,2001年

(北京师范大学南山附属中学 王冬梅)

活动 1.06

我们一起体验"经济"

【设计理念】

新的义务教育阶段的数学课程标准突出体现了基础性、普及性和发展性,使数学教育面向全体学生,实现人人学习有价值的数学,强调了数学知识与实践结合,贴近现实生活。我国经过二十多年的改革开放,社会主义市场经济有了极大的发展,商品经济活动已渗透到社会的各个方面。当今,我们的学生生活在一个充满活力的商业社会,许多学生的家庭往往就是一个社会经济活动的个体,他们的父母有些在经商或是有些就是个体商户。很多学生受到家庭环境的感染,在课堂学习中,学生们对新教材中贴近现实生活的数学知识非常有兴趣,并有自己独到的见解。在学习中学生能够以他们知道的经济活动的实例(有些源于家庭)解释课本中有关经济活动的例题和习题。我作为教师受到了很大的触动,这证明了基础数学教学的改革的及时性和必要性,促使我设计了这样一节活动课——我们一起体验"经济"。

【活动目标】

使学生通过"活动"自主探究数学知识在实际生活中的应用,理解数学知识的现实意义,将课本上的数学知识灵活地用于实际,让学生亲自体会到学习数学知识是有用的,是有价值的,从而提高学生学习数学知识的兴趣。

【活动准备】

在学生学习了一些相关数学知识如不等式、方程、函数后,我要求学生将已学的数学知识,结合各自的家庭经济活动的实例和一些商业行为,建成数学模型。在学生准备的实例和问题中,选择了一些直接涉及学生能够看到和体会到的例子,老师也准备了一些学生有兴趣的实例。然后我们在课堂上一起讨论问题,探索用数学知识来解决这些问题。

【活动过程】

一、课前的话(教师)

同学们,随着社会的发展,你们将来进入社会可能是做公务员、教师、医生或给别人打工,你也可能是自己开公司,去经营自己的生意,无论你的生意是大是小,都要用到我们现在所学的数学知识。假设你现在就是公司经理,经营着你自己的生意,出现了一些问题,你又怎样用所学的数学知识来解决有关问题呢?

二、课堂情景

同学们课堂反应活跃,纷纷提出自己的实例。

1. 林永佳同学首先发言,他的父亲是销售电脑硬件的代理店经营者。他父亲的店里现在将每件进价450元的希捷80G的硬盘按550元售出,一天可售出20个硬盘。父亲想通过降低售价增加销量来提高利润,经过调查发现希捷80G硬盘每降低2元,其销量可增加4件,请同学们计算一下售价降低多少时,获得的利润最大?

同学们听后,饶有兴趣地帮他参谋,纷纷进行讨论和计算。有一位同学冒失地说,你父亲不会做生意,"哪有降价能够多赚钱的,必须提高售价,才能多赚钱"。但马上有另一个同学反驳说:"如果价格过高,别人不在你的店购买,你怎样赚到钱呢?"显然这两个同学都没有完全理解题意。另外也有同学提出"降价后,可以提高销量,当然可以提高利润,但是就看降多少"。这时老师也参与了讨论,并加以适当的引导:"是否售价一直降下去,就能得到最大利润?"有了前面的不正确的回答,这时候同学们就非常仔细地去思考,经过一番论证,同学们说还是应该用数学建模知识去解答。这时有一位同学自告奋勇地提出分析解答方法。该同学陈述了他的分析,同时给出板书如下。

分析:如果设每个硬盘降价 x 元后,每个售出的价格为 $(550-x)$ 元,每天可售出 $(20+2x)$ 个,销售额利润为 y 元。

列出式子:$y=(20+2x)(550-x)-450(20+2x)$ $(0 \leqslant x \leqslant 100)$

化简为: $y=-2x^2+180x+2000=-2(x-45)^2+6050$

当 $x=45$ 时,$y_{极大}=6050$

答:当每件售价降了45元时,每天获得的利润最大为6050元。

2. 谢晓燕提出她父亲是一个木工厂老板,他接了一批生意是制造木门,要用三合板和杉木做。三合板共50块,每个木门要用2块三合板、4条杉木。若每根杉木可以割开4条,总共做了多少个门?要买多少根杉木,共割开多少条?请同学们帮她计算一下。

这个题看起来数据较多,但实际计算较简单,同学们议论了一下,很快给出了答案:

(1) 总共做门=50÷2=25(个)。

(2) 需要杉木根数为25根。

(3) 共割出杉木条数为25×4=100(条)。

3. 冼佩华同学举例:他家的水果店用1500元进了1000斤水果。按50%的利润定价,销出去一半以后发现滞销,决定打折出售,但无人购买,结果又一次打折后才售完。经核算,这批水果共赢利500元。若两次打折相同,求:每次打了几折?(精确到0.1)

有同学说:"你们家可会做生意了,用1500元,就赚了500元,我很想知道是多少钱卖出的,又怎样用打折来蒙顾客的。"(笑声)

老师先解释了商业折扣的含义,同学们又互相讨论了一会儿,就有同学说出了解法。

分析:设两次的打折扣率为 $\dfrac{x}{10}$;

第一次每斤售价为 $\dfrac{1500}{100}+(1+0.50)=2.25(元)$;

第二次每斤售价为 $2.25 \times \dfrac{x}{10}$；

第三次每斤售价为 $2.25 \times \dfrac{x}{10} \times \dfrac{x}{10} = 2.25 \times \left(\dfrac{x}{10}\right)^2$；

由题意列出方程：$500 \times 2.25 + 500 \times 2.25 \times \left(\dfrac{x}{10}\right)^2 - 1500 = 500$

解得：$x = 8.8$

答：两次的折扣率是 8.8 折。

4. 老师也给同学提一个问题：深圳市某公园门票 10 元，只能一次性使用。若购买个人年票有四种类型：① 年票每张 120 元，持该年票者进入公园，无需再买门票；② 年票每张 60 元，持该年票者进入公园，需再买 2 元门票；③ 年票每张 40 元，持该年票者进入公园，需再买 3 元门票；④ 年票每张 30 元，持该年票者进入公园，需再买 4 元门票。请同学们根据你们全家去公园的次数，来确定你们应购买哪种类型的门票最合算，说出你的理由。

这时，同学们你一言我一语地讨论起来。有的同学说，我每年只去两三次，我只买 10 元的门票就行了；又有同学说，公园里的游戏很好玩，我每星期都要去一次，我要买 120 元的年票，这样我就玩得更超值了；一位女同学说，我和我妹妹喜欢去看里面的文艺表演，每个月有两次，我计算了一下，一年共去 24 次，我应该买第二种 60 元的年票最合算。同学们都根据自己的情况，做出了合适的选择。

5. 郑佳妮同学举例：书店老板去批发书市买某种图书，第一次购书用了 100 元，按定价每本 2.8 元售出。由于该书畅销，第二次购书时每本的批发价比第一次高 0.5 元，用了 150 元购书，数量比第一次多 10 本，但这批书售出五分之四时出现滞销，便以定价的 5 折售完剩余的图书，试问该老板第二次售书是赔钱了还是赚钱？若赔钱，赔了多少？若赚钱赚了多少？

同学们看了这个问题，觉得这个问题很复杂，他们认为这个问题不好解决，给出的数据不完整。这时老师说，我们将一些经济问题转化为数学问题时，应将有关的数据收集完整。同学们下去将此题补够条件后，再给予解决。

结束语：这节课同学们学习得都非常认真，气氛非常活跃，并都积极地尝试解决问题，感受到了成功的喜悦。同时，同学们也学到了不少实际知识，对数学知识的应用有了更深刻的认识，真正认识到我们应该学好有价值的数学。

【活动评述】

该节课内容是数学知识与社会经济活动的结合，更重要的是课堂的内容来自于学生的亲自体会，由学生提出问题，又由学生用所学的数学知识解决了这些问题，整个课堂中学生始终是处于积极主动的参与状态，教师在整个过程中仅起引导作用。本节课达到了活动课的设计目标。

（深圳市南山实验学校　戴湘吟）

活动 1.07

心率与年龄

——第10章课题学习的活动设计

【设计理念】

1. 有效的数学学习活动不能是单纯地依赖模仿与记忆,动手实践、自主探索与合作交流才是学生学习数学的重要方式。
2. 让人人学有用的数学。强调从学生的生活经验出发,让学生亲身经历用实际问题来构造数学模型并应用数学的过程。
3. 对数学学习的评价要关注学生学习的结果,更要关注他们学习的过程;要关注学生数学学习的水平,更要关注他们在数学活动中所表现出来的情感与态度、价值观,帮助学生认识自我,建立信心。

【活动目标】

1. 这是一个了解人类自身的课题,希望引导学生通过亲自参与调查,用课堂里学到的知识去探索周围的未知世界。
2. 让学生自己设计抽样调查的方案,确定调查对象、人数与调查方法。
3. 确定选用什么指标来代表一组数据,最后写一份简短的报告。
4. 通过课题学习,加强学科内部和各学科知识之间的综合学习,培养学生的创新精神和实践能力;让学生学会耐心、认真、仔细的治学态度,认识与人合作的重要性。

【活动准备】

1. 分小组向医务工作者或用网络搜索等方法了解心率方面的医学常识,并向医务工作者提出相关问题(要求每个小组至少提出一个问题并找出相关答案)。
2. 每位同学在课外测量3种人的心率,老年人、中年人、青少年(自己)各一个。
3. 请科代表把同学们测量到的数据进行汇总。

【活动过程】

教师:下面请各小组把收集到的关于"心率与年龄"的有关信息汇报一下。

组长 A:我们提出的问题是"不同年龄的人,心率是否相同?"

(心肌发育)

组长 B:心率的多少与人的性别、职业、身体健康方面有关系吗?

（男女有别，情绪有关）

组长C：像我们现在这个年龄的人，心率多少为正常？校医罗医生告诉我们每分钟60—100次。

组长D：心率不正常一般是哪些原因造成的？

（不常运动、先天性心脏病、心脏病患者等）

组长E：在什么样的环境下适合测心率？

（心平气和）

教师：你们提出并解答了几个非常好的问题，让我听了收获很大。

教师下面请科代表把同学们收集到的数据汇总表格展示一下（通过投影仪展示）。

教师：请同学们看一看，想一想，这个表格设计合理吗？

学生：应该按男女分开列表，因为男女心率不一样。

学生：应该按老年人男女、青年人男女、青少年男女分开列表，因为年龄不同，心率也不同。

教师：好！请各小组合作重新设计表格，重新整理收集到的数据。

（设计表格的过程中，发现第二组做得较好，展示第二组的表格）

教师：请同学们仔细观察，这个统计表告诉我们哪些信息呢？

学生：从数据来看，某某的心脏有毛病，心率过快。

学生：某某的心脏也有毛病，心率过慢。

教师：很好！看来身体是否健康可以从你的心率来作初步的判断，刚才D组的同学谈到心率不正常的原因之一是不常运动，那么大家想有一颗健康的心脏吗？

学生们：想！

教师：那就多运动吧！不过，我想心率不正常就一定是心脏有问题吗？

学生：不一定！还可能与被测量者当时的情绪有关。

教师：对！回答得非常好。天天拥有好心情对自己的心脏有好处喔！再看数据，还能找到更多的信息吗？

学生：可以算他们的平均心率。

学生：可以找出他们的众数和中位数。

学生：还可以画出条形统计图。

教师：都说得很好。在动手前，我提出几个问题：第一，上面提到的指标数哪一个更有说服力？第二，条形图怎样画更简单明了？第三，这次调查的结果是什么？在写调查报告时注意前面五个小组长提到的问题和答案。

【活动评述】

1. 在本次课题学习的活动中，学生们亲身体验了抽样调查的整个过程，通过采访、收集数据、探索、思考、合作交流获得知识。学生学会对知识进行归纳、总结。

2. 通过了解人类心率的知识，落实情感方面的教学目标，在数学教学中渗透德育教育。

3. 不足之处：首先是在决定如何测量心率时，有的同学可能只是测量10秒或15秒，然后折算成每分钟心率，误差比较大；其次是每位同学收集的三个数据是在什么情况下测的都会产生误差;再者是在准备活动阶段,部分同学没有主动参与到活动中。

4. 数学教学是数学活动的教学,让学生参与数学结论的"发现"过程,自己探索或与同学探讨、合作交流,体验成就带来的愉悦,提高学习能力;同时,通过协作,体现集体的力量,增强同学友情。

(深圳市蛇口中学　翁艳芳)

活动 1.08

机会有多大
—— 概率模拟实验

【设计理念】

让学生在数学活动的过程中,不但学会数学,还学会用数学;不但学会实验,还学会模拟实验;不但学会数学知识与生活实际的真实统一,还学会感受数学在继承与发展、理论与实际等关系问题上的独具特色之处。

【活动目标】

为了解决数学实验的工具缺乏问题,引导学生学会适当地选择不同的实验工具进行模拟实验,培养学生的数学应用意识、创新意识和实践能力,培养学生解决问题的灵活性。

【活动准备】

四人一组,每组准备自己动手制作的正四面体(各顶点周围分别标上点数1、2、3、4)、转盘(等分成四个扇形,分别涂上黄、蓝、绿、紫四色)各一个,扑克牌一副,抓阄用的纸条若干。

【活动过程】

在以下的实验或模拟实验中,都要经历"准备工具——实验操作——记录数据——整理数据——分析数据——指导实验——预测结果"的过程。具体的活动设计如下:

一、概率实验

抛掷一枚正四面体骰子(如下图所示),看所得朝上顶点的点数为2的机会有多大。

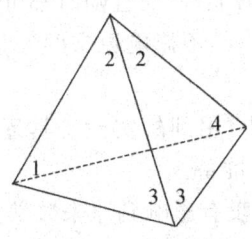

[实验分析]

实验工具难以准备,常用的是正六面体骰子;如果让动手制作一个粗糙的正四面体骰子,可能给实验结果带来较大的影响。

二、模拟实验一

可以自由转动的转盘被等分成四个扇形(如下图所示),转动转盘,看指针指向蓝色区域的机会有多大。

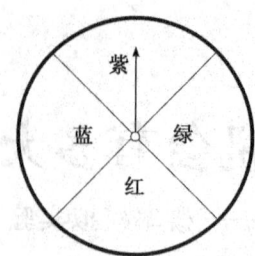

> 实验分析

实验工具虽然也不太容易准备,但平面的实验工具一般都比立体的实验工具容易准备些,所以,比起上述实验的工具,它更容易准备一些。同时,此模拟实验不影响原来的实验结果。

三、模拟实验二

一副没有大小王的扑克牌,共52张,看把牌充分洗匀后抽出一张恰好为黑桃的机会有多大。

> 实验分析

此模拟实验的工具,再也不用 DIY 了,很容易准备。同时,此模拟实验不影响原来的实验结果。

四、模拟实验三

在同一副扑克牌中随意拿出黑桃、红心、梅花、方格四种花色各一张来做实验,看把牌充分洗匀后抽出一张恰好为黑桃的机会有多大。

> 实验分析

此模拟实验的实验工具和模拟实验二一样,但它排除了大数量的困扰。同时,此模拟实验也不影响原来的实验结果。

五、模拟实验四

取规格一样的四张纸条,分别写上 1、2、3、4,然后揉成纸团(数字不可见),看搅匀后抓阄时恰好抓到 2 的机会有多大。

> 实验分析

实验工具需要 DIY,但很容易准备,而且随时都可以准备。此模拟实验便于反复操作,同时,和前面各种模拟实验一样,不影响原来的实验结果。

【活动评述】

1. 在模拟实验的改良过程中,用到的实验工具逐步转变为学生所熟悉的、唾手可得的,越来越丰富,也越来越容易准备。

2. 不管是哪种模拟实验,都没有影响到原来数学实验的实验结果。

3. 模拟实验的过程要力求科学,同时也要尽量便于操作。

4. 模拟实验有一定的推广价值,比如摸袜子实验就可以设计类似的模拟实验。

5. 模拟实验的做法越来越贴近学生的生活,切实让学生感受到数学的有趣和有用,让学生体会成功的乐趣。

【相关链接】

除了使用替代的物体进行模拟实验外,我们也要让学生学会独立使用各种先进的计算工具和信息传播技术,来模拟解决某些典型数学问题的实验。

一、模拟实验五

查随机数表(见华东师大版,八年级上册教材,第120—121页),看所有非0偶数中2出现的机会有多大。

二、模拟实验六

用计算器模拟实验,每次在1—4之间产生一个随机数,看随机数恰好出现3的机会有多大(随机数的产生方法可参考华东师大版,八年级上册教材,第112页的问题2实验)。

三、模拟实验七

借助电脑,用 Microsoft Excel、Mathematica、MatLab 等数学软件进行大批量数据的模拟实验。可根据实际情况选用。

(北京师范大学南山附属中学　俞立柱)

活动 1.09

高度的测量

【设计理念】

《数学课程标准》要求学生经历探索物体与图形的基本性质、变换、位置关系的过程,能对具体情景中的问题,结合所学的数学知识进行合理的思考和分析,敢于尝试从不同角度寻求解决问题的方法,并能有效地解决问题;体会在解决问题的过程中与他人合作的重要性,能够对解决问题的过程进行反思,并获得应用所学数学知识解决实际问题的经验和成功感。

本次活动是在学生学习了解直角三角形的有关知识以后,对所学知识进行的结合实际的应用。

【活动目标】

应用相似形和三角函数的有关知识进行高度的测量(如教学楼、旗杆、大树等),同时在学生的实际动手操作过程中,让学生认识和学会经纬仪操作。

【活动准备】

1. 工具:卷尺,经纬仪。
2. 将同学分成若干小组。
3. 选定某一个物体,先与同组的小伙伴一起讨论,确定如下的问题:
（1）可以用什么测量方法?
（2）每一种方法要用哪些工具?
（3）应测量得到哪些有关的数据?
（4）如何计算最后的结果?

写出小组的计划,再实际做一做,看看最后的结果如何(要求至少测三次,求平均值)。

【活动过程】

首先,由同学们自发地组成三个小组,各自选定不同的测量目标;然后各个小组分别讨论测量和计算的方法;最后进行实际测量,依据测量的结果进行计算。

注意:这一过程,老师一定要对学生自由组合的小组进行适当的调整,要避免素质能力很强的学生过于集中地出现在某一小组,而实际操作能力弱的学生集中在另一小组,要注意能力平衡搭配,尽可能地使每个学生在各小组中都承担一点工作。

在各个小组讨论、制定了测量和计算的方法以后,要写出各小组的测量报告。老师分别对各小组进行审阅,提出修改或完善的意见,交还给各个小组进行实际测量,在计算出测量结果以后,写上小组全体成员名单,一份测量高度的实验报告就算完成。然后每个小组选派一个或两个同学上台向全班汇报测量的依据、测量的过程和计算的结果,由全班进行评比。

在各小组的实际测量中,老师要不断地参与其中,具体地指导学生进行测量,以保证测量的准确性,让学生在这一过程中体会数学的严谨性和一丝不苟的科学态度。

经过各小组的实际测量和计算以后,三个小组分别拿出各自的测量报告。

第一小组汇报:我们是利用课本上测量金字塔阴影的方法。

(1) 先画出测量计划的草图;
(2) 测量出标杆的高度、影长和旗杆的影长;
(3) 利用三角形相似关系,计算出旗杆的高度。

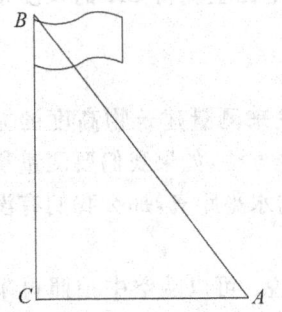
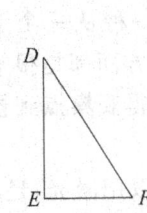

过程:下午 3 点钟,我们拿着皮尺来到旗杆下,测得甲同学的身高为 1.56 米,来代替标杆的长度,用 DE 表示,甲同学的影长 2.34 米,用 EF 表示,来代替标杆的影长,并量得旗杆的影长 $CA = 12.3$ 米,带入公式,求出旗杆的高度。我们测量了三次,求得旗杆高度的平均值为 19.5 米。

老师评价:利用阴影来求建筑物的高度,方法简单便于操作且很实用,但太多依赖于环境和当时的光线等条件,如果当时阴天或下雨我们将没有办法测量。

第二小组汇报:我们是利用三角函数的知识进行测量。

前面的过程同第一小组基本相同,我们是要测量 A 楼上面的马蜂窝到地面的高度。画出简图如下:要求建筑物 CD 的高度,我们可以量出水平距离 CA 的长度和角 α,加上经纬仪的高度 AB 的高度。

过程:
(1) 将经纬仪展开,调平,使气泡居中;
(2) 调整仰视角度与水平角度得到角 α;
(3) 用皮尺测量出 CA 与 AB 的长度,带入公式进行计算。

经过三次计算,求得平均值 26.9 米。

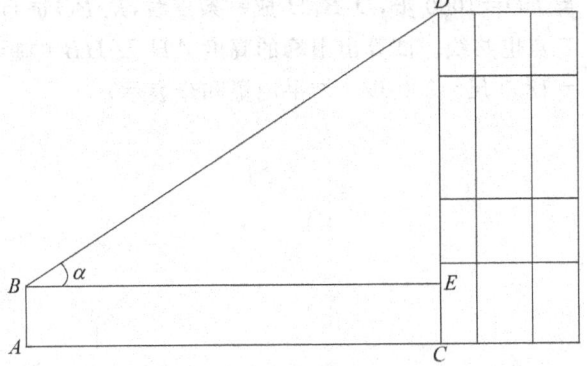

老师评价:前面两组同学用相似三角形和三角函数的知识进行高度的测量,他们的方法是在地质、探矿和建筑中经常使用的测量方法,其特点是简便易操作。但这两种方法都只适合在地面上进行。

第三小组汇报:我们组的方法是应用解直角三角形的方法。

我们是在甲楼的三楼测对面乙楼的高度。

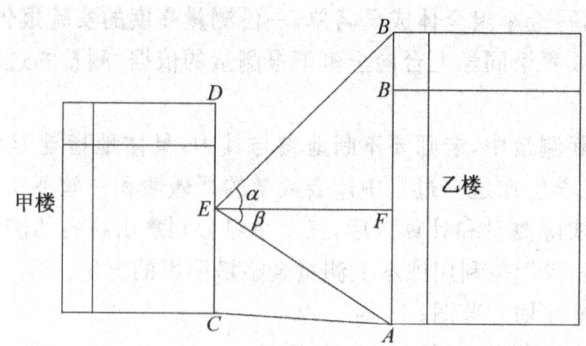

具体方法：在甲楼三楼的阳台上测得仰角α和俯角β，在地面上测得CA的长度带入公式。

同样测量三次求得平均值。

老师评价：第三小组的同学给了我们一种从一个点出发来测量建筑物高度的方法，这种方法在建筑、地质探测、道路施工等方面都是很常用的方法，如果我们要测量科学楼的高度，而楼前有大量的障碍物无法测得观察点到楼前的水平距离，那么我们有没有办法？可以怎么办？

学生的思维顿时活跃起来，有人说：可以用激光；还有人说：可以从空中拍照再来测量；还有的说：用一颗系上绳子的钢钉，像打枪一样，钉到科学楼前的大树上，再来测量绳子的长度。……

【活动拓展】

三国魏人刘徽，自撰《海岛算经》，专论测高望远。其中一题，是数学史上有名的测量问题。今释如下：

如图，要测量海岛上一座山峰的高度AH，立两根高三丈的标尺BC和DE，两杆距离BD=1000步，D、B、H成一条直线，从BC退行127步到G，从G看A，发现A、E、G三点也共线。试算出山峰的高度AH及HB的距离。（古制1步=6尺，1里=180丈=1800尺=300步。结果用里和步表示）

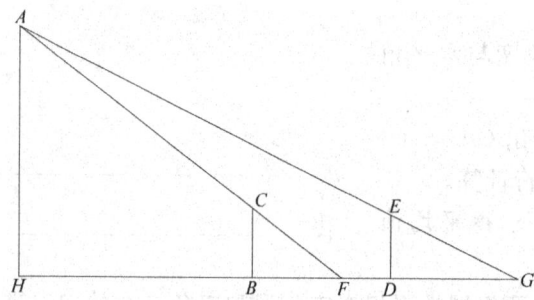

老师：这是我国的古代的数学问题，前面我们是利用相似三角形的有关知识进行求解的，请同学们课下思考：我们是否可以用这种方法来测量建筑物的高度，为了使计算简便，我们可以借助经纬仪量得相关的角度α、β及EC的长度和经纬仪的高度进行计算：

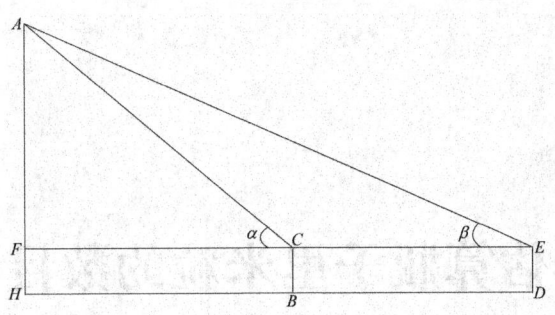

在 Rt△AFC 中,FC=AFcotα,在 Rt△AFE 中,FE=AFcotβ

∵ FE=FC+CE=FC+BD

∴ AFcotα+BD= AFcotβ

∴ AF=BD/(cotβ - cotα)

∴ AH=AF+BC= BD/(cotβ - cotα)+BC

  我们把测得的数据带入上式,可以求出建筑物的高度,测量三次求出平均值,就是我们要测量的前面有障碍物的建筑物的高度。

  最后,师生一起去测量所需要的数据,测得我校的科学楼的高度为 21.5 米。

(深圳市南头中学　郝秀鎏)

活动 1.10

估算瓶子里米粒的数目

【活动课题】

初中一年级下册(华东师范大学出版社)第十章 10.1.2《从部分看全体》一节中,主要介绍抽样调查在生活中的应用。教材从实际问题入手:怎样知道一个池塘里有多少条鱼? 本活动根据实际情况,改成估算饮料瓶子里米粒的数目。

【活动目标】

培养学生的数学应用能力和实验动手能力。

【设计理念】

我对教材提供的素材做了修改,觉得用乒乓球来操作有一定的难度,因为很难找足够多的乒乓球让每个学生都能做到这个实验。我将它改为估算饮料瓶里装的米粒的数目。这样改有如下好处:(1)饮料瓶和米粒都比较好找;(2)如果饮料瓶里装有半瓶白米,学生如果用一个个数的办法,数目太多(七八千粒),很困难,更适合用本节提供的方法。我觉得,各地的情况不同,所以教材提供的一些素材,不一定满足所有地区的需要,这就要求我们从实际出发,从我们身边去找"替身"。

【活动准备】

将全班分成小组,4 人一组,对于这类实验性质的课,组对的效果一般来说是最佳的。布置家庭作业:每组回去准备一个容积 500 毫升的饮料瓶,里面盛上半瓶左右的白米,然后列出两个以上的办法(方案)用以估算出瓶中所盛米粒的数目,并列出每种方案的利与弊(目的是让学生考虑长远后果,预计如果实施该方案,可能产生的困难与益处)。

教师准备一个饮料瓶和适量的白米和黑米,并制作实验报告单(今后还要逐步培养学生自己制作)。

【活动过程】

在上课一开始,提出课题:"一个普通的饮料瓶(500 毫升左右)可以装多少粒大米?"

首先分小组集体讨论,再让各个小组派代表陈述自己的方案。

学生的方案主要有以下几种:

方案一:将米全部倒出,一个一个地数;

方案二：先倒满一瓶盖(茶杯)，然后数出一瓶盖的米粒数目，最后再看瓶中的米粒可以分成几瓶盖；

方案三：先倒满一瓶盖，数出这瓶盖里米粒的数目，然后用天平称出一瓶盖米粒的重量，计算出每粒米粒的重量，最后称出瓶中米粒的总重量，计算出瓶中米粒的数目；

方案四：课本上抽样调查的方法（该组学生有预习的习惯）。

还有几个不太可行的方案，在此不再一一列举。然后，引导大家讨论以上方案的优缺点，并评出最优方案。

（评优时学生的意见不太统一，考虑到此题属于开放性的问题，各人有不同的意见也是好事，我没有去统一答案。）

我引导学生看课本上的问题：如果想了解一个池塘里有多少条鱼，又应该采取哪种方案呢？此时学生的意见比较统一，应采取方案四。

接着组织学生利用方案四尝试用来估计瓶里米粒的数目，用来代替课本上的估算袋中乒乓球的数目的实验，以解决池塘里有多少条鱼这个问题。

在此实验过程中，学生主要面临的问题是米粒很难染色（如果用笔来帮米粒一个一个染色，时间浪费很多，染色效果也不好）。为解决此问题，我提前准备了一些黑米，充当染了色的米（然后从瓶中拿出相同数量的白米，使瓶中米粒的数目保持不变）。

发完黑米，接着将实验报告单也发下去，让学生边做实验边填写实验报告单（以后，也要引导学生自己去编写实验报告单）。

数学实验报告

姓名_____ 合作者_____

实验名称：估算饮料瓶中米粒的数目

实验材料：白米，黑米，饮料瓶

实验原理：$\dfrac{\text{瓶中黑米的数目}}{\text{瓶中米粒的数目}} = \dfrac{\text{样本黑米的数目}}{\text{样本里米粒的目}}$

瓶中白米的数目＝瓶中米粒的数目－瓶中黑米的数目

实验注意事项：将黑米放回瓶后，要先搅匀瓶中的米粒。

实验记录：

实验次数	瓶中有黑米的数目	样本里米粒的总数目	样本中黑米的数目	估算出的瓶中(白)米的数目
一				
二				
三				
四				

实验修正：（多次实验求平均值）

估计瓶中(白)米的数目＝(_____＋_____＋_____＋_____)＝_____

实验结果：

估计瓶中米粒的数目＝

思考题：

(1) 放入黑米的数目与实验的准确度有什么关系？

(2) 每次实验取出的米粒的数目与实验的准确度有什么关系？

本实验结束后，将问题扩展，让学生思考利用此方案还可以解决我们现实生活中的哪些问题，引导学生课后查阅书籍和利用网络查找相关资料。将此问题作为本节课后作业。

【活动评述】

这节活动课的设计最好地体现了"人人都学有用的数学"的新课改理念。首先是教师根据教学的实际情况，从实际出发改进了教材的素材，体现了更有效的数学实用性，其次学生在教师的引导下自主地探索出解决日常生活问题的方法和途径，自己动手实现实验方案，并能最终得到科学的结论及研究方法。

希望在实验过程中，教师要注重培养学生合作学习的习惯，使之学会推广有用的数学结论，并穿插对学生进行勤俭节约和爱惜粮食的教育。

(深圳市蛇口中学　郭德超)

活动 1.11

游戏的公平与不公平

【设计理念】

以活动为载体,让学生通过活动来感受知识产生与变化、发展的过程,体验数学就在我们身边。让学生在活动中学,在学习中愉快地活动。

【活动目标】

通过两个游戏活动让学生感受游戏的公平性,理解机会的均等与不等。

【活动准备】

每两人为一组,每个小组准备一个大脸盆。

【活动过程】

一、引入

师:游戏对同学们来说是很熟悉的事情了,也是同学们非常感兴趣的。同学们,你们玩游戏时是不是都希望自己是最终的胜利者啊?

生:还用问吗?当然希望自己赢了!

(同学们的兴趣立刻被我的问题激发出来了,目的达到了。)

师:你们有谁能够告诉大家什么样的游戏才是公平的游戏吗?

生:不出"老千"的游戏,赢的机会一样大,大家都有赢的机会……

师:一个公平的游戏应该是游戏双方各有 50% 赢的机会。比如我们熟悉的抛硬币,谁来告诉大家:抛一枚硬币,得到正面的机会是多大?得到反面的机会是多大?

生 A:得到正面的机会是 50%,得到反面的机会是 50%。

师:这个游戏公平吗?

生:公平!

师:下面老师准备了三个游戏,要让你来判断它们究竟公不公平?

二、活动过程

活动 1(多媒体演示):"抢 30"游戏:第一个人先说"1"或"1、2",第二个人要接着往下说一个或两个数,然后又轮到第一个人,再接着往下说一个或两个数,这样两人反复轮流,每次每人说一个或两个数都可以,但是不可以连说三个数。谁先抢到 30,谁就得胜。

师:活动开始之前,还有要求:两个人一组,游戏开始后,双方报数要快,不允许拖拉。建议你们双方先考虑一下有没有克敌制胜的策略。

（待我说完，大多数学生就热火朝天地开始玩起来了，少数学生却没有急于玩，而是先静静地坐着思考，然后才开始的……）

（我就走到各个小组，不时自问他们谁先抢到30了，有的说有赢也有输，这个游戏应该是公平的。但有几个学生很聪明，说他次次都赢了，我问有什么"绝招"，他还神秘地说：老师，这个游戏不公平，但对手在，先保密，不然我就无法次次都赢了。）

（活动大概持续了5分钟，我宣布结束。）

师：请问：这个游戏究竟公不公平？

生B：这个游戏应该是公平的，在游戏过程之中，我和我的对手各有输赢，大家输赢的机会差不多。

生C：我也觉得这个游戏是公平的，我抢到过30，但也有没有抢到的。

……

生D：我觉得这个游戏不公平，次次都是我输，真不公平！

师：哦，是吗？那我得问问你的对手了，学生E，你能告诉大家为什么每次都是你先抢到吗？

生E：这个游戏是不公平的，因为要想先抢到30，就必须抢到27，这样对手就只能报28或28、29，那就只能留下30给我了；而要想先抢到27，就必须先抢到24……由此顺推，要先抢到3，所以只要对手先报就肯定胜了。

生D（听了立刻说）：难怪你每次都让我先说。

生F：老师，可我和学生G是一人先一次，但我每次也还是都输了。他出"老千"（同学们大笑）。

生G（不服气地站起来帮我回答了这个问题）：我没有出"老千"。这个游戏谁先报数，谁就输。不过，哪怕是我先报数，只要对手不知道其中的奥秘，在游戏过程之中，我只要再先抢回3的倍数就行了，如：3、6、9……21、24，那我一样可以先抢到27，最终先抢到30。

师：老师听明白了，你们听明白了没有啊？

生：明白了！

师：这个游戏是不公平的，它是一个偏向第二个报数人的游戏，也即赢的机会不是均等的。同学们，要注意，遇到问题首先要经过细心地思考然后才解答。像刚才的抢30游戏，如果你能够稍微思考一下，可能就知道其中必胜的奥秘，学生D和学生F之所以每次都输，那是因为你们俩事先没有先动脑筋思考必胜的奥秘，这可是个教训哦。

练习：

用同样的规则做抢50游戏，请同学们思考两个问题：这个游戏公不公平？有没有必胜的策略？也可以和自己的对手讨论一番。

学生马上进入了思考和讨论的活动之中……因为有了抢30游戏的教训，学生D和学生F马上想到了必胜的策略，并分别和我说他们的想法，让我感觉到他们有一颗好强上进之心，甚感欣慰。其他同学也不错，绝大部分的同学已经想到了必胜的策略。

生F（我把回答问题的机会让给了学生F）：要想抢到50，先要抢到47；要抢到47，先要抢到44。依此顺推，要想抢到50，就先要抢到2，那我只要先报就肯定胜了，这是一个偏向于第一个人的游戏,也是一个不公平的游戏。

师:同学们,学生F回答得好不好啊?

生:很好(掌声响起来)!

活动2(多媒体演示):抛掷两个硬币的游戏。事先准备好两个硬币,一个两面都画上×;另一个一面画上×,另一面画上○。甲、乙各持一个硬币,抛掷手中的硬币。游戏规则:掷出一对×,甲得1分;掷出一个×一个○,乙得1分。(给每个小组发两枚准备好的硬币,大脸盆学生已自己准备好。)

如果你觉得这个游戏不公平,那么,你认为甲和乙谁赢的机会大呢?如果你觉得它公平,说说你的理由。和你的同伴玩几回,并记录结果,看看你的感觉对不对。

(学生很感兴趣,活动立刻开始,老师走到各个小组指导学生……)

(活动大概持续了5分钟,看到各个小组都基本上做得差不多了,我宣布活动结束,开始解决刚才老师留下的问题。)

生H:我觉得这个游戏是公平的,我们两个人抛掷了27次,我得了14分。

生I:这个游戏是公平的,我们两个抛掷了33次,我得了19分。

师:谁能说说这其中的道理?

生K:抛掷两个硬币有2种可能结果:×○,××。得到×○的机会是二分之一,得到××的机会也是二分之一,所以应该是公平的。

生H:我认为抛掷这两枚硬币应该有四种可能结果:×○,×○,××,××。×○的可能性是四分之二,××的可能性也是四分之二,所以这个游戏是公平的。

师:学生H分析得非常好。那两面都画×的硬币对游戏输赢的结果有没有影响?

很快就有很多学生举手想要回答这个问题,说明很多学生刚才肯定想过这两个都画×的硬币。我特意找了一个很少主动回答问题的学生来回答。

生L:没有影响。两个都画×的硬币,不管怎么抛掷,得到的结果都是×,所以真正影响游戏结果的应该是另一枚硬币,所以只要考虑另一枚硬币就可以了,由这枚硬币可以推出得到××的机会和得到×○的机会是一样的,都是二分之一。

师:回答非常正确(同学们马上投以赞赏的目光,学生L也很满足地坐下去了,正沉浸在成功的喜悦之中)。

【活动评述】

这节课是统计的初步认识的最后一节课,在教学上,通过"实验活动——分析讨论——得出结论"的合作式研究性学习模式,着重于学生的分析能力的培养,能比较清晰地表达自己的观点,并进行交流。

通过两个游戏活动让学生体会随机事件发生与不发生的机会不总是对半的。当一个游戏的规则使某一方赢的机会超过另一方时,这个游戏就是一个不公平的游戏。在游戏中学习知识,能使学生更加容易接受新知识,并且能够更加深刻地理解知识点,做到真正体会到机会不是50%的情况。

游戏活动课是学生非常喜爱的一种形式,它给传统的"填鸭式"教学带来了活力和思维创造的环境,但是也给教师带来了极大的挑战和压力。在教学中,教师往往无法预测到活动过程中将要发生的意外情况,因此,处理好这些意外情况对于一节活动课来说尤为重要。

在游戏活动中存在以下几个问题：

1. 以游戏的方式进行教学，大大地提高了学生学习的积极性和主动性，但另一方面，课堂场面的控制就要做到恰到好处，既不能压制学生的积极性，又不能让场面失控，所以在课堂中，每一部分要求学生在固定的时间内完成，在这段时间内尽量让学生自由发挥，时间一到应立即终止同学们的讨论，及时控制好场面。

2. 在学生回答问题时，注意尽量让学生大胆发言，让学生大胆抒发自己的观点，教师注意一些具有代表性的错误。在课堂上指出学生的错误，学生的印象尤其深刻，也可以警醒其他学生。

3. 课堂已经不仅仅是教师表演的舞台了，学生才是课堂的主角。这样的游戏活动，学生乐于参与，也能激发起学生学习的兴趣和积极性，让每个学生都能达到本节课的教学目的，让他们亲身体会到知识的形成过程，把原来一节传统的课上"活"了。

【资料链接】

数学——初中一年级（七年级）（下）．上海：华东师范大学出版社

(深圳市蛇口中学　李新南)

活动 1.12

其实我也很美
——数学如是说

【设计理念】

引导学生发现和热爱生活中富有创意的数学美,注重学生的亲身感受和真切体验。让学生在与他人合作学习、分享经验的过程中,认识世界,探求新知,获得思维、能力、情感等方面的发展。

【活动目标】

(1) 通过活动一,让学生了解黄金分割的概念、作法、历史和发展。

(2) 通过活动二,让学生欣赏和体验黄金分割的美,以及它在生活中的应用。

(3) 通过活动三,让学生能初步应用黄金分割来发现美,创造美。

【活动准备】

布置学生课前多渠道查阅整理有关黄金分割的资料(概念、作法、由来和历史的发展,及在生活中的应用等。)

【活动过程】

一、引入课题

很多同学都很害怕学习数学,认为数学知识枯燥无味,所以学习起来非常困难。其实,这是因为他们还没有真正发现数学中蕴藏着的美,不信,我们来瞧瞧!

在音乐声中,给出四幅有关春天的图画,其中有一幅图画的宽与长之比满足黄金分割率,让学生投票决定哪一幅图画最美?(大部分同学认为合乎黄金分割率的图画是最美的)现在提出问题:它为什么最美,美在何处?可先让学生自由思考、发言,再一起来探究一下。

我们发现,这幅图画的长与宽看起来很匀称,最符合我们的视觉审美观,所以它最美。让我们来测一测它的长和宽,然后计算它们的比,得到宽比长的值为 0.618,这就是我们今天要介绍的神奇的黄金分割。

让我们在数学历史的文化长河中,沿着古人的足迹去寻找黄金分割吧!

二、回顾历史

方案一:由教师找好资料,举办讲座,列出资料让学生去讲解。

1. 准备。在回顾历史之前,我们进行准备工作:① 找三位同学上讲台来,面向全体学生介绍黄金分割历史;② 每个同学讲解完历史后,下面的同学可以提三个相关的问题,请台上的学生回答;③ 评选出最佳者。

2. 最早发现。黄金分割历史源远流长,最早知道黄金分割的是毕达哥拉斯(公元前560~前480),他因为最早熟知正多边形和五角星的作图法,由此推知他也掌握黄金分割作图法。

3. 最早研究。最早对黄金分割进行系统研究的是公元前4世纪古希腊数学家欧多克休斯(Eudoxus),他同时还是天文学家、医生、立法家和地理学家,被世人誉为"神明似的人"。有一次他提出这样一个问题,能否将一条线段分成不相等的两部分,使较长部分为原线段和较短部分的比例中项?他自己对这个问题作了系统研究并提出了详细的作图方法,如下:

已知:线段 AB,在 AB 上求一个分点 C,使 $AC^2 = AB \times BC \left(\dfrac{AC}{AB} = \dfrac{BC}{AC} \right)$

作法:(1) 作 $BD \perp AB$,使 $BD = \dfrac{1}{2} AB$,连结 AD;

(2) 以 D 为圆心,以 BD 为半径画弧,交 AD 于 E;

(3) 以 D 为圆心,以 AE 为半径画弧交 AB 于 C。

则 C 点就是所求的分点,亦称"黄金分割点"。

(让学生拿出纸、拿起笔和尺规一起做)。

这种分割还有好几个名称,如称为将线段分成"中外比"、"中末比"或"外内比",后人用黄金比喻其重要性,就称其为"黄金分割"。其中蕴含的奇妙神秘值 $\dfrac{AC}{AB} \approx 0.618$,叫做"黄金比",也叫做"黄金数"。

4. 最早命名。对于这个数值,当时,还未称之为"黄金数",其"黄金分割"的名称诞生很晚,在一本《几何明珠》书上说"黄金分割是欧洲文艺复兴时期,意大利著名的艺术家、科学家达·芬奇(Devinci,1452—1519)所冠以的美称"。为什么它被冠以这样的美称呢?

相传,达·芬奇在绘画过程中广泛研究了人类身体的各种比例,发现有的人身材看起来十分匀称、漂亮,其奥妙在于她的身体符合黄金分割,即肚脐以下的高度大约等于整个身高的0.618倍,膝盖到肚脐的长是膝盖到脚底的0.618倍。于是他把一现象称为黄金分割。据说他的名画《蒙娜丽莎》就是按黄金分割的比例来构图的。

堪称珠玉的黄金分割如此令人痴迷,可是她的美名的确立与得到公认,却经历了一千多年,人类对她的认识多么漫长啊!

5. 解释。再让我们回到上课前的问题:

据现今最流行说法,用黄金分割所得的两条线段作边的矩形(即相邻两边之比等于0.618)比用任何其他比值作边的矩形都美观,所以现在印刷的各种书籍、图片、门窗、桌面等的宽与长之比接近0.618,这样制作美观。正是由于这神秘美妙的比,所以黄金分割在实际中被广泛应用。

方案二:教师课前布置,学生下去找素材,再在课堂上相互交流。

方案三:教师课前布置,学生下去找资料,再在课堂上采用抢答形式,由教师问,学生答。

三、数学美的应用

方案一：由教师找资料图片，让学生一起欣赏。

1. 人体：

下半身：身高≈0.618（肚脐为界）；

眉毛到脖子的距离：头顶到脖子的距离≈0.618；

膝盖到肚脐的长：膝盖到脚底的长≈0.618；

上臂：前臂≈0.618（以肘关节为界）；

等等。

2. 气温：

舒适气温23°，人体体温37°，

23：37≈0.618

3. 五角星：

五角星中充满黄金比。

4. 金字塔：

高：底座的边长≈0.618

5. 艾菲尔铁塔：

下两层的高：两层以上的高度≈0.618

6. 著名音乐作品：

高潮的出现大多在黄金分割点附近。

7. 摄影动画之美：

图案的中心、主题往往设计在画面的黄金分割位置。

方案二：教师课前布置，学生下去找素材，再在课堂上相互交流。

四、美在我身边

方案一：请同学们在白纸上构图，画出你最喜欢的事物和东西（例如，可以画阳光、树、花草、鸟、人……）；注意运用黄金分割之美，发挥想像和创造性。

方案二：给出绘画的元素：阳光、树、花草、鸟、人，请同学们在白纸上构图，将它们放在适当的位置，注意运用黄金分割之美，使图形看起来美观。

活动注解：

本课例有三个活动：第一个活动，了解黄金分割；第二个活动，欣赏黄金分割之美；第三个活动，创造黄金分割之美。

第一个活动可以采用三种方法，其中第三种方法最佳。教师可以根据学生的不同情况来决定。

第二个活动可采用教师讲解或先由学生查资料，再在课堂上交流。

如果时间少，可采用第一种；如果时间多，可采用第二种。

建议两种活动采用两种不同的方法。

第三个活动两种方法均可，注意采用发奖形式，激励学生的兴趣。第一个活动较难，而第二个活动相对较易，可针对不同程度的学生。

这一系列活动可在三课时完成，也可在一到两课时完成，这根据学生的程度，由教师决定。

【活动评述】

　　本活动选择了学生非常感兴趣的主题和内容——黄金分割来设计活动课,获得了很大的成功。由于教师的精心准备和学生的课前收集,师生共同在课堂里展现了一幅幅美丽的数学图画,让同学们切实感受到"数学就在我们身边","人人都要学数学"。课堂设计里的"美在我身边"构图活动更加能激发同学们的参与意识和学习欲望,相信他们不会再对数学仅仅下一个"枯燥、单调、抽象、难学"的定义了。

　　建议在众多的活动方案中选取一个例子进行较为广泛和细致的讨论,让同学们充分展示自己的能力去联想、讨论、辨别,以期留下真正深刻的印象。

【资料链接】

　　(1) www.dysf.net/department/mathssite/xues

　　(2) www.shuga.net/wwwboard4—24/messages/2.html

　　(3) lhbwsxxjy.myrice.com/smzt/smhjfgx.htm

　　(4) www.xfxy.com/cfwx/caifu/035.htm

　　(5) www.nhyz.org/lp/shsx/sh07.htm

　　(6) www.wjstar.net/l_shuxue/gardon/shuxueb

　　(7) www.xtzq.madeinlyg.com/news/again44.htm

　　(8) www.hubce.edu.cn/cbb/qwjs/lib/5129.html

　　(9) msd.eastday.com/epublish/gb/paper200/1

(中央教育科学研究所南山附属学校　甘元玲)

活动 1.13

奇妙的中点四边形
——初中数学教学活动设计

【设计理念】

本节课以学生的发展为本,改变了往日的接受式的学习方式,提倡学生在"自主探索"和"合作交流"中获得新知识,在活动中找到学习的乐趣,在"做"中体验知识的形成,更注重学生的实践活动能力,使知识的归纳在学生"自主探索"和"合作交流"中水到渠成。

【活动目的】

让学生理解中点四边形的意义,让学生探究中点四边形与原四边形的联系,找到知识规律。培养学生的钻研精神和学习兴趣,培养学生的合作精神,让学生在互动的学习活动中学会交流。

【活动准备】

华东师大版《数学》九年级(下)第27章的课题学习"中点四边形"一课,要让学生自主探究与合作学习,教师只需要为学生创设一个探究的情景,并在探究的过程中给予适当的引导和帮助。在这个课题学习中,我做了以下准备:

1. 设置情景。让学生置身于各种四边形中,我提供了以下图形:

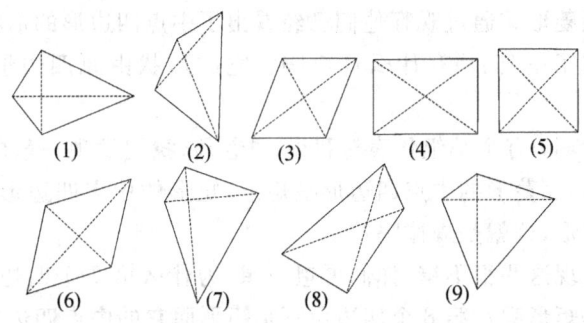

把这些图形打印出来,上课时发给学生一人一份。

2. 作一个几何画板文件。时机成熟的时候展示给学生看,以便从形象上证实他们的猜想。BD 和 AC 的长度可改变,角 AOD 的大小也可以任意改变,当它们发生变化时,观察中点四边形也发生了怎样的变化,这是很直观的,但这个展示必须在学生探究

成熟之后才用,这是对猜想的进一步证实。几何画板图示如下:

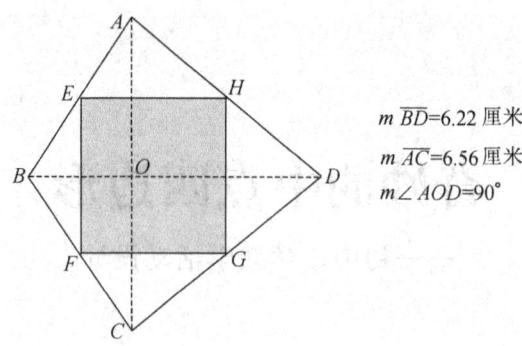

3.准备一段阅读材料。

阅读材料如下:

我们知道,连结三角形各边中点的线段组成的三角形叫做中点三角形,中点三角形的形状与原三角形相似,它的周长等于原三角形的周长的一半。

类似地,顺次连结四边形的各边中点所组成的四边形叫做中点四边形,它的形状、周长与原四边形是否也有同样的关系呢?

画出上述四边形的中点四边形,思考上面的问题,把你的想法与你的小伙伴交流一下,并设法用你学过的数学知识证实你们的想法。

【活动过程】

上课铃声一响,同学们按小组的方式就座,我打开电脑,在屏幕上展示阅读材料,等学生阅读完毕,就把印有各种四边形的资料发给他们,一人一份,教室里立刻活跃起来,我仔细地观察着学生的活动,以便掌握他们探究的进度,只见他们不一会儿就画出了所有的中点四边形,他们观察了好一会儿。此时教室里比较安静。

这时我听到一个学生说:"好像都是平行四边形,真是太奇怪了。"

也许受到这位同学启发,同学们都有所发现了,我想这就是互动的效果吧,另一个学生说:"有正方形!你看第5个和第9个。""还有矩形,第1个、第6个、第7个就是。""第4个、第8个是菱形。"通过观察他们已经看出了中点四边形的形状特征。

我不失时机问了一句:"有什么规律吗?它的形状由原四边形的什么要素决定的?"

同学们沉思片刻,有个小组代表对我说:"老师,我们发现一般的四边形的中点四边形是平行四边形,而菱形的中点四边形是矩形,矩形的中点四边形是菱形,正方形的中点四边形是正方形,这就是规律吗?"

"嗯,你们能发现这些很不错,你们再想一想,为什么第7个四边形不是菱形,而它的中点四边形却是矩形呢?第8个四边形不是矩形而它的中点四边形却是菱形呢?"

我的设疑让学生陷入沉思之中,良久,通过探究、讨论、交流,他们终于发现了其中的奥妙,那就是中点四边形的形状只与原四边形的对角线有关。

之后,学生归纳了以下几点:①任意四边形的中点四边形是平行四边形;②如果四边形的对角线相等,那么它的中点四边形是菱形;③如果四边形的对角线互相垂直,那么它的中点四边形是矩形;④ 如果四边形的对角线相等又垂直,那么它的中点四边形是正方形。

这时,见时机已到,我就用几何画板展示了中点四边形是怎样随原四边形的对角线的变化而改变形状的。

同学们看了几何画板的演示,感到非常有趣,有个同学说:"真是太奇妙了,怎么会这样呢?"

"是啊,这是为什么呢?"我赶快置疑,新的疑问引导学生更深一步地思考。

疑中生趣,激发了学生探究的热情,通过观察,有些小组发现了四边形的四条边分别是相应三角形的中位线,并马上向我汇报了成果。我让其中的一个小组给大家说说自己的发现,小组派了一位同学上黑板来讲,只见他画了一个图(如下图),"你们看黑板上的这个图,EF 与 GH 分别是 $\triangle ABC$ 和 $\triangle ADC$ 的中位线,EH 与 FG 分别是 $\triangle ABD$ 和 $\triangle CBD$ 的中位线。根据三角形的中位线的性质,得出 $EF /\!/ AC$,$EF = AC$,同理,$HG /\!/ AC$,$HG = AC$,从而得出 $EF /\!/ HG$,$EF = HG$,所以中点四边形 $EFGH$ 是平行四边形"。

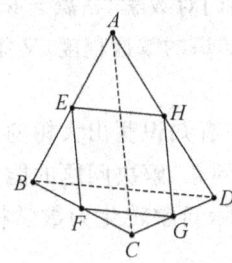

没等他讲完,同学们就报以热烈的掌声。

在这个基础上,我利用几何画板,变化对角线的位置,让同学观察当对角线互相垂直时,即当 $AC \perp BD$ 时,这个中点四边形会发生怎样的变化呢?学生很快就发现了由 $AC \perp BD$ 可得到 $EH \perp EF$,此时平行四边形 $EFGH$ 就是矩形了。我又变化对角线的位置和长度,使 $AC = BD$,让学生观察此时的中点四边形发生了怎样的变化,学生很快就发现可以得到 $EF = EH$,此时平行四边形 $EFGH$ 就是菱形了,同时很快发现 $EF + HG = \frac{1}{2}AC + \frac{1}{2}AC = AC$,同理 $EH + FG = DB$,因此中点四边形的周长就等于两条对角线的和。

【活动评述】

"活动课"的特征大概有以下三点:一是"活",即形式活;二是"动",强调要学生动口、动手、动脑,组织全体学生投身于探究实践;三是"课",指活动课要有别于一般的游戏,要设定明确的目标,选好相应的活动内容,设计完善的程序和实施方法。它强调了学生的探究实践,强调了学生的主体作用,立足于培养学习兴趣。要使学生"动"起来,"活"起来,还必须充分发挥老师的组织和调控作用。老师是活动课的导演、组织者。因此活动课的过程是互动的过程。

(深圳市南山实验学校 蒋玉玲)

活动 1.14

相似三角形的应用
——高度的测量

【设计理念】
　　让学生们走出课堂,走进大自然,利用相似三角形等相关知识,测量一个不能直接测量的物体——大树的高度。改变他们对数学"枯燥乏味又无用"的看法,在自己动手的过程中体会成功的喜悦,既能加深对知识的掌握程度,又能认识到数学的作用与魅力。

【活动目的】
　　1. 完成活动任务,成功利用已有知识测出大树的高度。
　　2. 在实践的过程中培养发现问题、解决问题的能力。
　　3. 在总结的过程中体会将实际问题转化为数学模型,再将其应用于实践的过程,提高学生的数学能力。

【活动准备】
　　一、引出问题,拟定任务
　　课堂上,我先给学生讲了一个小故事:很久很久以前,在一个静谧的大山里,有一个美丽的小村庄,四周有着郁郁葱葱的树林。村子里的老人们说:"林子里有着一棵神树呐,它高得没有尽头,是天上的仙人们下来凡间的楼梯。"这时一个小孩子说:"谁说它是神树,我就能量出它有多高呢!"
　　提问:你知道,这个这么矮的小朋友又怎么能量出那么一棵参天大树的高度呢?
　　联想:他是怎么知道这棵大树的高度的?
　　追问:如果是你,你要怎么做呢?
　　安排任务:全班8个数学小组,用一天的时间各自拟定一种测量一棵大树高度的方法,不限使用的知识范围,不限工具(但尽量利用生活中常用的工具)。
　　二、上交报告,帮助完善
　　学生的实验设计出乎意料地多种多样,充满了想象力。比较典型的,有影子测量法、卧地目测法、举尺测量法、照相法、缩小还原法,等等。
　　请大家考虑一下:
　　(1) 实验需要哪些条件?
　　(2) 需要测量哪些数据?

(3) 小组成员在实验中担任什么角色?

(讲解员、测量员、记录员、操作员、后勤员等)

(4) 写出较详细的实验设计。

【活动过程】

这次,我将课堂搬到了一个美丽宁静的公园里,并在平坦开阔处选定一棵大树。请各组同学准备按照自己的方法进行测量,每组进行两次以上的测量,记录好数据。

方法一

师:现在正是中午,阳光灿烂,有没有同学能够利用阳光来测量这棵树的高度呢?

A组组长:我们的方法就是利用阳光来测量,我们先来。

师:好的,那就请组长介绍你们的方法,同时请其他成员来操作。

A组讲解员:我们这组的方法叫做影子测量法,就是利用相似三角形(两个相似的直角三角形)的知识(在小黑板上画图如下),得出$\triangle ABC \backsim \triangle A_1B_1C_1$。所以有:树高$B_1C_1$与树影$A_1C_1$的比等于竹竿长$BC$与竿影$AC$的比,量出竿影长,竹竿长和树影长,即可算出树高。

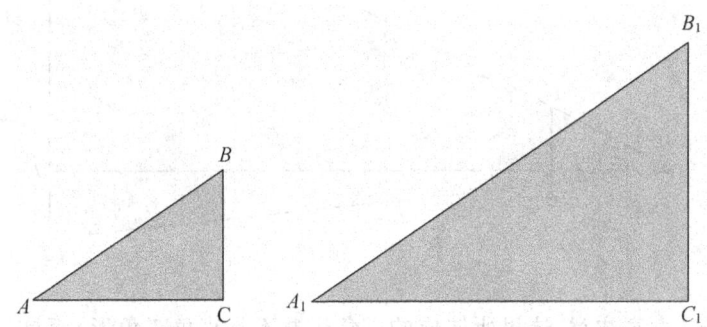

师:很好,请大家看一下A组的操作。

(A组由两名同学测量,一人操作,一人记录,另几人提供帮助。)

讲解员:我们量出树的高度大约是10.76米。

方法二

师:大家看完A组的操作后,有什么疑问呢?

生:他们的方法挺巧妙的,但是如果没有太阳怎么办?

师:是啊,假如今天没有太阳的话,又该怎么办呢?

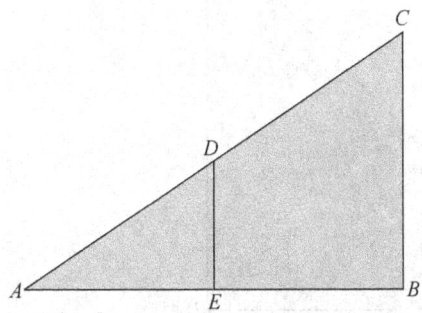

B组组长:我们有办法,不需要有太阳。

B组讲解员:我们这组的方法叫做卧地目测法(画图),就是一人躺在地上,另一人将一竹竿在他与树之间移动,直到地上的人看到竹竿顶与树梢重合。建构出一个相似三角形的数学模型,量出AE、DE和AB,则$BC = (DE \times AB)/AE$。算得树高约为11米。

方法三

师：嗯，也很不错。那么大家有没有什么意见呢？

生：我觉得这种方法好是好，但是要是下雨怎么办啊？难道还要躺在地上啊？

师：说得也对。那要是下雨了，你们说该怎么做实验呢？

C组组长：我们这组的方法就不用躺着，站着就行啦。

师：那你们来给大家介绍一下你们的方法吧。

C组讲解员：我们的方法叫做举尺测量法，就是一人伸直手臂举着尺前后移动（画图），直到看到尺子上下端正好与树梢、树脚相重合（即尺子"挡住"了树）。这样就构成了两个相似的一般三角形，利用相似三角形的高与边亦成比例的性质，分别量出尺长，手臂长和人到树的距离，求出树高，约为11.22米。

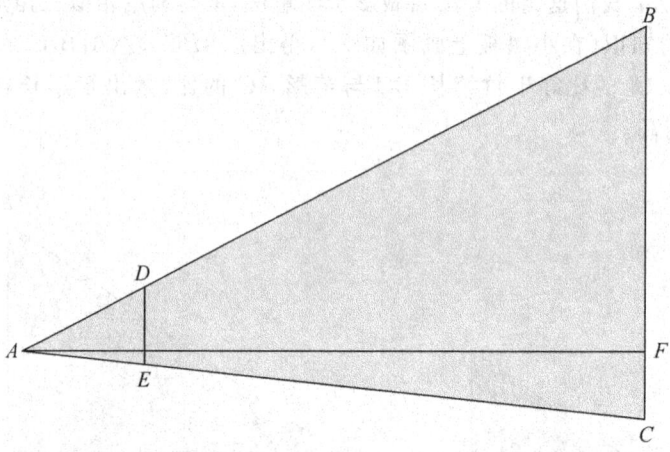

方法四

师：很好。大家注意，这里所构成的三角形并不是直角三角形，而是一个一般三角形。所以测量的时候，是利用高的比等于相似比。大家还有别的方法吗？

D组：我们有，我们用的是镜面反射法（画图），放一面镜子在地上，然后人前后移动，直到在镜子里看到树梢。量出人到镜子，镜子到树的距离，以及人的眼高，从而求出树高约为10.31米。

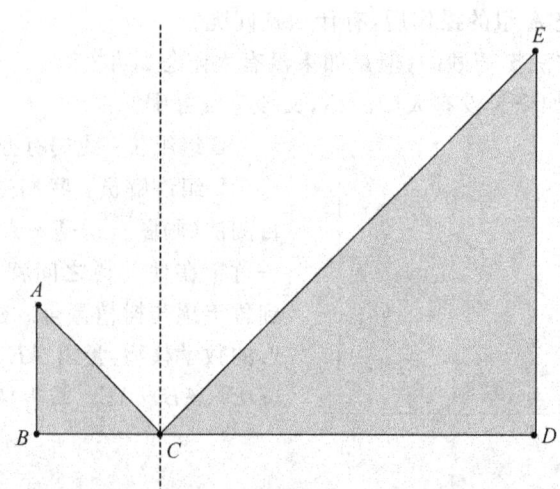

E组：还有缩小还原法，量出树梢的仰角，将以树梢、树脚、测角处为顶点的三角形按100∶1的比例缩小到纸上，测量后再按比例还原求出树高。

F组：我们也用了类似的方法，使用相机拍照后，量出一段树的实际长度与其在照片中的长度，得到物体长度与照片中长度的比例，再量出照片中的树高，按比例还原，也可以量出树高。

师：各组的实验方法都非常的精彩。今天，我们一起把一次不可能事件变成了完全可行的事件，虽然仅仅是测量一棵大树的高度，但大家想出了这么多种不同的方法。大家想一下，我们去解决这个问题的最重要的工具是什么？是尺子？是竹竿？

生：都不是。

师：那是什么呢？

生：是相似三角形的性质，还有成比例线段的应用。

师：不错。正是因为有了我们在课堂中对看似枯燥、实则在生活中处处用到的数学问题的不断学习，才让我们有了去解决"不可能任务"的能力，才能享受数学所带来的乐趣。大家来谈一下这节课的感受吧！

生甲：说明只要肯动脑，我们能够做到很多以前根本做不到的事情。

生乙：我今天忽然发现数学还有这么有趣生动的一面，我对它更有兴趣了。

师：这就是我们今天的成功之处。老师也从中感受到了你们丰富的想象力和敏捷的思维，谢谢所有同学的合作与努力！

【活动评述】

通过测量大树高度的活动，激活了学生的思维，使学生体会到数学知识的生活化与有用性，激发学生学习数学的兴趣，有利于培养学生善于思考的习惯和解决实际问题的能力。课后可让学生思考"怎样测量不可到达物体（如高山）的高度。"

（深圳市荔香中学　全　晶）

案例 1.15

基本图形在相似三角形中的作用

【设计理念】

让学生在活动中探索数学,在交流中理解数学,在思维中掌握数学。

【活动目标】

1. 知识目标:

(1) 记住基本图形的特征、识别、结论。

(2) 会用基本图形分析法解决问题。

(3) 渗透从基本到复杂、从具体到抽象的思维过程及化未知为已知的数学思想。

2. 能力目标:

锻炼学生的识别能力,培养学生的思维能力,提高分析问题和解决问题的能力。

3. 情感目标:

发展学生之间的合作交流意识,培养学生的探究精神。

【活动准备】

让学生分小组研究相似三角形各种不同的图形,找得越多越好,并且找出它们之间的规律。

【活动过程】

上课了,教师用课件打出了一道几何题如下:

已知:如图1所示,四边形 $ABEG,GEFH,HFCD$ 都是边长为1的正方形。

求证:(1) △AEF∽△CEA

(2) $\angle 1 + \angle 2 = 45°$

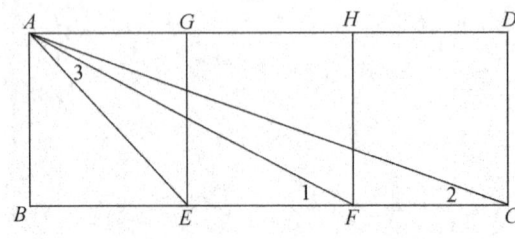

图1

教师：请大家分小组来讨论探索这道题的做法。

几分钟后，学生仍然在思考中，教师说：看来大家现在做这道题有些困难，等我们学习了基本图形思考法以后，做这样的题就会很顺利了。

什么是基本图形呢？

让各个小组上台来展示自己小组总结的相似三角形的不同图形。

把学生提供的图形加以总结，得到如下的基本图形：

基本图形一（如图2所示）：

∵ △ADE∽△ABC

∴ $AD:AB=AE:AC$

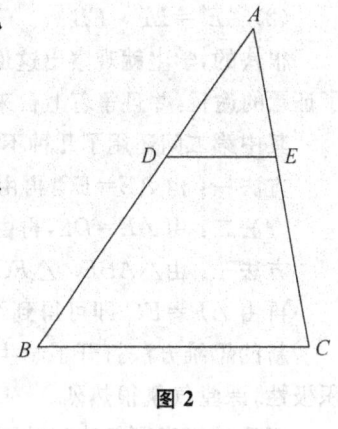

图 2

基本图形二（如图3所示）：

∵ ∠1=∠B 或 ∠2=∠C

△ADE∽△ABC

∴ $AD:AB=AE:AC$

即 $AD \cdot AC = AE \cdot AB$

基本图形三（如图4所示）：

∵ ∠1=∠B 或 ∠2=∠ACB

△AEC∽△ACB

∴ $AC:AE=AB:AC$

即 $AC^2=AE \cdot AB$

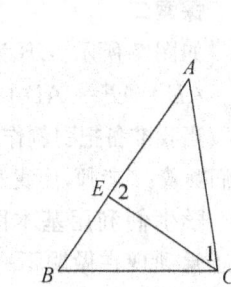

图 3　　　　　图 4

基本图形四（如图5所示）：

∵ △ADC∽△ACB∽△CDB

　　△ACD∽△ABC

∴ $AC:AB=AD:AC$

即 $AC^2=AD \cdot AB$

∵ △BCD∽△BAC

∴ $BC:AB=BD:BC$

即 $BC^2=BD \cdot BA$

∵ △ADC∽△CDB

∴ $DC:DB=AD:CD$

即 $CD^2=AD \cdot DB$

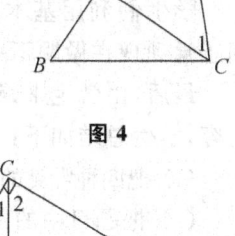

图 5

由学生收集并由师生共同总结的基本图形，给学生一个新的思考角度，让学生在思考问题的同时，学会总结新的方法和思路。

以下的探索题是让各个小组讨论并且推选出代表上台来讲题，展开组与组之间的竞争，培养学生的合作精神和团队精神。

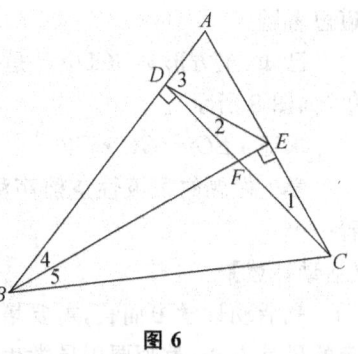

图 6

探索一

如图6所示，CD，BE 为△ABC两边上的高，E 为 AC 边上的中点，求证：

(1) $CF \cdot CD = CE \cdot CA$

(2) $AE^2 = EF \cdot EB$

很快的,学生就观察出这道题是由基本图形 2 和基本特性 3 组成的,他们很快地找到了证题的途径,并且争着上台来讲解。

其中第二问还用了几种不同的方法。

方法一:由 $AE = EC$,再由基本图形三得到:$EC^2 = EF \cdot EB$

方法二:由 $AE = DE$,再由基本图形三得到:$DE^2 = EF \cdot EB$

方法三:由 $\triangle ABE \sim \triangle FCE$ 得到 $AE : FE = BE : CE$ 再得到 $AE \cdot CE = FE \cdot BE$ 再由 $AE = EC$ 即可得到结论。

新的思维方法打开了学生的思路,燃起了学生思考的火花,调动了学生探索问题的积极性,课堂气氛很热烈。

下面的探索题解决得就更顺利了。

探索二

如图 7 所示,EB 为直角 $\triangle ABC$ 斜边上的高,
$AE : AF = AD : AC$

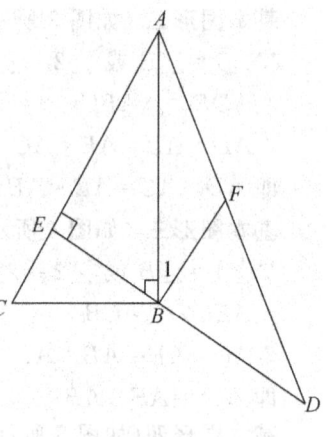

图 7

当我准备把引例作为例题讲解的时候,学生打断了我,他们嚷着:"老师,让我们自己想,我们会很快地想出来的。"

学生们利用基本图形分离法,很快就做出来了,他们感觉到现在做题不一样了,会思考了,有思路了。

最后,由学生来谈自己做题的想法和总结本节课的内容,学生总结如下:

(1) 把四种常见的相似三角形记做基本图形 1,2,3,4。

(2) 把题目中的图形分离开,看是由哪些基本图形组成,然后用基本图形分析法发来解决问题。

(3) 记住基本图形的特点、结论,用它的结论来寻找做题的途径。

一节课结束了,学生们意犹未尽,于是,教师又打出一道思考题:

已知:正方形 $ABCD$,E 是 AB 的中点,AD 是 AF 的 4 倍(如图 8 所示)。

求证:$EG^2 = GC \cdot GF$

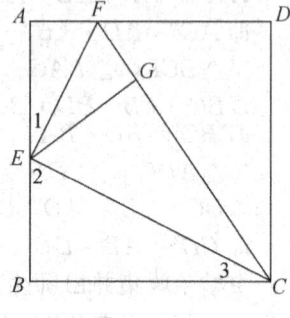

图 8

学生做题的积极性空前高涨,他们不肯下课,继续讨论着……

【活动评述】

就活动性学习而言,需要培养学生探究问题和解决问题的能力,而探究问题需要一定的思维方法,教师要引导学生善于发现和总结,并且把一些好的思维方法用探索和讨论的形式出现,让学生去经历解决问题的过程,从而掌握这些基本的思维方法。此次活动课培养了学生的团队精神、合作意识,通过交流促进了他们思维能力的共同发展。

(北京师范大学南山附属中学 范翠玲)

第二部分

　　数学活动应充满创新——创新问题的设计、创新环境的营造、创新思维的训练、创新素质的培养。

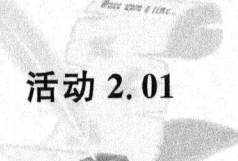

活动 2.01

构造有意义的图案

【设计理念】

《全日制义务教育数学课程标准》指出：数学是人类文化的重要组成部分。数学本身就是一种文化——数学文化，它的内容、思想、方法和语言是现代文明重要的一部分。同时，数学也承载着向人们展示数学独特的美学价值的责任。鉴于此，华东师大版的课改新教材就特意将《走进数学世界》作为第一章写入了教材。这一内容在老教材中是没有的，它是新教材的一个亮点，很好地体现了课改的精神。其中有一道习题非常有特色，引起了笔者的关注，由此产生了设计这样一堂数学活动课的构想。

【活动目标】

让学生亲自动手实践，亲身经历活动的全过程，引导学生自主探索，培养学生的创新精神。同时让学生去感受数学独有的美，接受数学文化的熏陶，使其情感得到陶冶。

【活动准备】

课前交代学生带好必要的绘图工具（铅笔、刻度尺、圆规、绘图纸、颜料笔等），实物投影仪（展示作品用）（注：有条件的学校，此活动课可以安排在电脑房进行，让学生借助"几何画板"实施构图会更加便捷）。

【活动时间】

一节课（注：也可以将活动一直延伸到课外，届时收集作品，点评作品即可。）

【活动过程】

一、提出问题

请以给定的图形"○○、△△、＝"（两个圆，两个三角形，两条平行线段）为构件，尽可能多地构思独特且有意义的图形，并写上一两句贴切、诙谐的解说词，如图就是符合要求的两个图形，你还能构思其他的图形吗？比一比，看谁想得多，看谁设计得妙。

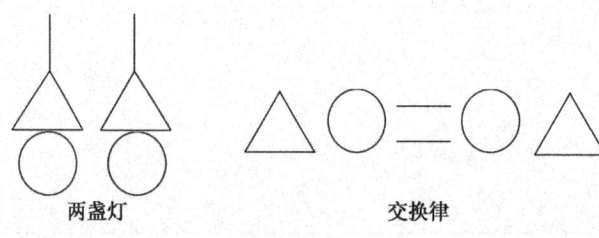

二、实施步骤

1. 对问题作必要说明。
2. 让学生明了构图的要求。
3. 引导学生赏析例图。
4. 启迪思维,让学生尝试构图。
5. 让学生代表展示创作成果,当堂进行合作交流。
6. 请同学对作品进行简要点评。
7. 改变"构件"进行再创作。
8. 将创作延伸到课外。
9. 做好作品的收集工作。
10. 时机成熟时,选择优秀作品进行公开展览。

【活动评述】

1. 这类题在以前的数学教材中是难得一见的,它的最大特点是:看起来不太像数学题,但却充满了数学智慧。
2. 这种题型无定式,极富灵活性,解决它需要有较强的想象能力,对张扬学生的个性,培养学生的创新精神大有裨益。
3. 这种题型是一种极好的开放题,入手容易,而结果又多种多样,不强求一律,能较好地激发学生的学习兴趣。
4. 在巧妙构图的同时,要求"写上一两句贴切、诙谐的解说词",无疑增强了问题的趣味性,尤其体现了数学的人文性。
5. 教学实践证明:学生在做这种题时,特感兴趣,特兴奋,有强烈的创作欲望,绝大部分同学能大胆创作设计,聪明才智发挥得淋漓尽致。设计图案之多,图案之美,创意之新,都大大出乎我们的意料,这确实让我们高兴不已。下面精选学生的一些作品与大家共赏。

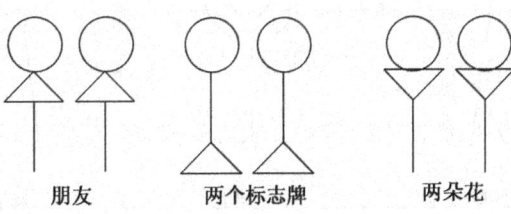

朋友　　两个标志牌　　两朵花

如果把基本构件的条件再放宽点,两个三角形或两个圆的大小可以不一样,两条线段也允许长短不同,则学生的创意更浓,作品更丰富多彩。

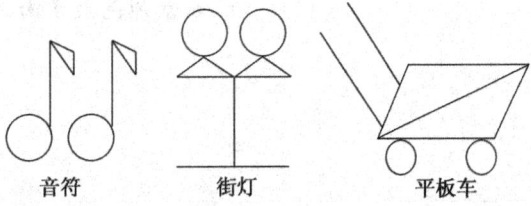

音符　　街灯　　平板车

【相关链接】

1. 课外查阅"七巧板"的有关资料,然后试着用"七巧板"做拼图游戏,充分发挥你的

聪明才智,拼出富有特色、寓意深刻的图案来,看谁拼得既多又好?

2.请自己设置"构件",设计出有意义的图案,要求设计新颖、优美而富有创意。

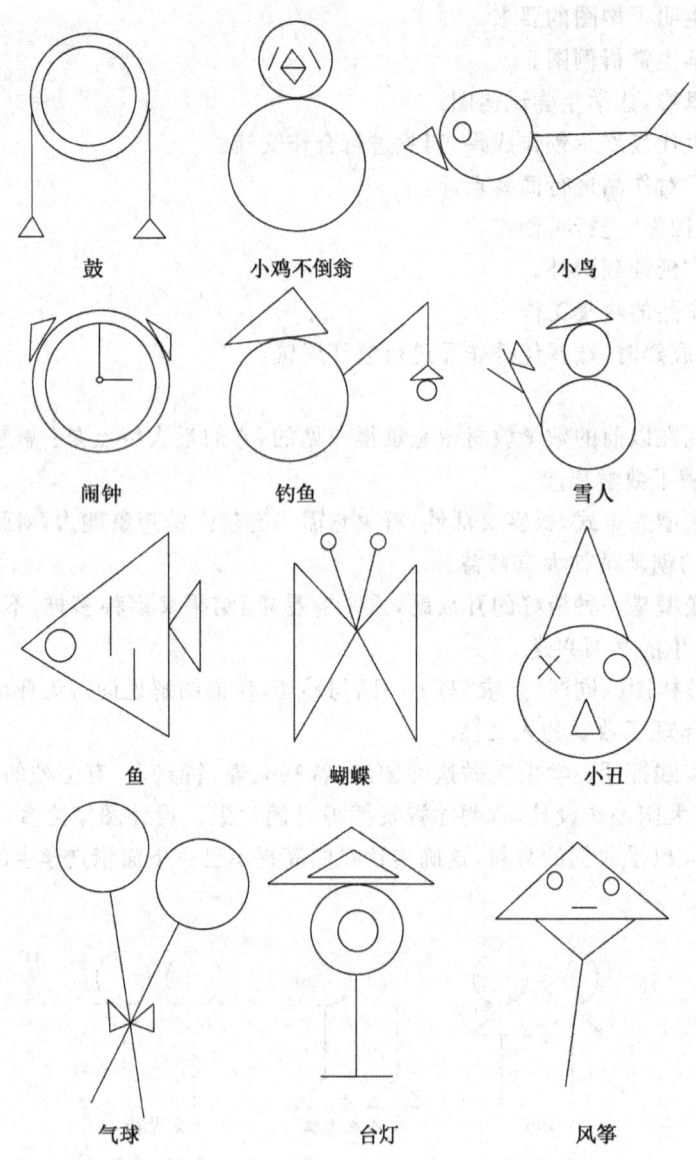

(北京师范大学南山附属中学 苏国祥)

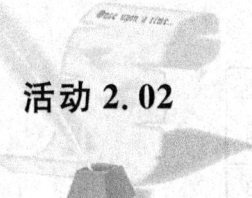

活动 2.02

探寻数学美

【设计理念】

著名哲学家罗素认为：数学不但拥有真理而且具有至高的美。因此数学教学过程中，在重视传授知识、培养能力的同时，应充分挖掘数学中的审美教育因素，引导学生探寻数学美，体验鉴赏数学美，丰富数学活动的内涵，提高数学活动的趣味性和吸引力。

【活动目标】

通过活动，让学生尝试探寻数学美，展示数学美，感受数学美，激发学生追求数学美，应用数学美，创造数学美的高雅情趣和强烈愿望，让学生在美的熏陶中启迪心智，健全人格。

【活动准备】

将班级学生分成若干活动小组，先引导学生分析数学的美学特征，让学生明确数学中对称美、和谐美、简洁美、自然美、奇异美、严谨美、逻辑美、含蓄美等术语的涵义，然后布置学生分头调查资料，收集能体现数学某一美学特征的实例。

【活动过程】

数学是人类文化的重要组成部分，是自然科学、技术科学的基础，在经济学、社会科学、人文科学的发展中发挥越来越大的作用，数学的美学价值也越来越引起人们的关注。让我们一起来探寻数学美，展示数学美，欣赏数学美。

一、和谐美

古希腊的毕达哥拉斯学派主张："万物最基本的元素是数，数的和谐就是美。"请看下面一列数：

$12^2 = 144$

$102^2 = 10404$

$113^2 = 12769$

……

换一下次序：

$21^2 = 441$

$201^2 = 40401$

$311^2 = 96721$

……

再看下面的幻方：

2	7	6
9	5	1
4	3	8

1	14	4	15
12	7	9	6
13	2	16	3
8	11	5	10

幻方中每一横行、每一纵列以及每一对角线上的几个数之和都相等。多么和谐、多么奇妙啊！中学数学中类似这样美妙的现象还有很多很多,你能列出几例同大家分享吗？（学生活动）

二、简洁美

数学中的定义、定理、公式、法则以及特有的符号语言,其含义简洁、严密、准确,将数学王国的简洁美,表现得鲜明、生动而雅致。

例如：一个简单公式,就能将天地间所有圆与半径间的联系完整准确地表现出来；又如,一个简单的图像就可以将世界人口一百多年间的变化、信息展示出来。

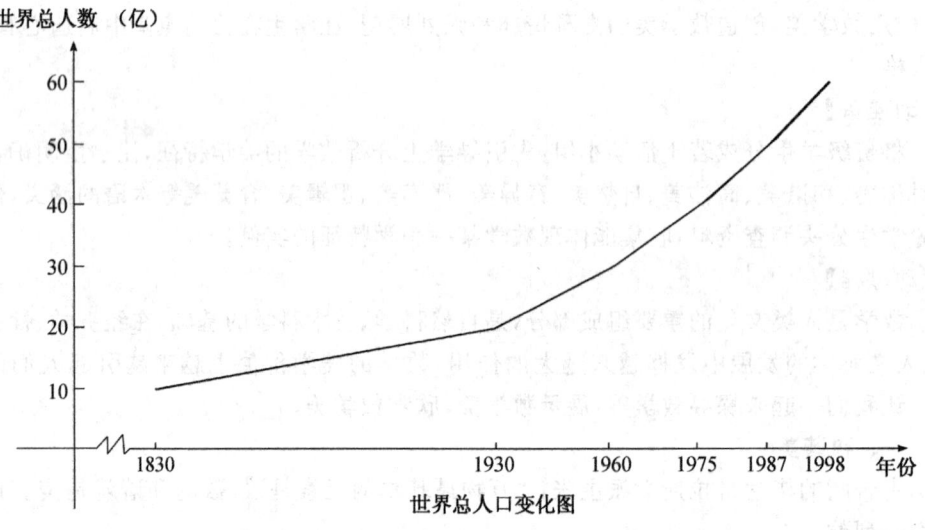

世界总人口变化图

数学活动中,你曾体验到数学的简洁美吗？你能结合数学实例与同学交流你对简洁美的感受吗？（学生活动）

三、对称美

从古至今,人们普遍认为对称的形式是美丽的,无论是日常生活用品中还是艺术作品和科学中,对称美都随处可见。对称性在数学中的研究非常严格,也非常深刻。例如：$12345678987654321 = 111111111^2$。

面对如此优美的等式,你能不动心吗？不妨到数学王国采撷几朵对称的花朵,让大家见识一下！（学生活动）

四、奇异美

两千多年前,古希腊数学家发现:将一条线段分割成大小两条线段,其中的小段与大段的长度之比等于大段的长度与全长之比,则可得出这一比值等于 0.618……这种分割称为黄金分割。人们认为这个分割点是分割线段时最优美、最令人赏心悦目的点,0.618 几乎成了美丽几何学的比率,广泛应用于建筑和艺术上。

有趣的是,自然界竟有许多漂亮花朵、果实都与这个"黄金比"有关。如松果中的两族螺线数的比、普遍树叶的长与宽之比,均与 0.618 相差无几。

有关 0.618 的奇妙趣闻你一定知道不少吧?无论是图像、文字还是妙语大家都欢迎,只要你肯奉献!(学生活动)

数学的美学特征还有许多,只要我们能冷静观察,用心感受,就能不断发现新亮点,体验到数学王国的五彩缤纷。除以上四个方面之外,你还有哪些见解,请交流!(学生活动)

【活动评述】

本课的设计从四个方面引导学生探寻数学美,采用完全开放的形式让学生自主活动、交流,同时还要求学生在准备阶段尽可能采用图像资料或数形结合、图文结合等较直观的形式进行展示交流,尽可能利用多媒体,尽可能营造出一种生动、活泼、妙趣横生的活动氛围。

针对学生的不同情况,教师应对所有学生的活动都及时地进行评价,这样每一个参与活动的学生都能得到激励,每个学生的自信心和创造意识都能得到激发。

【资料链接】

1. 教育部.全日制义务教育数学课程标准.北京:北京师范大学出版社,2002.4
2. 张奠宙.数学美与课堂教学.天津:数学教育学报,2001.11:1—3
3. 王厚成.略论数学之美及应用.重庆:数学教学通讯,2001.11:10—12
4. 胡炯涛.中学数学教学纵横谈.济南:山东教育出版社,1999.1

(深圳市育才二中　冯绍兴)

活动 2.03

走哪条路线
——三角形三边之间的关系

【设计理念】
　　通过活动,让学生经历知识的形成过程,让学生感受成功带来的喜悦;培养学生动手、观察以及运用知识的能力;培养学生积极探索的精神以及发现问题的能力。

【活动目的】
　　通过实践活动,让学生理解三角形三边之间的关系,并会运用三角形三边关系;了解三角形的稳定性及其应用。

【活动准备】
　　四人一个小组,每人准备三角板(或刻度尺)一套、圆规一个、几张比较厚的纸、长度不等的小棒若干。

【活动时间】
　　30 分钟

【活动过程】
　　一、提出问题
　　如图所示,从甲地到乙地有两条路线,一条是从甲到乙的直道,另一条是从甲绕道先到丙地再到乙地。张三和李四正要从甲地赶往乙地去,他们知道两点之间线段最短的道理,决定走直道往乙地去,可他们还想知道:对于一个三角形来说,它的三条边之间有怎样的一种关系呢?

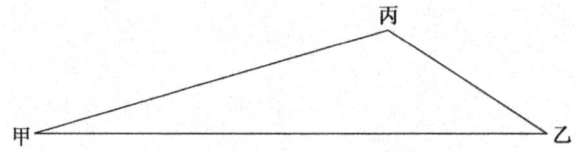

　　二、实践探索
　　1.根据所给条件都能作三角形吗?为什么?
　　(1) 三条边分别为 5 厘米、7 厘米、10 厘米;

(2) 三条边分别为 5 厘米、6 厘米、12 厘米。

根据要求,同学们纷纷拿出准备好的纸笔在那里写写画画,有的同学用圆规在那里画,而有的同学则把自己准备的小棒按题目要求折断成 5 厘米、7 厘米、10 厘米;或 5 厘米、6 厘米、12 厘米,这个办法显然不错。有的人本来没有什么头绪,可这一下子似乎受到了很大的启发,大家纷纷效仿起来。结果很快就出来了:第一组数据能围成三角形,第二组数据不能围成三角形。

2. 那么,为什么有的三条线段能围成三角形,有的又不能呢?

为了解决这个问题,大家在一起展开了热烈的讨论,有的同学甚至争得脸红脖子粗,非常热闹。有的同学还是拿起了圆规,一心用画图解决问题;还有的同学不声不响,拿着刻度尺反复测量两个三角形的三条边,试图从这里找到答案。

我在学生之间来回看看,有时候也给他们做做分析,但把更多的想象空间留给了学生。平时看到的多是一些学生做作业很不认真,可今天看到的却是另外一番景象,每个学生都表现出非常积极的态度,一个组的学生还正在为有的同学测量数据不准确开展批评呢!正在这时,我看到一个组的同学全都在议论着什么,是不是在说课外的故事?还是从实践中悟出了什么?原来,一个同学把画好的三角形用剪刀将三条边一一剪了下来,然后在那里反复进行比较,而另一个学生说,你真笨。其实,这在老师看来,已经是很难得的了。

"老师,我知道了。"一个同学突然站起来说道,他这一说,同学们都静了下来。"第一组数据中,任意两条线段之和都大于第三边,但第二组数据中,5 厘米与 6 厘米的和小于 12 厘米。"他一口气说了出来,我点了点头。别提他有多高兴了!"老师,还有什么问题吗?"这是一个平时不怎么活泼的学生,今天的积极性可真高呀!我得保护。"那你用自己的语言概括一下,一个三角形的三条边之间是什么关系?""任意两边之和大于第三边。""老师,还有两边之差小于第三边。""很好,非常好。"此时教室里响起了热烈的掌声,没想到问题就这样解决了!

接下来,我趁热打铁,要让大家消化消化。

例题1:下列三条线段能围成一个三角形吗? 为什么?

① 1、3、2　　　　　　② 2、5、8

③ 3、3、3　　　　　　④ 3、5、5

⑤ 100、1、100　　　　⑥ 3 米、25 厘米、20 分米

题目一出来,大家就争着回答,我以为⑥有点问题,同学们也想到了。

例题2:老师的手上已有长分别为 30 厘米和 20 厘米的两根小棒,我想再找一根小棒,摆成一个等腰三角形,需要一根多长的小棒呢? 如果老师只是要摆成一个三角形,那么对这根小棒的长度有什么限制呢? 如果用 x 表示这根小棒的长度,求出 x 的范围。

这一次活动,大家的兴趣更浓,但是难度比前面要大些,我让一个学生把自己做的写到黑板上,然后让大家修改,真是热闹,学生一个接一个上台,展现自己的成果,不管对错,然后下面的同学也分成几类,有赞成甲的,有赞成乙的,五花八门,不一而足,我打心眼里高兴呀! 其实这时对错已最重要,如果每节课,学生都有这么高的积极性,何愁不能取得好成绩? 终于有一个同学写出了比较理想的结果,于是我和大家一起进行

了讲评。

摆成一个等腰三角形需要一根 30 厘米(或 20 厘米)的小棒。

如果只是要摆成一个三角形,则这根小棒的长度有很多种可能,x 的可能取值为大于 10 厘米而小于 50 厘米。

我接着又给学生出了几道类似题,以便巩固知识点。

我展示一个四边形和一个三角形(顶点处用钉子钉着),什么也没说,就让学生去想,不必担心他们想不出来。

果真,同学们说出了很多关于三角形和四边形的区别和联系。遗憾的是,没有人能说出,三角形具有稳定性,而四边形却没有,于是,我让一个学生拿着教具,当着大家拽,可是拽来拽去,三角形的形状始终不变,四边形的形状一拽就变,这就是三角形的稳定性。"三角形的稳定性在现实生活中有哪些应用呢?"

大家七嘴八舌又说开了:

"自行车因为一个支撑架能停在任何一个地方!"

"在门板上斜钉一块木条使得门更加稳固!"

"农民家里的晒衣架……"

就这样,活动完了,可学生还一个个意犹未尽。

三、思维拓展

1. 已知一个等腰三角形的两条边长分别为 12、25,求等腰三角形的周长。

2. 已知三角形的一边长为 3,另一边长为 7,第三边长为偶数,求这个三角形的周长为多少。

3. 已知 a、b、c 为三角形的三条边,化简下面的式子:

$$|a+b-c|+|b+c-a|-|a-b-c|$$

受前面情绪的影响,同学们依然非常激动,很快就有学生完成了这些习题,我提出让他们在组内交流,同时对那些不太会的同学予以帮助。

【活动评述】

没有人不喜欢成功,成功需要尝试,需要动手,需要思考。创造条件,多给学生以机会,让学生经历知识的形成过程,使之在不断的探索中发现新知,巩固新知,培养学生的动手能力、思维能力,并感受发现知识的那种成功和喜悦。

这节课,学生通过各种手段对三角形的三条边(主要是两边之和与第三边)的大小之间的关系进行了探索,他们充分发挥自己的想象,动手、动口,更动脑,相互帮助,取长补短,在一个一个的失败中迎来最后的胜利。听过的容易忘记,看过的印象不深,亲身体验过的才刻骨铭心。通过"做"、"考察"、"实验"、"探究"等一系列的活动体验和感受,学生的创新精神、探究能力才有可能得到发展。

在三角形中,任意两边之和大于第三边,任意两边之差小于第三边。从中我们从另一个角度理解了两点之间线段最短的道理,同时对三角形的稳定性也有了深刻的认识和体验。

(北京师范大学南山附属中学 邓海军)

活动 2.04

活用三角形的三边关系
——七年级数学案例

【设计理念】

数学教学活动是建立在学生已有的知识经验和认知发展水平基础之上的,而数学知识内容的呈现方式具有多样化,有效的数学学习活动需要教师向学生提供充分地从事数学活动的机会,帮助他们在自主探索和合作交流的过程中真正理解和掌握基本的数学知识和技能,进而领会数学思想和方法。

【活动目标】

通过实际问题进一步理解三角形的三边关系;通过构造三角形,建立数学模型,解决三角形中有关三边关系的问题。

【活动过程】

问题1:三角形的两边分别为2和6,第三边是整数,问这样的三角形有多少个?

提出本题的目的,是让学生回顾三角形三边之间的关系,通过解答,暴露出他们的思维过程或知识缺陷,教师可以及时了解和指正。

在学生的解题过程中,教师要巡视了解尽可能多的学生,不仅仅关注那些做得好的学生,特别要关注那些思维不严谨、学习粗心大意的学生,要注意学生中出现的一些错误解法。

如有个学生说:第三边小于2+6=8,所以第三边可以是1、2、3、4、5、6、7七个数,这样的三角形有7个。

分析:错在哪里?由于没有考虑到"任意"的含义,造成了多解。

正解是:由三角形的三边关系,所求第三边除了满足小于两边之和外,还需要满足大于两边之差4,所以符合条件的只有5、6、7,所以,三角形有三个。

注意:三角形的三边关系是解决三角形中不等关系的重要理论依据,过去教材明确提出"两边之和大于第三边,两边之差小于第三边",而现在华东师大版教材没有明确提出来。它是通过学生对"任意"的理解,结合不等关系得出的,这是教材中的难点问题,应让学生有充分的理解、消化的机会和时间。

问题2:如图1所示,已知D是$\triangle ABC$内任意一点,连接BD、CD,试分析$AB+AC$和$BD+DC$之间的大小关系。

这是一个探索性的问题,虽然没有给出明确的结论,然而学生可以通过用刻度尺进行测量比较,很快得出结论。但是要进行推理说明,还需要学生一番深入思考和探索。

结论:$AB+AC>BD+DC$

有学生这样说明:

因为,假如 D 在 BC 边上,结论明显成立。

D 在 A 点上时,$AB+AC=BD+DC$

所以,D 在 $\triangle ABC$ 内时,

$AB+AC>BD+DC$。

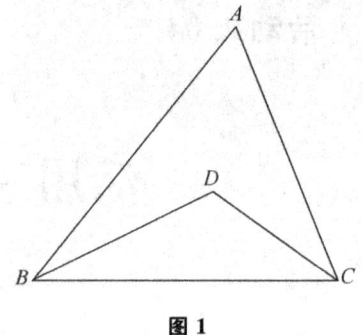

图1

还有同学说:D 点在 AB 或 AC 边上时,以上结论也成立——这反映出学生思维的灵活性,是教师没有想到的,值得注意。

要学生进行推理说明,开始学生们确实感到困难,因为这里的四条线段没有直接的联系,需要作辅助线构成三角形,这属于创新性思维,教师应该给予适当的引导。

教师引导:如何让这四条线段发生联系,构造三角形是解决此题的关键。

沿着刚才一个学生的想法,

将 BD 延长到 AC 交 AC 于 E 点,如图2所示,

在 $\triangle ABE$ 中,$AB+AE>BE$

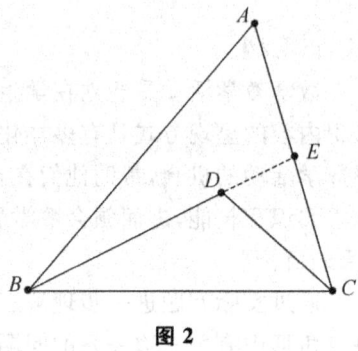

图2

同理,在 $\triangle DEC$ 中,$DE+EC>DC$

∴ $AB+AE+DE+EC>BE+DC$

∵ $BE=BD+DE$,$AC=AE+EC$

∴ $AB+AE+EC+DE>BD+DE+DC$

∴ $AB+AC>BD+DC$

【活动说明】

遇到线段的不等关系时,往往需要应用三角形的三边关系。本题所涉及的线段没有构成三角形,因此必须适当添加辅助的线段,延长 BD 交 AC 于 E 后,形成了 $\triangle ABE$ 和 $\triangle DEC$ 来得出结论。

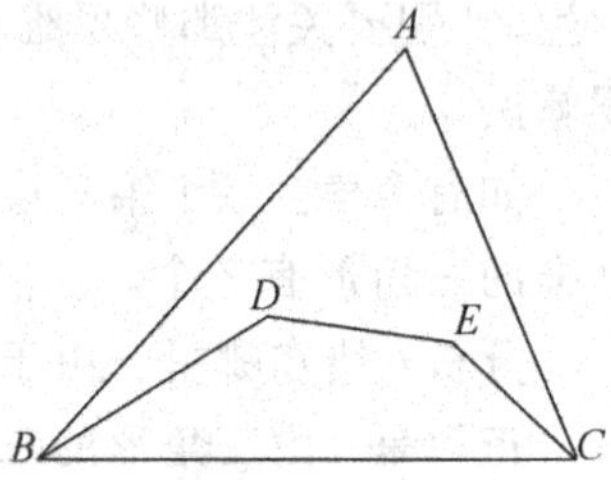

【活动拓展】

如图3所示,在 $\triangle ABC$ 内部任意两点 D、E,连接 BD、DE、EC,并且 $BDEC$ 构成凸四边形,$AB+AC>BD+DE+EC$ 成立吗?

你能进一步推广结论吗?

图3

有了问题2的方法,学生都知道要构造三角形,而且构造的方法有多种,仅仅图示以下两种:

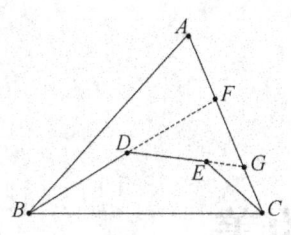

图 4

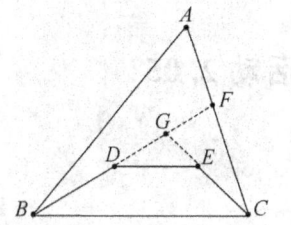

图 5

教师引导：请大家针对自己的做法，仿照问题 2 的说理方法，把推理的过程写出来，邻近的同学可以互相讨论一下。

注意：虽然教材对学生的几何推理说明进行了淡化和延迟要求，但由于几何的推理说明历来是学生学习的难点，教师一定要在每一个学习环节中落实推理说明的过程以训练学生的思维能力，并尽可能地让学生进行模仿，潜移默化地提高学生的书写表达能力。

教师设疑：在上面的问题，四边形 BDEC 一定是凸四边形，请同学们课后思考，这是为什么？同时，以上的结论是否可以到推广到更一般的情形？

【活动评述】

学生的思维呈现出无限的灵活性和想象空间，教师一定要善于引导好、保护好学生的智慧火花，不要让幼小的创造性的思维被扼杀在萌芽中。

(北京师范大学南山附属中学　冯安邦)

活动 2.05

感受数学的美
——用正多边形拼地板教学活动设计

【设计理念】

通过学生亲自动手操作和多媒体辅助教学,使学生亲身感受以下探究过程:

实际情景 → 发现问题 → 动手操做 → 认真观察 → 合作探究 → 抽象概括 → 数学结论 → 应用实际 → 创新设计

使学生充分感受到知识的产生和发展过程,促使学生积极思考,主动探究,勇于发现,并在获取知识的过程中形成良好的学习品质,发展学生的思维能力。

【活动目标】

知识目标:理解平面镶嵌的关键是几个多边形的内角相加等于360°。

能力目标:体验实际问题抽象数学问题,发现其中的数学原理。

情感目标:学生在活动和交流中亲身体验数学来源于生活又运用于生活的情景,感受数学的内在美,激发学生的学习热情与创造性,并充分享受成功的喜悦。

【活动准备】

课前让学生准备多个形状、大小完全相同的三角形、四边形、正六边剪纸和其他一些多边形的剪纸。

【活动过程】

一、设置情景导课

首先让学生自己说说家中地面是怎样铺设的。

学生踊跃回答。

引出课题:今天我们就来"自己动手拼拼地板"。

以学生身边的生活实际为情景素材导入,让学生感受到数学就在我们身边,激发学生学习数学的积极性。

二、动手操作

1. 学生四人一组,拿出准备好的正多边形,用相同的正多边形拼图。
2. 小组讨论、合作、交流,填写教师发给的密铺拼图实践表格。

相同的正多边形拼地板

	正多边形的种类	原因
能密铺		
不能密铺		

三、诱导发现密铺原理

1. 小组选代表发言（针对表格内容）（3 分钟）。根据经验，学生会给出各种说法：

（1）如学生会说密铺跟边有关，教师给予肯定，但说明不是直接关系。

（2）如学生因通过预习给出了正确答案，则给出 5 幅图让学生用数学知识逐一解释，这样借助学生的讲述突破难点。

2. 估计第二种情况出现的机会很小，这时我引导学生共同观察这五幅图，进行启发诱导：

（1）直观比较这 5 幅图的异同。

（2）能否从数量关系来区分它们的不同？

（3）能否从角度的方面思考Ⅲ、Ⅳ、Ⅴ的不同？

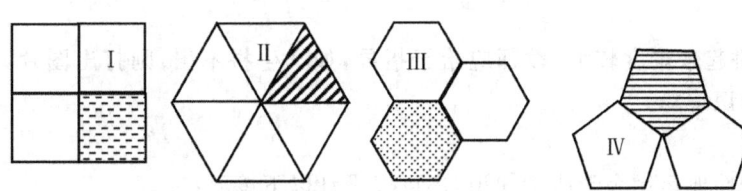

（4）如学生有困难，师生共同回顾。

正多边形边数	3	4	5	6	7	……	n
正多边形内角和	180°	360°				……	
正多边形每个内角的度数	60°	90°				……	

多边形内角和公式：$(n-2)\times 180°$

每个正多边形内角：$\dfrac{(n-2)\times 180°}{n}$

（5）让学生用表格中的角度数量关系解释Ⅰ、Ⅱ、Ⅲ的密铺原因，从而得出结论（学生自己总结）。

学生合作交流得出结论：密铺原理。

当围绕一点拼在一起的几个正多边形的内角加在一起恰好组成一个周角时，就可以拼成一个平面图形。

（6）进一步探讨，用角度的数量关系解释Ⅳ、Ⅴ不能密铺的原因，从而得出：

密铺的条件：正多边形的内角必须整除。

四、巩固深化

1. 为了发展学生的认知,有意设计了这样两个与学生认知常识有冲突的例子:

(1) 若干个相同的任意三角形能密铺吗?

(2) 若干个相同的任意四边形呢?

学生有的说能密铺、有的说不能密铺。

2. 让学生自己动手拼一拼。学生用已准备好的任意三角形、任意四边形,以小组合作的形式拼图,教师适时指导。

3. 把学生的拼图展示出来,用今天所学的知识解释一下为什么能密铺。

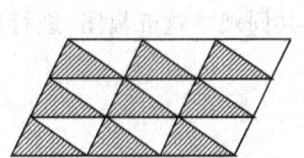
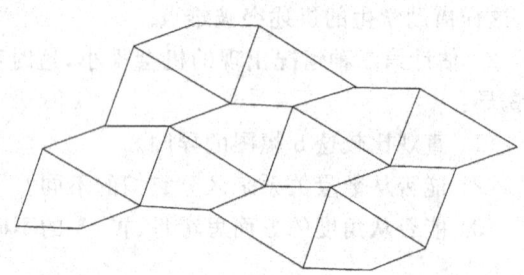

4. 任意四边形拼起来难度较大,教师应给予指导,如学生拼不出,则打出图片,让学生用今天所学的知识解释。

五、思维拓展

为了让学生创造性地运用今天所学知识,还可以设计以下练习:

1. 组合密铺的启发:两种图形组合密铺。

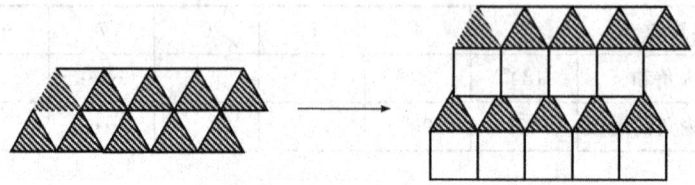

2. 学生自己动手操作:用两种或两种以上的正多边形密铺。

3. 展示学生作品,并让学生用今天所学的知识解释自己的作品(8—10分钟)。

4. 评选优秀设计师。

激发学生的创新意识和成就感,将课堂知识、学生思维再一次推向高潮,学生感到意犹未尽,为下节课学习打下伏笔。

六、小结

1. 请同学总结一下这节课我们所学到的知识。

2. 学生以小组为单位进行小结,然后大家交流、归纳、总结,由小组代表发言。

(1) 三角形、四边形和正六边形都可以密铺。

(2) 密铺的关键:多边形几个内角拼在一起恰组成一个周角。

(3) 密铺的条件：正多边形的内角必须整除 360°。

自始至终让学生体验自主学习的乐趣，对本节的探究过程有一个清晰的认识。

思考：

以小组为单位，合作探究：用相同的正多边形拼地板，除了正三角形、正方形、正六边形，还有其他的正多边形可以平铺地面吗？你能用数学知识解释吗？

【活动评述】

通过本节课的学习，相信学生会真正理解平面镶嵌的道理，利用所学知识创造出更多美丽而新颖的图案。

【相关链接】

本节课要研究的是用相同的正多边形拼地板，它既是对本章一开始所提出的问题的回答，又是对三角形和多边形有关知识的应用。通过用相同的正多边形拼地板，巩固对多边形内角、外角和公式的理解。对于密铺原理的探索，是本节的难点，也是第二课时教学内容顺利进行的前提。因此，本节内容不仅是对本章首节内容的呼应，更对整章的教学起到画龙点睛的作用。同时，密铺原理在建筑学、美学方面都有广泛的应用。

（深圳市桃源中学　李景秋）

活动 2.06

用正多边形拼地板

【设计理念】

新课程标准下的新教材充分地将生活与数学相结合,通过"经历、体验、探索"等数学活动,使学生能够走出原来脱离现实生活而进行简单逻辑思维能力培养的误区,体现做中学数学、动中用数学的要求。

【活动目标】

1. 通过活动,让学生感受到知识产生、发展的过程。
2. 通过活动,引导学生运用数形结合解决有关实际问题。

【活动准备】

让全班同学(分为八大组)利用前一天时间准备好大小尺寸不统一(组与组之间不统一,同一组统一)的正三角形、正四边形、正五边形、正六边形、正七角形、正八角形纸片(每组每种多边形六个)。

【活动过程】

一、创设问题情境

走进教室,课前指令完成以后,我一直盯着地板,表现出一副若有所思的表情,学生因此而感到迷惑,相互不断地用眼神在询问:"老师今天怎么了?"伴随着时间的延续,同学们也不由自主地在地板上观察起来,希望能发现什么……然后我抬起头来,笑着问:"你们在看什么啊?"学生笑了起来,反问:"老师您刚刚在看什么啊?"

"我在看地板啊!"

"我们也在看地板啊!"

(学生的声音已非常放松了。)

"地板有什么好看的?你们看见什么了?"

此时,一部分学生回答说:"看到正方形了,我们家客厅也是这样形状的地板!"

另一部分同学则说:"我们家的不一样。"

(学生彼此之间不同观点开始冲突。)

二、提出问题

老师:请同学们分组用手中的正方形纸片围绕一点,要求既不留空白又不重叠,需要几片能铺满地板?为什么?

学生：四片（同时用纸片演示）。因为围绕这一点的四个正方形的四个内角的和是360°，正好是一个周角，故而可以铺满地板。

老师：请同学们分组用手中的三角形纸片围绕一点，要求既不留空白又不重叠，需要几片能铺满地板？为什么？

学生：六片。理由是正三角形每个内角是60°，60×60°=360°。

老师：请同学们分组用手中的正五边形纸片围绕一点，要求既不留空白又不重叠，能不能铺满地板？正六边形呢？正七边形呢？

学生：正五边形不能铺满地板，因为正五边形的每个内角是72°，而72不能整除360，所以意味着没有整数个正五边形能铺满地板。同理，正七边形也不能铺满地板，正六边形则能用三个围绕一点铺满地板。

老师：从刚刚的实验与分析中我们知道：用正 n 边形能否围绕一点铺满地板取决于这个正 n 边形的一个内角是否整除360，如能，商就是铺满地板所需要的正 n 边形的个数，否则不能。列表如下：

正 n 边形的边数	三	四	五	六	七	八	……
需要的 n 边形的个数	6	4	不能	3	不能	不能	……

三、解决问题

老师：用若干个正三角形和正四边形围绕一点，是否能既不留空白又不重叠地铺满地板？如果能，应怎样铺设？

学生的活动马上展开，以活动小组为单位，很快就有学生发出成功的欢呼："三个正三角形和两个正四边形就可以围绕一点铺满地板。"差不多在同一时间大家都完成了任务。

老师：同学们完成得很好。那么还有没有其他的两种正多边形围绕一点能铺满地板？是怎样的情况呢？请运用手中的正多边形进行拼凑。

学生在老师的任务指引下再次展开活动，气氛是相当活跃而又热烈，同学之间的竞争已被引发，几分钟后，陆续就有同学说出：

"两个正三角形和两个正六边形就符合要求！"

"用一个正六边形和两个正四边形也符合要求！"

"一个正四边形和两个正八边形也符合要求！"

…………

老师：同学们的发现很重要，不过由于咱们今天准备的正多边形有限，不能一一拼凑出其他的情况，比如：一个正三角形和两个正十二边形也符合要求，为什么呢？能不能从正多边形的角度发现问题？

学生：一个正三角形的一个内角是60°，一个正十二边形的一个内角是150°，一个正三角形和两个正十二边形则有三个角，它们的和正好是360°，所以可以铺满地板。

老师：同学的回答很精彩！如果我们用代数的方法又怎样来理解这个问题呢？设需要 x 个正三角形和 y 个正十二边形能铺满地板。那么可列出方程 $x×60°+y×150°=360°$。考虑到铺地板的正多边形都必须是正整数，所以上述方程的正整数解就是问题的答案。将方程化简为 $2x+5y=12$，它的正整数解是 $x=1,y=2$，并且是惟一的。

正三角形和正五边形是不是可以围绕一点铺满地板呢？为什么？

学生：不能，因为所列方程 $x\times 60°+y\times 150°=360°$ 没有正整数解。所以用上述两种正多边形不能铺满地板！

老师：下面请同学们自己用方程的方法验证正三角形和正四边形等其他情况。

【活动评述】

同学们通过自己动手和运用方程思想，很快了解怎样的多边形以及两种或两种以上正多边形围绕一点能否铺满地板，在活动的过程中自己获得知识的满足感油然而生！

（北京师范大学南山附属中学　卢海林）

活动 2.07

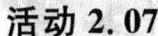

初中数学教学活动设计
——简单的轴对称图形

【设计理念】

本节课根据教材的特点,设计一定的情境,提供隐含知识特征的材料,给学生足够的独立学习的时间和空间,让学生自主发现、提炼,通过交流,形成自己的观点,并能自觉运用知识,解决实际问题。

【活动目标】

1. 通过折叠的方式认识线段和角等图形的轴对称性。

2. 通过变换的方法去探索其相关性质。

3. 在探索的过程中将观察操作和归纳推理相结合,以培养学生的归纳能力和数学语言表达能力。

【活动准备】

1. 薄透明纸两张、三角板、量角器、圆规、直尺。

2. 复习相关知识:线段的垂直平分线的画法、角平分线的画法。

【活动过程】

一、知识回顾

师:请举出现实生活中你所见到的轴对称图形的例子。

生:蝴蝶、蜻蜓、京剧脸谱、国旗上的图案、五角星、窗花、数字(0、3、8)、字母(A、M、E、H)等。

师:举出几何图形中的轴对称图形的例子。

生:长方形、正方形、圆、正三角形、等腰梯形、正五边形、正六边形等。

师:线段和角是轴对称图形吗?

生:是。

师:你是如何知道的?

生:折叠,看能否完全重合。

师:下面我们来验证一下。

二、做一做

师:拿出事先准备好的透明纸,画一条线段 AB、一个角 $\angle POQ$,验证一下它们是否是轴对称图形,(学生开始折叠)。

生:是

师:同学们认真观察折叠后的图形,看一下它们的对称轴分别是什么?

生:线段的对称轴是线段的垂直平分线,角的对称轴是角的平分线。

师:对称轴是一条什么线?

生:直线。

师:角的平分线是一条什么线?

生:射线。

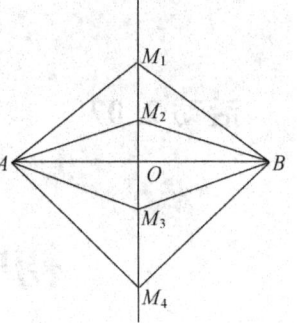

师:注意角的对称轴是角的平分线所在的直线。下面在线段 AB 的垂直平分线上任意取点 M_1、M_2、M_3、M_4……连结 AM_1、BM_1、AM_2、BM_2、AM_3、BM_3、AM_4、BM_4……试用适当的方法判断 AM_1 与 BM_1,AM_2 与 BM_2,AM_3 与 BM_3,AM_4 与 BM_4 是否相等。

生:相等(用尺量、折叠)。

师:由以上过程可概括出那些结论?(学生小组讨论)

生:对称轴上的点到 A、B 两点的距离相等。

师:由此我们可以总结出线段垂直平分线的性质:线段垂直平分线上的点到线段两端点的距离相等。拿出刚才所画的角,角平分线用 OA 表示,在 OA 上任取一点 M,过点 M 分别作 $\angle POQ$ 两边的垂线,垂足分别为点 C 和点 D,线段 MC 和 MD 相等吗?

生:(开始折叠、度量)相等。

师:换一下其他点试一试。

生:(开始折叠、度量)一样的。

师:能否概括出角平分线的性质?

生:角平分线上的点到两边的距离相等。

师:这样我们就得出角平分线的性质:

角平分线上的点到角两边的距离相等。

【活动评述】

本节课通过学生课前预习和课上的动手操作,让学生在实践的基础上感知知识的发生和发现过程,使学生对轴对称图形有一个感性认识,并且对线段和角这两个基本的轴对称图形有了更深刻的了解。

通过小组讨论、交流,增强学生的参与意识和合作精神。

(深圳市南山实验学校　栾惠芳)

活动 2.08

让你的脑筋动起来
——相似三角形的应用

【设计理念】

九年义务教育的数学课程突出体现了基础性、普及性和发展性，使得人人学有价值的数学，因此学生的数学学习内容应当是现实的、有意义的，而且还要有利于学生主动地进行观察、实验、推理与交流。教师应向学生提供充分的机会，帮助他们在自主探索和合作交流的过程中真正理解和掌握基本的数学知识和数学技能、数学思想和方法。

【活动目标】

通过测量旗杆的高度，使学生综合运用三角形相似的判定条件和性质解决问题，发展学生的数学应用意识，加深学生对相似三角形的理解和认识。

【活动准备】

分成学习小组的形式，将思维活跃的学生和较差的学生进行搭配。各小组准备好一根已知长度的木棍，以及卷尺。

【活动过程】

老师：我们已经学会了一些测量有一端无法达到的物体的高度和宽度的方法，现在请你们观察一下学校较高的物体，如教学楼、旗杆、大树等等，如何来测量它们的高度呢？现在请选定一个物体，先与小组的成员一起讨论：如何来进行测量？

我先让同学们讨论如下问题：

（1）可以选用什么测量方法？

（2）你所选用的方法要用到哪些工具？

（3）应测量哪些有关的数据？

（4）如何计算最后的结果？

提出这些问题以后，同学们开始热火朝天地讨论起来，我注意到这时同学们已经开始学会合作探究了，不但讨论出方法，而且还对如何实施方案进行了分工。

看到同学们讨论得差不多了，每个小组都确定了自己的测量方案，我就带领同学们走出教室，来到校园，让学生按自己设计的方案开始测量。

同学们这时表现出了一种前所未有的学习兴趣，连平时成绩较差的学生这时都积极地参与进来。同学们也表现出了一种很好的合作态度,有同学专门负责测量,有同学专门负责记录。在活动过程中,我看到有同学还躺在地板上进行测量。

进行了大概 25 分钟的测量,全部小组向我汇报已经测量完毕。于是我们回到教室进行分析讲评。

回到教室,我叫每个小组将自己小组的方法进行介绍,归纳出如下几种方法:

方法一(如图 1 所示):

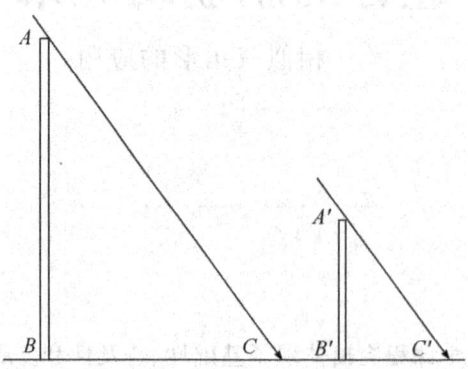

图 1

BC 是杆影,$B'C'$ 是棍影,因为太阳光是平行的,即 $AC//A'C'$,那么 $\angle ACB = \angle A'C'B'$,又 $\angle ABC = \angle A'B'C' = 90°$,根据我们所学过的三角形识别方法,可知,$\triangle ABC \backsim \triangle A'B'C'$,因此有:$\dfrac{AB}{BC} = \dfrac{A'B'}{B'C'}$,即 $AB = \dfrac{A'B'}{B'C'} \times BC$。只需要量出旗杆的影长、木棍的长度和木棍的影长,就可以计算出旗杆的高度了。

方法二(如图 2 所示):

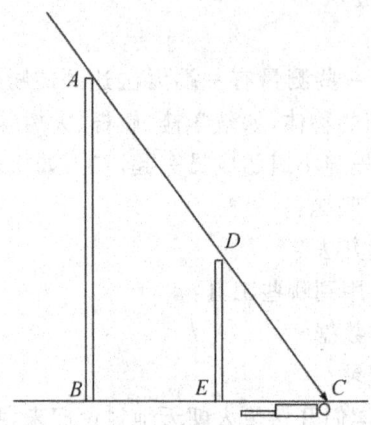

图 2

一位同学躺在地上,眼睛刚好看到旗杆顶端与木棍顶端成一直线,这时 $\triangle ABC \backsim \triangle EDC$,所以只需要量出 DE、EC 及 BC 的长度就可以计算出 AB 的高度。

方法三(如图3所示)：

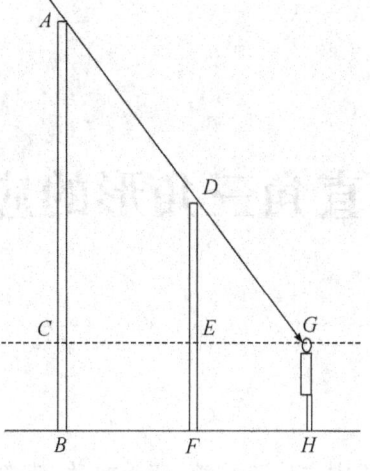

图3

用一根较长的木棍，使得眼睛看到木棍的顶端和旗杆的顶端，这时△ACG∽△DEG，只需要量出HF、HB、DF及人的身高GH，就可以算出旗杆的高度。

看到同学们想出这么多的方法，我感到很惊诧，因为我想同学们能想出的方法就是第一种，看到了其他的方法，我感到学生的创新能力还是无限的，只要给他们充分的自主探索，学生的能力就能够得到发展。

最后，我作了一个小结：大家都说得很好，提出了这么多很好的方法，可见数学在实际生活中的用处是很多的，只要同学们认真地去观察、思考，肯定能够找出更多更好的方法来，所以同学们一定要用心去观察生活，用心去学好数学。

【活动评述】

本节课打破了过去传统教学的老师讲、学生听，老师问、学生答，老师写、学生抄的一般模式，让学生走出教室，自己去探究解决问题的方法，使学生成为积极的参与者与探索者，让学生在交流中学，在讨论中学，老师只是学生学习的组织者、合作者和引导者。通过活动，不仅培养了学生发现问题、解决问题的能力，而且充分激发出学生的想象力及创造力，使学生的能力充分得到体现。

(深圳市松坪学校中学部　温明豪)

活动 2.09

解直角三角形的应用

【设计理念】

在解决实际问题的过程中去体验数学、感受数学,使学生对"生活中处处有数学"的理念有新的认识。

【活动目标】

在学习三角函数的基础上,让学生探索运用直角三角形的边角关系来解决实际问题的方法。让学生学会把实际问题抽象为数学问题,通过"找"直角三角形,"造"直角三角形,建立数学模型,并运用三角函数加以解决。

【活动过程】

老师:我们已经完成锐角三角函数的学习,学会了如何用三角函数来转化 Rt△ 的边角关系。今天,我们一起来探讨如何运用这个转化来处理和解决实际问题。先请大家一起回顾一下 Rt△ 边角关系:这里有三个 Rt△,每个三角形只给出了一条边和一个锐角,那么,应如何来表示其他的边、角呢?

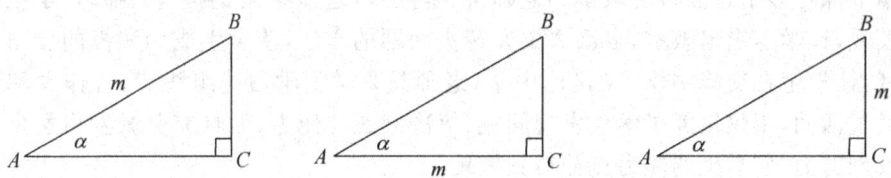

学生分小组讨论,全班交流。

老师:可以看到,利用锐角三角函数这个工具,在 Rt△ 中,已知一个锐角和一条边就可以求出其他的边,从而拓展了我们的解题思路,找出符合条件的 Rt△ 是解决这类问题的关键。请看课本第 121 页第 15 题:

在地面上一点 A 测得电视塔的顶端 D 点的仰角为 $42°$,再向电视塔方向前进 120 米到达 B 点,又测得电视塔的顶端的仰角为 $61°$,求这个电视塔的高度 CD(精确到 1 米)。

学生根据题意动手画图。

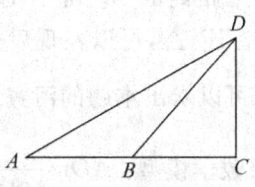

小组讨论：

(1) 图中是否存在 Rt△？

(2) 如何用三角函数关系来表示图中的相关线段。请同学们上讲台展示所画图形。

老师：①线段 AB 与哪些线段有关？②是否可求出线段 CD 的表达形式？

请同学们求出线段 CD 的表达式。

老师：我们可以发现，这是一个求不可到达物体高度的有效方法，有很大的实用性。我们一起来为它建立一个数学模型。

在如右图所示的模型中，是否能求出 AD 的表达式？

学生讨论、小结，得出结论：$x = \dfrac{a}{\cot\alpha - \cot\beta}$

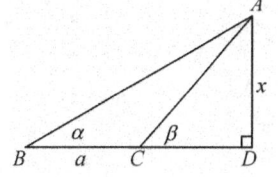

老师：你们觉得，用这个模型可以解决什么问题呢？

学生：测飞机高度，测塔高，测河宽，用于声源定位……

老师：请看课本第 121 页第 16 题：

如下图所示，为了求河的宽度，在河对岸岸边任意取一点 A，再在河这边沿河边取两点 B、C，使得∠ACB＝45°，量得 BC 长为 30 米。

(1) 求河的宽度（即求△ABC 中 BC 边上的高）；

(2) 请再设计两种测量河的宽度的方案。

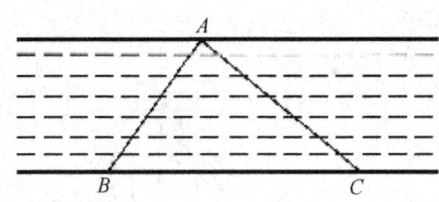

请同学考虑这道题是否符合我们所建立的数学模型？为什么？

学生：不符合。因为没有 Rt△。

老师演示：

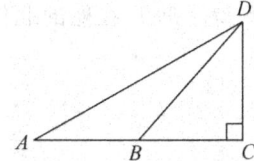
交换
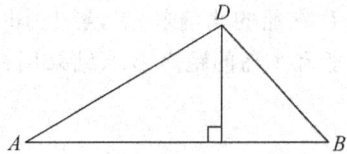

老师：在第 15 题中，我们通过找 Rt△，建立了一个数学模型，找到了解决一类问题的方法，那么，在第 16 题中，没有 Rt△，是否能构造一个 Rt△，再建一个数学模型呢？

学生七嘴八舌，动手动脑。

学生：刚才讨论的是已知两个距离的"差"是 a 时所建立的模型，现在讨论的是已知两个距离的"和"是 a。通过"造"Rt△，可以发现后一个图形是由前一个图形变化得到的。用相应的解 Rt△ 的方法，可以求出本题的河宽为 $\dfrac{30}{\cot 60°+\cot 30°}$（米）。

我们同样可以给它建立一个数学模型：$AD=\dfrac{a}{\cot\alpha+\cot\beta}$

老师：我们通过"找"Rt△ 和"造"Rt△ 建立了两个不同的数学模型，同学们是否能应用这两个数学模型来帮助我们来解决一些实际问题？请同学们看大屏幕的演示。

（请同学们分小组讨论，讲图形，讲思路，讲最后表达式，培养学生自主探索、合作学习的能力，通过情景模拟，转化数学模型，由师生共同经历一个知识探究的过程。）

1. 如图，某船在点 O 处测得一小岛上的电视塔 A 在北偏西 60° 的方向，船向西航行 20 海里到达 B 处，测得电视塔在船的西北方向，船在向西航行多少海里里电视塔最近？（结果保留根号）

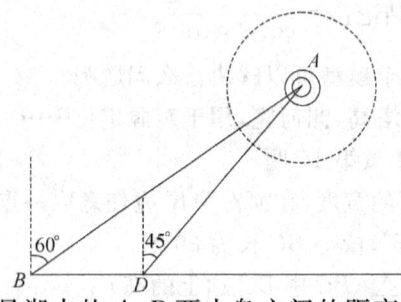

2. 如下图所示，要测量湖中的 A、B 两小岛之间的距离，可以在湖岸上沿着与 AB 垂直的直线上选取 C、D 两点，测得 $\angle ACB=45°$，$\angle ADB=60°$，$CD=20$ 米，求 A、B 两岛之间的距离（不取近似值）。

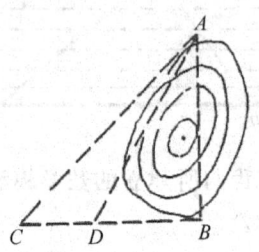

3. 如下图所示，某轮船在海上以 10 海里/小时的速度由东向西行驶，在 A 处测得小岛 P 在船的北偏东 75°，经 1 小时轮船到达 B 处，测得小岛 P 在船的北偏东 75°，求这时轮船和小岛的距离 BP（结果用根式表示）。

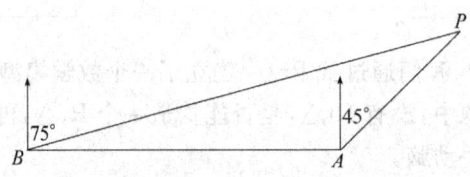

老师：对数学模型的探究是无止境的，在(C)图中根据已知条件，是否可以求出梯形的高，请同学们课后去思考。

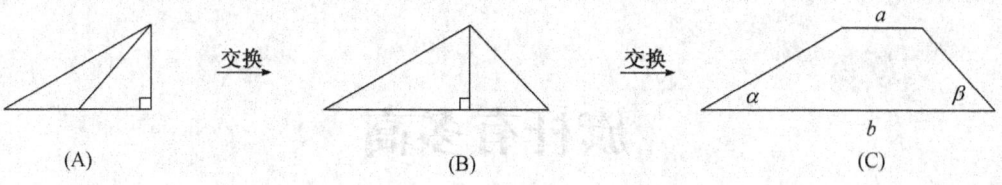

(A)　　　　　　　　(B)　　　　　　　　(C)

总之，解 Rt△，魅力无限，乐趣多多。希望同学们在解决实际问题的过程中去体验数学，感受数学。

【活动评述】

在基础教育的改革实验中，一种有效的教学方式和新颖的学习方式正在逐步形成，那就是使数学教学成为一项富有情感的活动。在本节课的教学活动中，老师通过若干个闭合和打开，引导学生合理地选择关系式，师生一起"找"Rt△，"造"Rt△，来建立相关的数学模型，取得了很好的教学效果。

在讲述了几个数学模型的构建以后，就安排三道难度较大的课堂练习题，这对一般的学生来说可能有一定的难度，建议根据学生的学习水平选择课堂练习题。

【资料链接】

1. 国家数学课程标准

http：//www.cbe21.com.cn/reform/zhuanjingzz/shuxuezj/

2. 初中数学园

http：//ziyuan.3322.net/

3. 数学教育网

http：//www.mathsedu.net/

4. 数学活动课设计

http：//www.21cae.net/activity/shuxue.htm

5. 解直角三角形

http：//jetshing.myetang.com/plan/mathpl.htm

（深圳市育才二中　李维樟）

活动 2.10

旗杆有多高

——解直角三角形(一)教学活动设计

【设计理念】

过去在知识的应用方面,很少顾及学生熟悉的生活实际,且实际问题都是转化、抽象成数学问题后再让学生去解答。在课改的今天,不仅要培养学生解决问题的能力,更要培养学生将实际问题转化为数学问题的能力,让学生了解实际问题是怎样转化为数学问题的。为此,我们从学生熟悉的生活入手设计了此活动。

【活动目标】

1. 培养学生实践活动的能力,并感受数学建模(培养学生数学建模能力)。
2. 培养学生将实际生活问题转化为数学问题的能力,并学会运用三角函数解决与直角三角形有关的简单实际问题。
3. 让学生在活动中学会合作,学会交流。

【活动准备】

1. 将全班分成 10 个小组,每个小组确定一个组长负责组织本组的具体活动。
2. 每个小组需带一把尺子、一个量角器(大的)、一根小棍子、一根绳子。

【活动过程】

一、活动前奏

在活动之前,老师应适当复习一下三角形函数的知识,将学生分好组,强调不能通过构建相似直角三角形,运用相似三角形的知识来测算旗杆的高度,而要用三角函数知识来测算。另外,根据实际情况可奖励优胜小组,以鼓励学生积极活动。一定要在有阳光的时间来开展此活动,规定整个测算活动在 15 分钟左右完成(视学生情况)。

二、活动开展

在学生活动时,老师不宜对任何组作任何形式的指导,要让学生完全自主地进行,让他们感受并自主解决在实际测量过程中所遇到的困难,目的在于培养学生自主活动的能力、将实际问题转化为数学问题的能力。让学生去思考在解决此问题时需要测量出哪些量及这些量怎样测量出来的。

三、活动深化

室外测量活动结束后,让学生迅速回到班里,并引导学生思考以下几个问题:

1. 实际问题是通过什么数学思想转化为数学问题的?

这个问题的提出是要让学生明白什么是数学建模,培养学生数学建模的思想及建模的能力。

2. 这些实际问题通过数学建模、抽象后转化成怎样的数学问题?

请几位同学将自己转化成的数学问题板书在黑板上。此时,老师要注意及时对学生进行积极的肯定性评价。

3. 实际问题转化成直角三角形中的问题后,在这个问题中,需知道几个量才能解决问题,几个量可测量出来,量角器是用来测量哪个角的。可请各组学生代表回答,并注重对他们进行及时、积极的评价,注意抓住学生的闪光点并进行适当的纵深发挥。

4. 光线与影长的夹角可测吗?怎样测?

这个问题是解决此实际问题的关键,这里应让学生充分讨论、交流,在学生充分讨论交流的基础上,先充分肯定答题的同学。讲出他们的测量方法的过程是全活动的高潮所在,老师要因势利导,引导全班同学分析测量方法的正确,注意捕捉闪光点,及时充分肯定,善于沿着学生的闪光点给予思考,深入发挥。同时也要请持否定观点的同学说明理由,同样引导全班同学进行分析。最后对正确的测算方法要大加赞赏,充分肯定,让他们获得成功感。如果学生没有测量方法,则老师介绍一至两种,并让大家讨论其正确性。

【活动评述】

本活动内容是解直角三角形(一),设计从学生熟悉的学校旗杆的高度的测算入手,引入用三角函数知识解决与直角三角形有关的简单实际问题,使学生真正感受到数学就在身边,其源于生活实践,又服务于生活需要,克服"纸上谈兵"的枯燥性。这一活动,必须要学生自己测量出光线与影长的夹角(如下图所示)。

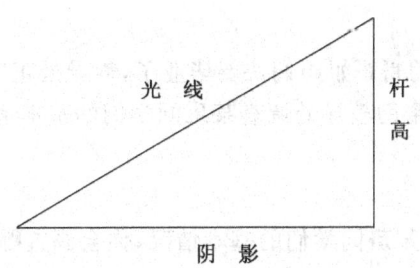

一开始,笔者还真是很难想出办法,但通过学生测量并进行交流,得知有多种方法可测量出太阳光线与影长的夹角,这让笔者茅塞顿开。这正说明,好的教学活动设计可达师生共同成长的目的,这也是课改追求的理念之一。

(深圳市西丽二中 章 子)

活动 2.11

档案中的学问
——毕业班学生情况调查

【设计理念】

根据新的课程标准,让学生经历简单的数据收集和整理的过程,能够学会收集和整理数据,并且会利用已经整理好的数据,来绘制相应的统计图,做到知识内容与现实生活相联系。

【活动目标】

通过学习数据的收集与整理,加强学生分析和绘制简装统计图表的能力,体会统计的意义。运用数学解决生活中的实际问题,体味成功。

【活动准备】

相关表格、空白图纸、计算机及相关软件。

【活动过程】

一、引入

师:同学们,九年级的哥哥姐姐们快要毕业了,教导处正准备对毕业班同学的基本情况进行调查,让让我们帮助教导处调查某班同学们的基本情况吧。

二、收集相关资料

1. 引导。

师:如果你要去调查某班同学们的基本情况,你会调查哪些项目?

生:年龄、身高、户口、家庭人口数、住址……

师:你会怎样去调查?

生:找同学去问一问。

生:设计一张表格,让被调查的人来填写。

(可能会有各种建议,教师不作评价,但可作些补充。)

2. 小组讨论,筛选方案。

收集方法:访谈法、问卷法、查档案。

调查对象:部分,全体。

事前准备:确定访谈内容或设计问卷或借阅档案。

3. 采用问卷法收集某班同学的年龄、身高和户口类型。教师将同学们带到九年级某班,按下表统计数据。

序号	1	2	3	4	5	6	7	……
年龄(岁)								
身高(厘米)								
户口类型								

三、分类整理成统计表

将下面三张空白统计表张贴在黑板上,要求各组将本组采集的原始数据分类整理成统计表。然后指定三位同学对各组的统计表进行分类整理,填写在黑板上的统计表内。

九年级( )班学生年龄情况统计表

年龄	15岁以下	15岁	16岁	17岁	18岁及以上
人数					

九年级( )班学生身高情况统计表

身高(厘米)	150以下	151~155	156~160	161~165	166~170	170以上
人数						

九年级( )班学生户口统计表

户口性质	常住户口	蓝印户口	暂住户口
人数			

四、将上述统计表制成统计图

在上述三名同学进行分类整理的过程中,教师引导学生思考:

(1)统计数据除了可以分类整理成统计表以外,还可以制成什么?(统计图)

(2)相对于统计表来说,用统计图表示有关数量之间的关系,有哪些优点?(比统计表更加形象具体,使人一目了然,印象深刻。)

(3)常用的统计图有哪些?

(条形统计图、折线统计图和扇形统计图。)

(4)条形统计图有什么特点?

(很容易看出各种数量的多少。)

(5)折线统计图有什么特点?

(能够清楚地表示出数量增减变化的情况。)

(6)扇形统计图有什么特点?

(可以很清楚地表示出各部分数量同总数之间的关系。)

由学生根据上述统计表有关数据的特征,经小组讨论,绘制成相应的条形、折线和扇形统计图。(发给学生空白图纸。)

(1)年龄绘制成条形统计图。

(2)身高绘制成折线统计图。

(3) 户口绘制成扇形统计图。

教师巡视,并对绘制统计图有困难的学生进行辅导,然后展示部分优秀的统计图并进行点评。

五、小结

今天,我们应用了有关统计的初步知识,帮助教导处对×班同学基本情况进行了收集与整理。平时,我们要从数学的角度来分析问题,自觉运用所学的数学知识解决现实生活中碰到的一些问题。

六、拓展

应用计算机制作不用类型的统计图,并作比较。

【活动评述】

活动的目的就是要培养学生能力,激发学生学习数学的兴趣,此活动通过帮助调查学生情况,很好地达到了这样的目的,并且使学生体验到自己用数学知识解决实际问题的快乐,值得效仿。

(深圳市南山实验学校中学部　汪应忠)

活动 2.12

学生逃餐为哪般？
——统计学、营养学、社会科学的综合活动

【设计理念】

在整个活动中强调师生交往，构建互动的师生关系、教学关系，是教学改革的首要任务。在教学过程中，要处理好传授知识与培养能力的关系，注重培养学生的独立性和自主性，引导学生置疑、调查、探究，在实践中学习，使学习成为在教师指导下主动的、富有个性的过程。这次实践活动，不仅可以增加学校午餐收费的透明度，还可以拓宽学生的知识领域，更可以培养学生的社会实践能力、组织能力、语言表达能力、动手操作能力和收集、处理、存储、运用信息的能力，增强班集体的凝聚力和竞争意识。

【活动目标】

1. 使学生能综合运用所学的数学知识，对问题进行分析、处理。
2. 了解市场经济文化及日常生活保健知识，并学会做相关的建议书、知识报告、科学考察报告以及小论文。
3. 学生的实践能力、社会生活能力得到发展；培养学生科学探究的能力，以及管理、组织能力。

【活动准备】

1. 教师依据课程标准，根据身边环境和学生的年龄特点，设计问题，准备教具和学具。
2. 把学习的主题告诉学生，让学生在活动前收集有关资料和信息。教师查找有关成本核算的资料网站，并告诉学生。
3. 教师在课前了解学生查到的有关资料和信息，关注学生在情感、态度等方面的体验。
4. 教师通过查找资料，针对本课学习内容，制作多媒体课件和教具。

学生活动方式：

1. 查阅各种图书、报刊。
2. 在家长及老师的指导下，上网查找资料。
3. 留心观察生活中的每一个方面。
4. 到实地进行参观、访问。
5. 小组分工合作，共同活动、研究。

研究过程中,课题组成员各有独立的任务,既有分工,又有合作,各展所长,协作互补。

【活动过程】

第一阶段：

(1) 创设情境：某日下午,我走进课室,发现了两个本应在学校用午餐的同学正吃着外面叫来的快餐,他们的解释是学校的午餐不好吃,没吃饱。

学生的做法不禁引起了我的思考,是学校午餐真的不好,还是因为学生挑食呢？我带着疑问领着学生进行了为期两周的实践活动。

师：我们班大部分同学都在食堂用午餐,现在请大家谈谈对食堂每日伙食的感受

(2) 学生讨论。

(3) 师生一起确定如下主题：① 饭堂的收费；② 营养搭配；③ 午餐的口味。

(4) 学生根据自己的兴趣、爱好、特长自由结合组成三个研究小组,自由选择研究课题。小组成员自己制定研究计划。

(学生自由结合组成研究小组,自由选择研究课题,有利于激发学生的研究兴趣。给学生充分的自由,制定研究计划,便于开展研究活动。)

综合实践活动主题的确定要基于学生兴趣,基于学生对自然、社会和人自身的关注。主题确定的过程也是培养学生发现问题的一个过程。教师可以利用学生的某些偶发事件或真实环境中的要素使学生自然地处于某一问题情境中,并引发对问题的思考。主题只有符合学生的愿望与兴趣,学生才会有不断探究、积极参与的内在动力。

第二阶段：教师、学生活动(两周)

研究过程设计流程图：

问题1：

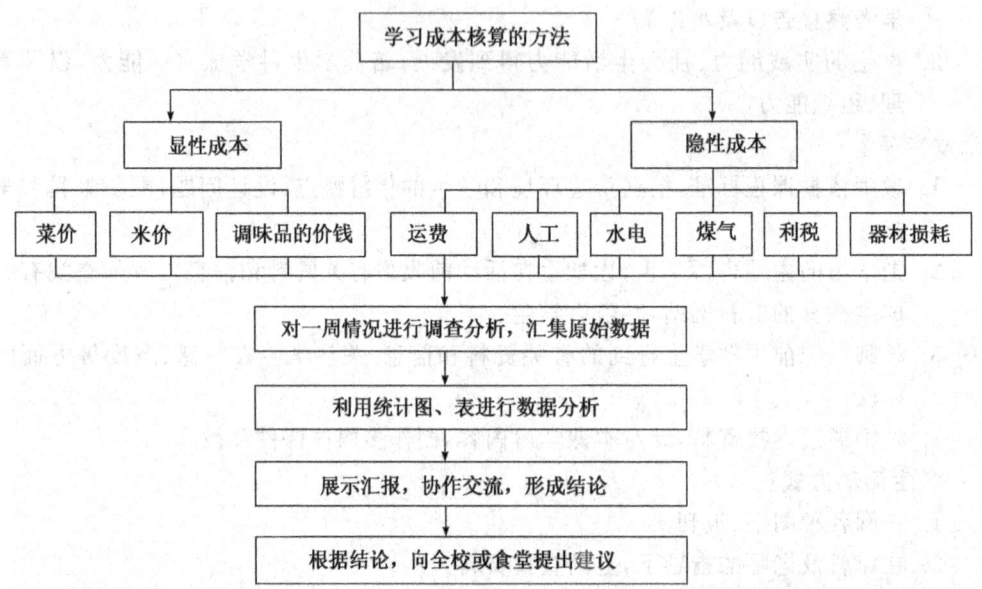

"社会即学校,生活即教育。"综合实践活动强调学生主动参与实践,并从实践中获得体验。学生在家都是小宝贝,从来不知道父母的艰辛,通过搜集材料、通过整个午餐

的成本核算,心中受到的触动是不言而喻的。综合实践活动不仅检验了孩子们平时学到的多种本领,还锻炼了他们团队合作的精神。

问题2：

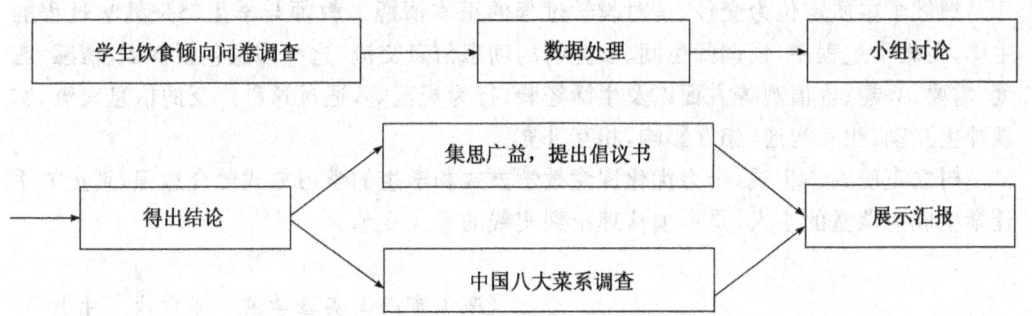

学生饮食倾向问卷调查由学生自己讨论、多次修改获得。

问题3：

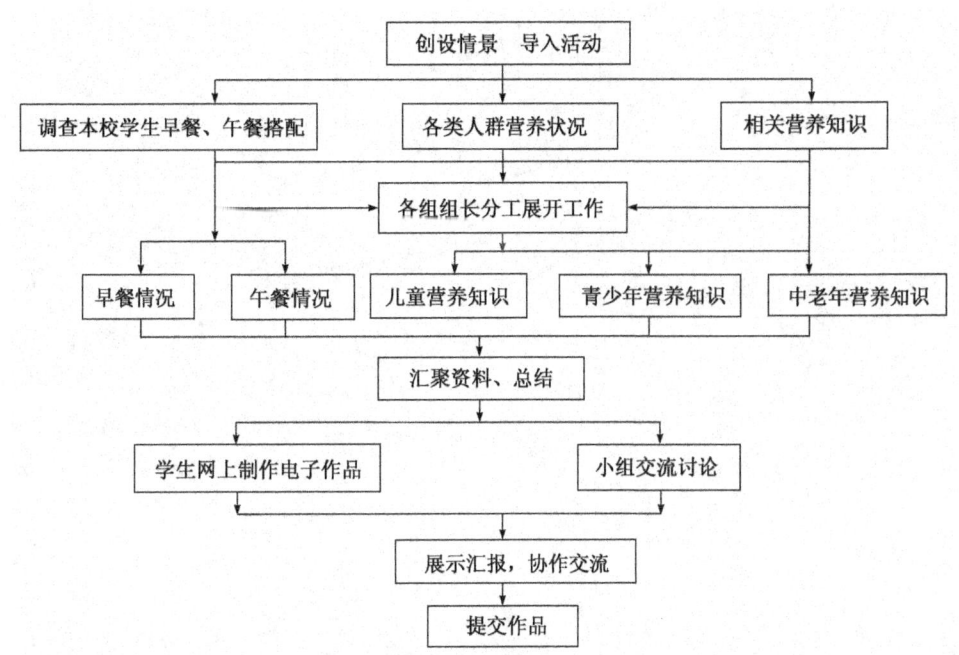

本实践活动采用个人研究与小组集体讨论相结合的"开放式作业"形式,即确定自己小组的子课题后,各自相对独立地开展研究活动,用两周的时间完成研究性学习作业。小组成员需要围绕同一个研究子课题,各自搜集资料、开展探究活动、取得结论或形成观点。再通过3个组的全体成员讨论或辩论,分享初步的研究成果,由此推动同学们在各自原有基础上深化研究。

【活动评述】

　　联合国教科文组织国际教育发展委员会在《学会生存》中指出:"未来的学校必须把教育的对象变成自己教育自己的主体。"尊重主体,就要保护学生的学习兴趣和天生的求知欲。综合实践活动使儿童随时随地从他们自己的生活中选择感兴趣的问题为研究对象,自然地、综合地学。

　　把教学本质定位为交往,是对教学过程的正本清源。教师与学生都是教学过程的主体,在教学过程中,强调师生间、学生间的动态信息交流,这种信息包括知识、情感、态度、需要、兴趣、价值观等方面以及生活经验、行为规范等,通过这种广泛的信息交流,实现师生互动,相互沟通,相互影响,相互补充。

　　树立正确的学生观,全力优化课堂教学方式和学生的学习方式的全过程,真正放手让学生成为课堂的主人,是一项从理论到实践的重大变革。

(深圳市南山实验学校　彭辛桢　甘小平)

第三部分

数学活动充分体现了自主、合作、探究的学习方式。要重视学生学习过程的自我建构与自我生成。

活动 3.01

平行线的识别

【设计理念】

让学生亲身体验、直观感知并动手操作确认,激发学生自主学习的欲望,使之爱学、会学、学会、会用。

【活动目标】

(1) 通过探索、发现、验证得出平行线的三种方法,灵活地利用识别方法去解决一些简单的几何问题。

(2) 让学生通过直观感知、操作确认等实践活动,加强图形的认识和感受。

(3) 通过对实物、实地观测,让学生体会"人人学有价值的数学,人人获得有必要的数学"的数学美感,渗透实践应用的辩证唯物主义观点。

【活动准备】

① 每个学生准备三角板(大)及量角器。

② 一些木制平行四边形、梯形。

③ 每个学生每人准备二根小木棒。

【活动过程】

本节课是平行线的判定,分四小节的活动穿插在课堂上。

活动一 温故知新

让学生准备三根小木棒,取出二根摆出相交、垂直、平行三种情况:

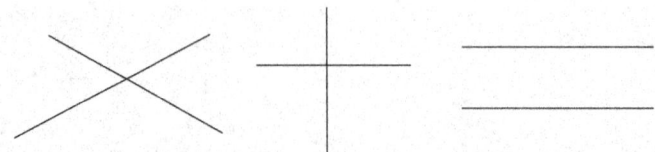

提问:什么叫平行线?(注意:在同一平面内)

说明:这一小段活动让学生体会两条直线相交、垂直、平行三种实际情况,并复习平行线的定义,为本节课学习平行线的识别作铺垫。

活动二 提出问题,创设情境

在现实生活中,有不少平行的例子,也有没有平行的例子。

学校的校道上就有平行线,下面两个图是校道的一部分对应几何图形,我们已安排每四个人为一组测图1中的一组内错角∠α、∠β的度数,请几组同学说出测量结果:

(1) 若∠α=∠β,可得两直线平行;

(2) 而在图2中测一条路同一侧的两个同位角角度为45°、60°,这两个角度不相等,从图上看出两条路不平行;

(3) 在图2中测得两个同旁内角为60°和120°,这两个角的和为180°,从图上发现左右两边是相互平行的。

你想知道其中的奥妙吗?

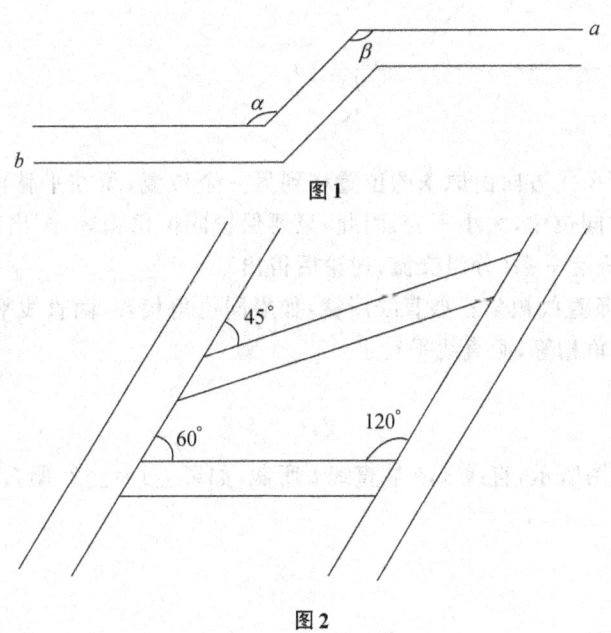

图1

图2

说明:学生动手到学校的校道去实地测量,直观感受内错角相等、同位角相等、同旁内角互补、两直线平行。而内错角不相等,同位角不相等,两直线就不平行。这对本节学习平行线的识别起直观感觉的作用。

活动三 动手实验,发现新知

师生共同操作:经过直线外一点画已知直线的平行线:

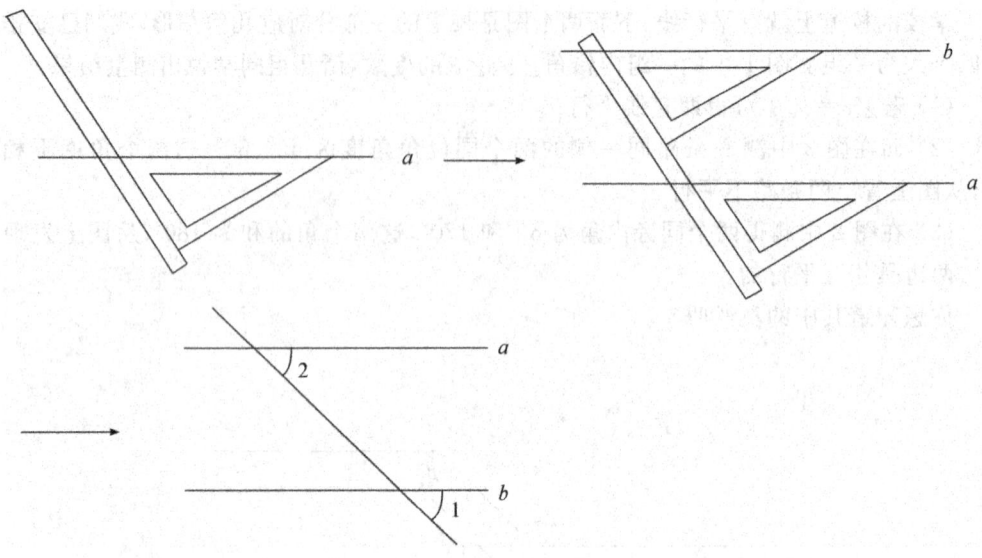

三角尺沿直尺的方向由原来的位置移到另一个位置,角在平移前的位置与平移后的位置构成一对同位角,大小不变,因此,只要保护同位角相等,画出来的直线就平行于已知直线,并且只有一条(分组交流,讨论后得出)。

方法 1:两条直线被第三条直线所截,如果同位角相等,两直线平行。

板书:同位角相等,两直线平行:

∵ $\angle 1 = \angle 2$

∴ $a \parallel b$

例题:如下图所示,直线 a,b 被直线 l 所截,如果 $\angle 1 = \angle 2$,那么 $a \parallel b$。

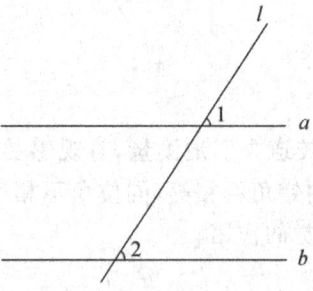

在应用公理"同位角相等,两直线平行"通过推理论证推出"内错角相等,两直线平等"及"同旁内角互补,两直线平行"。

活动四：学以致用

老师：昨天,我请木工师傅做了一些平行四边形,不知道这些平行四边形到底是否标准,请同学们来帮检测,在检测过程中考虑你能用几种方法。

前后排的每四个同学组成一组,用三角板、量角器、铅笔。

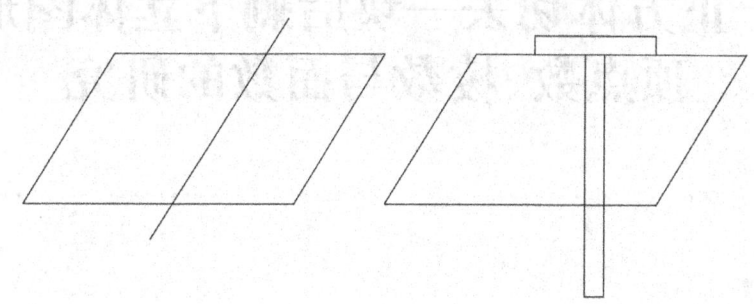

图1　　　　　　　　　图2

学生在学习了平行线的定义及平行线的识别后,教师出示一些准备好的木制平行四边形和梯形,让学生检验对边是否平行。

学生讨论很热烈,七嘴八舌,动手动脑,开发了思维宝库,出现了丰富多彩的答案,集中如下：

（1）在平行四边形上,画一条直线,测量内错角是否相等,来判定两条直线是否平行。

（2）在平行四边形上,画一条直线,测量同位角是否相等,来判定两条直线是否平行。

（3）在平行四边形上,画一条直线,测量同旁内角各是多少度,它们之和是否互补,来判定两直线是否平行。

有的学生还出现创造性的答案：

（4）把木板从中间锯开,看看原来的两边是否平行（对这样的答案,教师肯定学生的思维有创新意识,但现实生活中注意到是否有破坏性,是否可取）。

（5）用木工师傅用的丁字尺量两边看看两边是否平行。

【活动评述】

本节活动课中穿插有四个小活动,学生通过直观感受、操作确认等实践活动,加强了对基本几何图形的认识,并让学生体验到了数学美,对学生进行美育教育,使学生学会在合作中学习,更渗透了源于实践又作用于实践的辩证唯物主义思想。

学生从直觉感知到理论理解,需要一定的过程,特别是对平行这种抽象的概念,所以在活动一中可以多给学生一点自由思考的时间及空间,不要急于给出抽象的平行的概念。

【资料链接】

（1）新课标初中数学教学设计.上海：华东师范大学出版社

（2）中华人民共和国教育部.数学课程标准

（3）http://www.mathsedu.net/

（深圳市学府中学　黄洪毅）

活动 3.02

关于正方体切去一块后剩下立体图形中顶点数、棱数与面数的研究

【设计理念】

《数学课程标准》在总目标中提出要使学生"从现实的生活空间中抽象几何图形的过程,注重探索图形的性质及其变化规律的过程"。注重使学生经历观察、操作、推理、想象等过程,让自主探索、合作交流与实践创新的学习方式得到落实与体现。

【活动目标】

发展学生的动手操作、自主探究、合作交流和分析归纳能力。

【活动准备】

用橡皮泥(或萝卜、土豆、黏土)制作一个适当大小的正方体若干个,水果刀一个。

【活动过程】

提出问题:将正方体切取去一块,可能得到什么样的立体图形?

安排分组活动,用课前准备好的工具进行实验,并将同学们实验得到的所有几何体展示出来,进行交流讨论,记录如下:

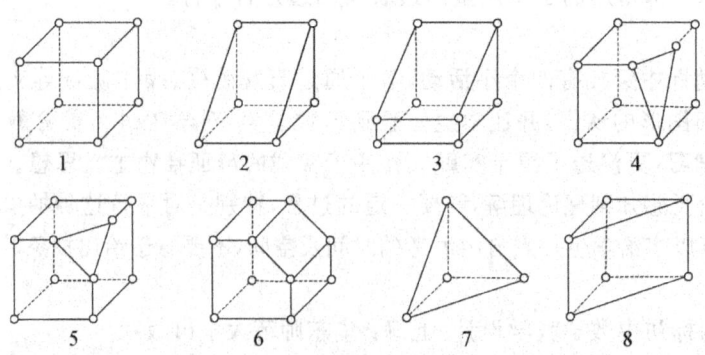

对立体图形的顶点数、面数、棱数进行统计,并填在下表中:

立体图	顶点数	面数	棱数
①	8	6	12
②			
③			
④			
⑤			
⑥			
⑦			
⑧			

观察上表,请同学们根据以上各种几何体的顶点数、面数、棱数间的数量关系,归纳得出结论:_____。

(教师提示:顶点数＋面数-棱数＝2)

再用橡皮泥(或萝卜、土豆、黏土)制作一个适当大小的锥体,对立体图形的顶点数、面数、棱数进行统计,并填在下表中:

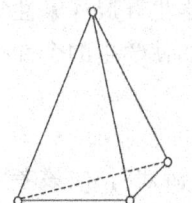 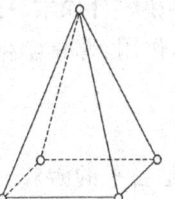 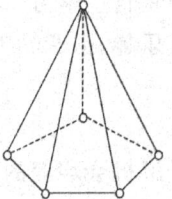 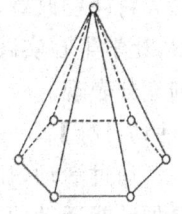

立体图	顶点数	面数	棱数
三棱锥			
四棱锥			
五棱锥			
六棱锥			

请同学们检验上述得到规律是否正确。

如果大家感兴趣,还可以在课后时间里多阅读有关的数学书籍,研究其他更多的几何图形,看看是不是也都符合这个结论。

【活动评述】

本次活动以教材的阅读材料为背景,组织了一堂精彩的活动课,首先让学生在切与截的操作过程中寻求结论,然后以小组的形式讨论、填写活动报告,总结活动过程,学生自始至终经历操作、观察、推理、猜想、验证等数学活动过程,真正体验到了获得数学知识的乐趣。

就活动课而言,学生应该是活动的主体,教师要根据学生的实际要求给予适当的指导,本课的实践过程中教师可以穿插教授"数学分类"的思想,让学生掌握分类讨论的方法,而不仅仅是盲目的尝试。

【资料链接】

义务教育课程标准实验教科书·数学(七年级).上海:华东师范大学出版社

(深圳市蛇口中学　王远征)

活动 3.03

机会的均等与不等

——游戏的公平与不公平

【设计理念】

新课程改革,倡导的是自主学习、交流合作和综合探索。这要求学生开展探索性学习,让学生在实践中获得乐趣,强调学生的主体作用,尊重学生的个性,使学生的个性得到充分表现。

【活动目标】

通过活动,让学生了解机会均等的游戏才是公平的游戏。在设计游戏时,应该考虑参加游戏活动的每一个成员是否获胜机会均等。同时,培养学生认真求实、勇于探索的品质,培养同学之间合作交流、取长补短、共同进步的协作精神。

【活动准备】

课前准备一个转盘,同座两个学生准备三个筹码。

【活动过程】

情景描述

上课了,我问同学们:"大家玩过游戏吗?"

"当然玩过。"同学们回答。

"这节课我们的课题是:游戏的公平与不公平。让我们来做以下几个游戏,然后思考一些问题。"我说。

游戏 1

由两个人玩的"抢 30"游戏,也许有的同学以前玩过。游戏的规则是这样的:

第一个人先说"1"或"1、2",第二个人接着往下说一个或两个数,然后又轮到第一个人,再接着往下说一个或两个数,这样两人反复轮流,每次每人说一个或两个数都可以,但是不可以连说三个数,谁先抢到 30,谁就得胜。

分小组进行,不过在玩游戏前,建议双方先考虑一下有没有克敌制胜的方法,游戏开始后,双方报数要快,不允许拖拉。

同学们兴趣很浓,有些组已经开始活动起来了。

"做完游戏的同学举手。"我说。

过了几分钟,已经有很多同学举手了。

我问了几组同学："你们谁先开口?"

有的说输的同学先开口,有的说赢的同学先开口,这个游戏公平吗?为什么?

同学们议论着……

过了一会,有一位同学举手了。

他说:"这个游戏不公平,它是偏向第二个报数人的游戏。"

他想了一会儿,然后说:"要抢到30,先要抢到27;要抢到27,先要抢到24;要抢到24,先要抢到21……先要抢到3,只要先让对方开口就可以赢了。所以这个游戏不公平,它偏向后开口的人。"

我说:"不错,他说得很有道理,做游戏也要动动脑筋,有时也要用到数学知识。一个公平的游戏应该遵循这样的原则:机会均等的游戏才是公平的游戏,双方赢的机会都是50%。下面让我们再来玩个游戏:若把'抢30'改为'抢31',结果又如何?"

"和前面结果相反,它偏向第一个开口的人。"一位同学仿照"抢30"的游戏做了分析。

"很好,学得很快,还可以改为其他的数字再试一试,还可以把游戏规则改一改。"我赞扬了他。

游戏 2

甲、乙两人玩转盘游戏,转动转盘,当转盘指针停在白色部分时,则甲得一分,当转盘指针停在阴影部分时,则乙得一分,每人各玩若干次。问:这个游戏公平吗?若不公平,请你设计一个公平的游戏。

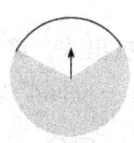

我把预先准备好的转盘挂在黑板上,让两位同学上来玩,很多同学都举手,争着上来玩,热情高涨,我叫了两位同学上来玩,玩了几回,结果乙得的分比较多,有的同学开始议论了:这个游戏不公平,它是偏向乙的游戏,若使游戏公平,则转盘应该做成下面的图形:

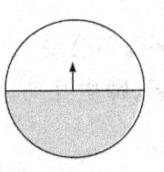 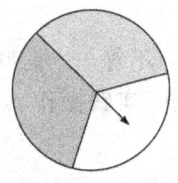 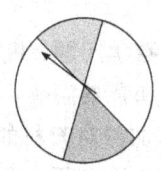

……

很多同学纷纷举手,举了一些公平的游戏:

1. 玩扑克牌游戏,拿掉两个"大小王",谁抽到梅花,得一分,谁抽到红桃,得一分,每人抽的牌数相同,谁得分多,谁取胜。

2. 甲、乙两人玩投正方体骰子游戏,投到点数为"1"的,甲赢;投到点数为"3"的,乙赢。

3. 甲、乙两人玩投一枚硬币游戏，投到正面的，甲赢；投到反面的；乙赢。

4. 一个袋子里装着3个红球、3个黑球，从袋子里摸一个球，摸到红球则甲胜，摸到黑球则乙胜。

……

游戏3

这是一个投掷三个筹码的游戏，准备三个筹码，第一个一面画上×，另一面画上○；第二个一面画上○，另一面画上♯；第三个一面画上♯，另一面画上×。甲、乙两人中一人抛掷三个筹码，一人记录每次游戏谁赢。

游戏的规则：抛出的筹码中有一对××，○○，♯♯的，甲方赢；否则，乙方赢。

这个游戏是否公平比较难判断，我们可以通过实验来估计甲、乙双方的成功率，和你的同伴玩16次游戏，前8次由你抛掷，后8次由你的同伴抛掷，将结果填在下表内：

输赢	前8次 游戏结果	后8次 游戏结果	16次 结果汇总	小组 结果汇总	班级 结果汇总
甲赢					
乙赢					

同学们继续玩游戏，很踊跃，几分钟后，已经有同学做完了。我提问了几组同学，大部分结果是甲赢。

"这个游戏是否公平？为什么？"

同学们想了想，大家议论着，没人想出来。我转了一圈，提醒他们可把各种组合写出来，然后算算各自的成功率。终于有一位同学想出来了，他把各种组合写在黑板上：×○♯，×○×，×♯♯，×♯×，○○♯，○○×，○♯♯，○♯×。甲赢的机会是$\frac{3}{4}$，乙赢的机会是$\frac{1}{4}$，所以甲赢的机会大些。

不知不觉，这节课就在轻松的气氛中结束了，我再次强调了一个公平的游戏应该遵循这样的原则：机会均等的游戏才是公平的游戏，双方赢的机会都是50%。然后布置了作业。

【活动评述】

1. 本课的数学问题：机会均等与不等——游戏的公平与不公平。

2. 教学法和背景问题：小组合作、实践操作、自主探索、师生互动。充分调动学生的学习积极性，加深对教材的理解。

3. 建议讨论的问题：

（1）学生进入初中后，面临新的课程改革，对学习内容比较陌生，如何正确地进行学习，收到良好的效果？

（2）实践课课堂是否不好把握，有点乱的感觉？

（3）如何让学生有适当的空间，在实践中把有创造性的思维和方法体现出来？

（4）如何培养学生在实践中互相合作、交流、自主探索的能力？如何评价学生的收获?

(5) 一个公平的游戏应该遵循什么样的原则?

4.课后反思:

(1) 新课程改革,更注重学生的实践能力,让学生在实践中领会所学知识,从而提高学生的解决问题和应用问题的能力,真正让学生参与到自主探索的学习中。

(2) 当学生在学习中遇到困难时,不是马上给学生解惑而是适当地给予启发和帮助,逐步引导学生走向成功。

(3) 在小组活动中让每一个同学都活跃起来,都能发表自己的观点和方法,也是今后我们教学上要注意的问题。

(深圳市西丽二中　潘水平)

活动 3.04

列举所有等可能的结果

【设计理念】

统计这部分内容,教材的设计思路是从感性认识到理性分析,是一个螺旋上升的过程。从七年级到九年级,每册书都有该部分内容,动手活动在七年级已有铺垫,本节课的所谓活动主要是学生思维活动。学生对一些简单事件的概率已经有所了解,但对于稍微复杂一点的事件,学生就感到有点困难,并且在分析问题时容易出现重复或遗漏。本节课通过两个问题(一个是抛硬币游戏,另一个是摸球游戏)将利用树状图这种分析问题的方法教给学生,且从学生比较熟悉和感兴趣的两个事例(其中抛硬币游戏是七年级重点的实验内容)入手,由易到难,由简单到复杂,符合学生的认知规律,能比较容易地将分析该问题的方法跟原有的知识体系联系起来。

【活动目标】

1. (1) 理解等可能的事件(机会均等)。
   (2) 掌握利用树状图分析问题的方法。
2. 情感目标:利用生活中学生感兴趣的素材培养学生对数学的兴趣。
3. 能力目标:学会用树状图分析问题,增强学生分析该类统计问题的能力。

【活动过程】

片段一:抛硬币问题

活动开场白:我前几天看了一部电视剧《康熙大帝》,其中有这么一个场景,康熙皇帝平定三番后,准备收复台湾。派施琅将军带兵讨伐郑经。出海前,施琅为了鼓舞士气,首先做战前占卜,并告诉手下和士兵,如果抛下的硬币都出现同一面,此次讨伐必将成功。施琅将军抛下去,结果恰好全是同一面,认为是上天在帮助他。

学生很快找到了其中的猫腻:下去的硬币两面完全一样。

我这样引入新课的目的一是将学生很快地吸引到本节课上来,目的之二是将抛硬币的问题引出来。

问题一:抛一枚普通的硬币,会出现哪些结果?

此问题引出本节课的内容之一:等可能的事件。

你能举出哪些不是等可能的事件吗?学生此时很快可以想出我们七年级的抛图钉和抛瓶盖实验。图钉的钉尖朝上和钉尖触地不是机会均等的事件,瓶盖朝上和瓶盖朝下也不是机会均等的事件。这样可以加深学生对机会均等的事件的理解。

问题二：抛两枚普通的硬币，会出现哪些结果？它们是等可能的结果吗？

通过此问题介绍树状图分析问题的方法。同时抛两枚硬币，可以认为先抛一枚硬币，再抛第二枚硬币；也可以这样理解：抛下的两枚硬币，先看第一枚，再看第二枚。

出现的结果：如果考虑顺序，则有"正正""正反""反正""反反"四种结果，并且是等可能的结果。如果不考虑顺序，则有"正正""正反""反反"三种结果，但不是等可能的结果。

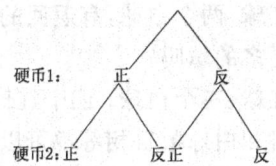

问题三：抛三枚普通的硬币，会出现哪些结果？它们是机会均等的结果吗？

此问题可以认为是问题二的延续，让学生自己尝试。目的一：让学生体会树状图的分析方法。目的二：让学生去理解有顺序和没有顺序的区别。

问题四：四枚硬币呢？

此问题应该是一个巩固练习题，目的是让学生巩固、复习、加深、拓展。

片段二：摸球问题

问题一：口袋中装有1个红球和2个白球。搅匀后从中摸出一个球，会出现哪些可能的结果？机会均等吗？请画出树状图。

对这个问题，学生很容易回答，但让学生画树状图，很多学生犯了如下错误：

问题二：如果摸完第一个球后接着摸第二个球，两次摸球会出现哪些可能的结果？请画出该事件的树状图。

问题三：如果将摸出的第一个球放回搅匀再摸出第二个球，两次摸球会出现哪些结果？

此题是区别问题二的又一个问题。两题的区别是有没有返回的摸球。

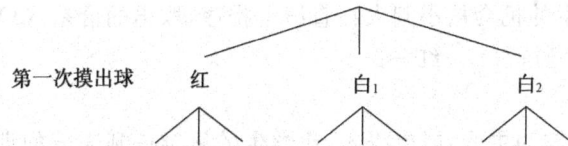

在此题的解答过程中，部分学生还是犯了如下错误：

将此错误的根源讲清后,然后提出问题四。

问题四:你能将上述问题改成等机会的问题(即树状图为上图的题目)吗?学生最先想到的想法是:一个红球一个白球,有返回的摸出两个球。

接着又有学生想到:两个红球、两个白球,有返回的摸出两个球。

我此时提示到:还可以有更多的球吗?

紧接着就有学生说:三个红球、三个白球;四个红球、四个白球;……

最后归结为:只要红球数目和白球数目相等都可以。

然后我让学生画出两个红球、两个白球,有返回的摸出两个球的树状图。

学生的画法主要有两种:

画法一:

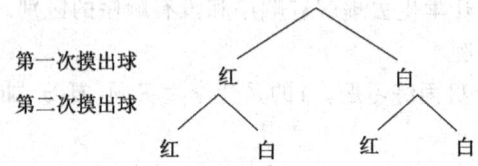

画法二:

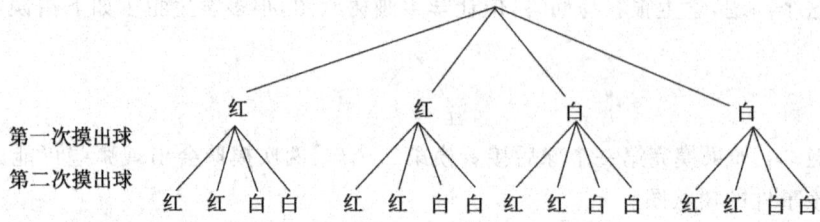

接着,让学生做课后练习:P147 习题 2。

盒子里装有 2 个红球和 2 个黑球,搅匀后从中摸出一个球,放回搅匀再摸出第二个球,将下列事件发生的机会从小到大在直线上排序,取出的恰是:(1)两个黑球;(2)两个红球;(3)一红一黑;(4)一红一白。

【活动评述】

本活动是以问题为主线,层层深入,让学生的思维得到充分的训练,从课后反馈来看,还是比较成功的。

(深圳市蛇口中学 郭德超)

活动 3.05

地面装修中的数学问题
——用正多边形铺地面

【设计理念】

本着"把数字媒体引进课堂,让学生做课堂的主人"的宗旨,我和学生利用苹果电脑的 appleworks 软件,探索、讨论正多边形能铺满地面的理由,以及哪些正多边形(组合)能铺满地面。在课堂中,"以学生为本",让学生亲身体验发现问题、解决问题的乐趣。在活动过程中,让学生真正体会"数学源于实践,源于生活"的道理,并在小组活动中,培养学生团结合作、共同讨论的精神。

【活动目标】

1. 认知目标:使学生理解用正多边形能铺满地面的理由。
2. 能力目标:能用电脑解决生活中的数学问题。
3. 情感目标:使学生用苹果电脑解决生活中数学问题的方法,使学生了解数学美并培养学生的合作精神。

【活动准备】

1. 学生学会使用 Imovie、Iphoto、Keynote、appleworks 等软件。
2. 教师能熟练操作苹果电脑。

【活动过程】

一、创设情景

展示学生拍得的地砖图片。

老师:怎么样才算铺满地面呢?

学生从地砖图片中发现、回答问题。

老师:"不留缝隙、不重叠"称为铺满。

二、规律探索

老师:课前,我们都当了一回高科技的建筑工人——在电脑上用一种正多边形来铺地面。现在请咱们的"工人代表"来汇报一下你这一组探讨出来的结论(电脑出示以下问题)。

如果只用一种正多边形来铺地面。

(1)哪些可以铺满地面?为什么?

(2) 哪些不可以铺满地面？为什么？

要求：

(1) 代表发言时要自信、声音洪亮。

(2) 其他人专心、简要地记录"代表"的发言要点。

学生代表回答，老师适当加以引导，得出结论：用一种正多边形铺地面，只有正三角形、正四边形、正六边形才能铺满地面。

   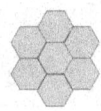 

三、思维拓展

步骤一：

老师：如果用两种正多边形来铺地面，情况又是怎样的呢？下面我们就着重讨论以下问题：

在正三角形至正十边形中，哪两种正多边形的组合能铺满地面呢？为什么？

学生活动：用 appleworks 铺地面，以小组为单位进行讨论，通过讨论得出结论：

(1) 两种正多边形要能铺满地面，必须满足：在一个拼接点处，所有内角的和为 360°。

(2) 正三角形和正四边形、正三角形和正六边形、正四边形和正八边形等能铺满地面。

步骤二：

（出示表格）

正多边形	三	四	五	六	七	八	九	十
内角度数	60°	90°	108°	120°	$\left(\dfrac{900}{7}\right)°$	135°	140°	144°

问：我们已经知道"用两种正多边形来铺地面"的规律了，现在请你填写上表，并用这个规律来说明以下问题：在正三角形至正十边形中，除了以上组合，还有没有其他能铺满地面的组合呢？（只考虑用两种正多边形铺地面的情况。）

学生用不定方程解，可以得出以下正多边形的组合可能铺满地面：正三角形和正四边形、正三角形和正十二边形、正三角形和正六边形、正四边形和正八边形、正五边形和正十边形。

在电脑里尝试拼图，看看以上所有组合是否都能铺满地面？

通过拼图，学生发现正五边形和正十边形虽然满足不定方程，但是并不能铺满地面。

  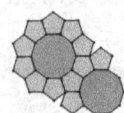

四、实践应用

选择题

(1) 如果仅用一种正多边形铺地面,不能铺满的是_____

  A. 正三角形　　　B. 正四边形　　　C. 正六边形　　　D. 正五边形

(2) 以下哪些瓷砖的组合不能够铺满地面_____

  A. 正方形和正三角形　　　B. 正八边形和正方形

  C. 正六边形和正三角形　　　D. 正八边形和正三角形

问:为什么选 D?

五、回顾展望

回顾:学了这节课,你有何体会?

展望:用多种正多边形或一般的多边形是否也能铺满地面呢?

【活动评述】

"把数字媒体引进课堂,让学生做课堂的主人"是这节课的创作意图。在新课程标准的指引下,本节课本着"以学生为本"的思想,让学生亲身经历问题的探索过程,使学生真正感受到"做"数学的快乐。

计算机辅助教与学更有助于本节课的探索学习。过去,我们让学生在课前制作各种各样的小正多边形,上课的时候,用这些小正多边形在课桌或地板上拼图,这样做的效果往往很不尽如人意。具体表现在以下几个方面:

(1) 有些同学课前没有准备好学具,以致课堂上无法进行活动。

(2) 因为所需的正多边形甚多,而且还要求边长相等,故操作起来比较麻烦。

(3) 拼图需要较大的场地,我们的课桌、地板经常无法满足要求。

(4) 师生互动比较麻烦,因为拼图是在课桌、地板上进行,无法进行具体操作的演示,故老师与学生、学生与学生之间的互动无法很好进行。

基于以上种种考虑,我们将计算机引进课堂,人手一机进行探索,以上所有的麻烦与不可能都不存在了。学生学得方便、开心,老师教得舒心、尽意了。

本节课层层递进,步步深化,对学生的情感调动比较好,而"正五边形和正十边形能否铺满地面"的探索将本节课推向高潮,但同时也存在一些不足之处:

(1) 学生动手操作之前,如果先强调一下何谓"铺满",何谓"用两种正多边形的组合来铺地面"或许更有助于学生的探索发现。

(2) 本节课教师讲得稍微多了,如果更放开些,让学生自己概括总结,更能加深学生的印象。

(3) 应用巩固的选择题是否可以删去,把更多的时间用在学生的探索或者小结那里呢?

(4) 利用电脑进行大班授课,学生容易走神,利用电脑做与课堂无关的事情,怎样才能更有效地控制、掌握学生的学习情况?

(北京师范大学南山附属中学　蔡泽慧)

活动 3.06

轴对称的认识

——简单的轴对称图形

【活动理念】

通过变换的方式认识线段和角等图形的轴对称性,通过变换的方式去探索其相关性质,并会应用其性质解题。

【活动目标】

在让学生动手的实验过程中,探索出线段的垂直平分线及角平分线的性质,从观察操作中归纳推理出数学结论,逐步培养学生的逻辑推理能力。

【活动准备】

两张半透明的纸。

【活动过程】

把预备好的两张半透明的纸发给学生,请同学们动手操作两个折纸实验。

先做实验 a：

在纸上画线段 AB 及它的中点 O,再过 O 点画出与 AB 垂直的直线 CD,沿直线 CD 将纸对折。在 CD 上任取一点 M,连接 MA 和 MB,把线段 AB 沿直线 CD 对折。

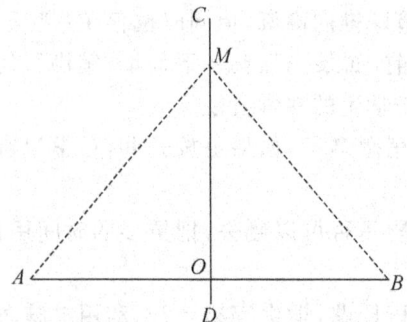

请每个同学都动手折纸,并填写实验报告。

做实验 a 你发现什么？

(1) 线段 OA 与 OB 是否重合_____；

(2) CD 与 AB 的位置关系是_____；

(3) 线段 MA 与 MB 是否重合_____；

(4)说说你的猜想＿＿＿＿＿＿＿＿＿＿＿＿＿；

(5)线段的垂直平分线的性质＿＿＿＿＿＿＿＿＿＿＿＿＿；

(6)用数学语言表示线段垂直平分线的性质＿＿＿＿＿＿＿＿＿＿。

请每个小组的同学交流实验结果和体会,并用数学语言来对实验进行简要的概括。

以下是同学们得出的一些结论：

(1)线段是轴对称图形,它的对称轴应该有两条：一条就是线段所在的直线,另一条是垂直于又平分这条线段的那条直线；

(教师引导：第二条直线称作原线段的垂直平分线。)

(2)无论 M 点取在直线 CD 的何处,线段 MA 和 MB 都是重合的。

(3)线段的垂直平分线上的每个点到这条线段两个端点的距离相等。

(教师归纳：这是线段的垂直平分线的性质。)

再看实验 b：

在半透明的纸上画∠AOB,将其对折,使角的两条边完全重合,然后用直尺画出折痕 OM。过点 M 分别做∠AOB 的两条边 OA、OB 的垂线段,垂足为点 C 和点 D。沿射线 OM 对折。

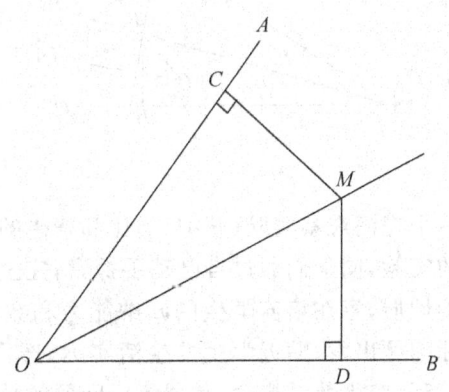

做实验 b 你发现什么？

① 射线 OM 与∠AOB 是什么关系＿＿＿＿＿＿＿；

②MC 和 MD 是否重合＿＿＿＿＿＿＿＿；

③说说你的猜想＿＿＿＿＿＿＿＿＿＿；

④对角平分线的性质的归纳是＿＿＿＿＿＿＿；

⑤用数学语言表示角平分线的性质＿＿＿＿＿＿＿＿＿。

再让学生对实验结果进行概括：

(1)角是轴对称图形,并且对称轴就是它的角平分线。

(教师更正：角的对称轴应该是它的角平分线所在直线。)

(2)角平分线上的任意一点到这个角的两边的距离都相等。

通过探究让学生合作解决以下实际问题：

1. 如下图 A,B,C 是三个居民小区,现要在到三个居民小区距离相等的地方建一所学校,学校建在哪儿比较合适？

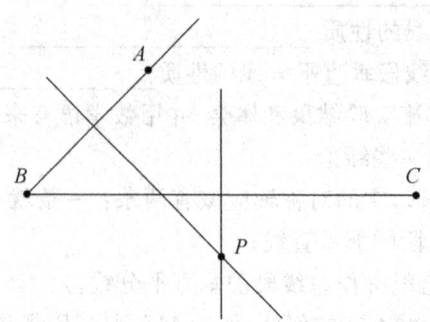

2. 如下图,两个班的学生分别在 M,N 两处参加植树劳动,现要在道路 AB,AC 的交叉区域内设一个茶水供应站 P,使 P 到两条道路的距离相等且使 $PM=PN$,P 点应设在何处?

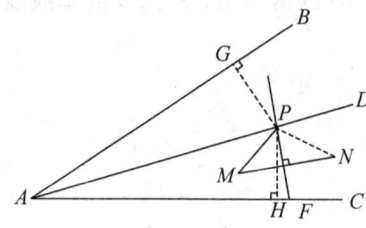

【活动评述】

学习数学本身就是一个充满观察实验、归纳、类比和猜想的实验过程。夏老师在这节课里安排了两个折纸的实验,同学们通过自己动手探索,完全可以自己归纳出线段的垂直平分线及角平分线的性质,意在培养学生的归纳能力和数学语言表达能力。新课改的要求就是从解决实际问题出发,贴近学生的生活实际,选择具有现实背景的素材,使学生通过问题解决的过程,获得数学概念,掌握解决问题的技能和方法。

虽然是以学生的动手实践为主,但教师的组织者、指引者的教学角色不能忽视,应该在整节活动课过程中都要求教师细致观察每个学生的实验过程,及时进行理论指导和错误纠正。

(深圳市育才二中 夏丽荣)

活动 3.07

图形拼剪的实践与探索

【设计理念】

让学生对一个与生活密切相关的图形问题进行观察、探索、实验,学会与他人合作、讨论交流、探求解决问题的办法,初步获得一些数学活动体验,了解数学在实际生活中的简单应用,发展积极的数学学习的情感。

【活动目标】

提出活动的要求,得到两幅符合条件的图形,再把实际问题抽象成数学问题,得出每幅图中小长方形的长与宽的数量关系,建立数学模型——二元一次方程组,运用方程的方法给予解决。

【活动准备】

1. 用硬纸板先制作出 80 个长 10cm、宽 6cm 的长方形,小磁铁 16 个。

2. 把学生按前后两排 4 人一组分成 10 组,每组分配 8 个一样大小的长方形纸板。

【活动过程】

一、提出活动要求

老师:请每小组同学用这 8 个小长方形拼出一个没有空隙的大长方形,看看一共能拼出几种。

学生:(众说纷纭)四种、五种、七种、多种。

老师:(不加肯定,继续说)请研究你拼出的几种大长方形图中,哪一种图形能反映出小长方形的长与宽的数量关系,是怎样的关系,请画出拼图。

学生边拼边讨论、研究,画出了图形(见图 1—图 4)。

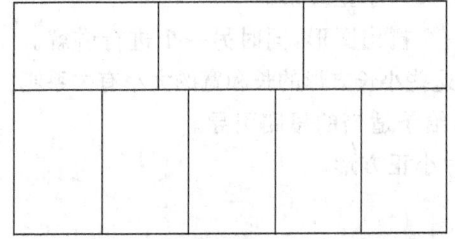

图1

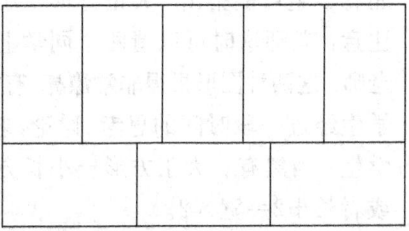

图2

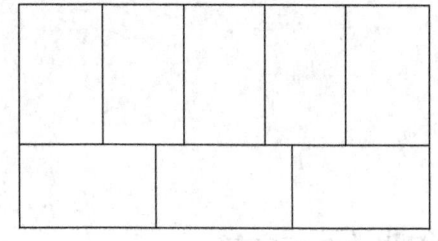

图3

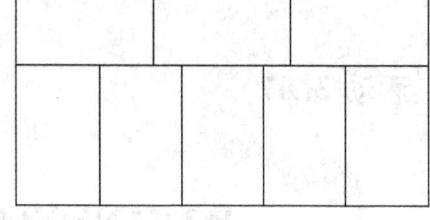

图4

二、归纳数量关系

老师：请每个小组选一名代表上前台，展示并根据图形说出小长方形长与宽之间的数量关系。

有学生上台，展示如上四个图，说出结论：3个小长方形的长等于5个宽。

（要求他在黑板上写出数量关系式）

老师：上面4个图形都表示小长方形长与宽的这种数量关系吗？

学生：是。

老师：那么它们是同一种摆法，只是图形的放置不同，我们任选一个即可。

老师：请同学们再利用这8个长方形纸板，看看能否拼成一个大的正方形？你能发现什么？

于是，学生开始动手操作起来，经过一段时间后，有学生摆放出如图5所示的图形，但是不敢肯定，因为中间存在一个正方形的空隙。

老师：你们能否拼成一个正方形？

学生：可以，但是中间有一个空隙填不满。

老师：这个空隙是什么图形，有多大？量一量。

学生：是一个小正方形，量出边长恰好是2cm。

老师：你们做得很好，下面请对拼出的大正方形仔细观察思考，你能发现小长方形纸板的长与宽，还存在着怎样"新的数量关系"吗？

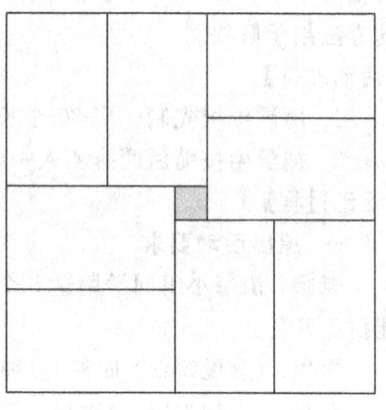

图5

学生：（经过一段时间的思考、讨论后）两个宽等于一个长加上2cm。

还有学生可能指出：大正方形－小长方形×8＝小正方形。

注意：老师这时可以请两个同学上讲台，一个拼出图形，同时另一个进行讲解。

老师：这两种图形拼得非常漂亮，有规律，与这些小长方形的长和宽的大小有关系吗？

学生经过一段时间的思考、讨论，老师可以给予适当的思路引导。

学生：当然有。大正方形－小长方形×8＝小正方形，

或者长＋2＝宽×2。

三、建立数学模型

老师：那么，如果我们要求小长方形纸板的长和宽，应该怎样求解呢？

学生沉默片刻后，有一人回答：可以应用方程求解。

老师(及时肯定):很好,思路很对,那么你打算如何设未知数、列方程呢?

老师:根据你们拼出的大正方形,看一看大正方形与小长方形的面积有何关系?

学生:可以设小长方形的长为 $x$cm,宽为 $y$cm。

根据大正方形－小长方形×8＝小正方形,

列出方程　$(x+2y)^2-8xy=4$

老师:这是几元几次方程?我们现在会解这种方程吗?

学生:这是二元二次方程,我们还不会解。

老师:那么我们可否根据前面拼出的大长方形和大正方形的两个图形揭示出的小长方形的长与宽的数量关系列出方程(组)求解呢?请大家试一试。

至此学生很容易得出方程组:

$$\begin{cases} 3x=5y \\ 2y=x+2 \end{cases}$$　并解得　$\begin{cases} x=10 \\ y=6 \end{cases}$

这时老师可以请一名同学在黑板上板书并讲解。

【活动小结】

我们通过拼图仔细观察,发现了小长方形的长与宽之间的数量关系,适当地设未知数,建立反映长与宽之间的数量关系的数学模型——方程组,再通过解方程组达到求小长方形的长和宽的目的。这个问题让我们明白,有很多生活中的实际问题都可以运用方程的方法加以解决,关键是你要分析出隐藏在实际问题中的数量之间的关系,建立反映这些数量关系的方程模型,把实际问题转化成方程问题,进而求解。

【活动拓展】

请同学们认真阅读下列问题,仔细观察,深入分析,利用方程的方法求出问题的解。

1.某单位为了美化环境,准备将一块周长为 76m 的长方形草地,设计成大小完全相同的的小长方形(如图 6 所示),并种上各色花卉。经市场预测,绿化造价每平方米(其中已含全部费用)约为 108 元。

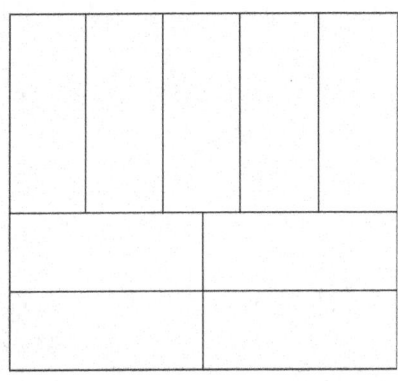

图 6

(1) 求出每个小长方形的长和宽。

(2) 请算出完成这项工程预计投入资金多少元。

2. 在矩形 $ABCD$ 中,放入六个形状、大小完全相同的长方形,所标尺寸如图 7 所示,试求阴影部分面积。

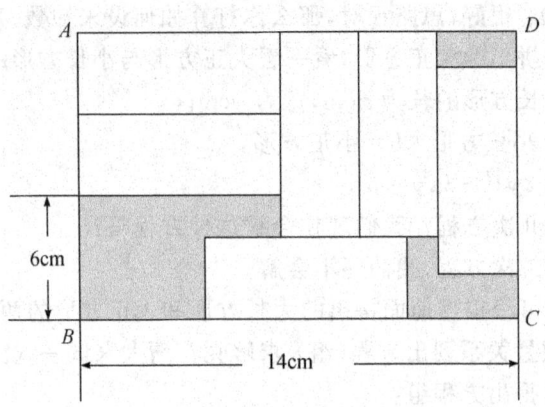

图 7

注意：这两道问题一般学生不可能在课堂内完成，这样就能让学生带着问题延续到课下进一步思考，使学生数学活动的思维时间和空间得以拓展，老师对问题的解答，可以留在下一节课解决。

【活动评述】

新课程标准提倡数学教学应结合具体的实际生活内容，采用"问题情景——建立模型——解释、应用和拓展"的模式展开。本次活动让学生对两个具体图形进行观察、探索、实验，最终解决问题。通过活动掌握必要的数学基础知识和基本技能，发展应用数学知识的意识和能力，增强学生学好数学的愿望和信心。

（深圳市前海中学　周　刚）

活动 3.08

图形的全等

【设计理念】

数学教学是数学活动的教学,是师生之间、学生之间交往互动与共同发展的过程。教师要创造自主探索与合作交流的环境,让学生在学习数学中感受到数学产生的过程。本节课是"图形的全等"的入门,教师的任务是引导和帮助学生去认识图形的全等,让学生自主探索,有充分的时间和空间去观察、动手操作、归纳交流、推理、反思,对周围环境和实物产生直接的感知,发现新的知识。

【活动内容】

围绕"图形的全等",让学生动手操作、自主探索、合作交流。

【活动目标】

1. 使学生在数学活动中获得对数学良好的感性认识,初步体验"做数学"的过程。
2. 学生初步体验数学是一个充满着观察、实验、归纳和类比的探索过程。
3. 使学生对数学产生兴趣,获得学好数学的信心。

【活动时间】

40 分钟。

【活动过程】

一、动手操作

1. 准备

教师利用生活中的全等图形引入课题,让学生体会到数学源于生活,对数学就有一种亲近感,同时,通过引导学生认真进行观察,让学生对全等图形有一个感性的认识,学生开始对全等图形产生了兴趣。

2. 实施

根据七年级学生的心理特征,立即给予学生表现的机会,以四人学习小组为单位,学生亲手创作全等图形,先展示学生作品,再交流创作的心得。通过实物图形创作,丰富学生对全等图形的感性认识,提高学生学习的趣味性,成功地激发学生的学习兴趣,调动起学生的学习积极性。

二、自主探究

1. 老师演示

利用多媒体,演示两个全等多边形经过平移、旋转、反射后重合的过程。引导学生对全等多边形这种性质有一个感性、直观的认识,使学生认识全等图形的特征,按是否重合可以判断出两组图形是否全等,同时,让学生直观体会到两个位置不一样的多边形也可以是全等多边形。

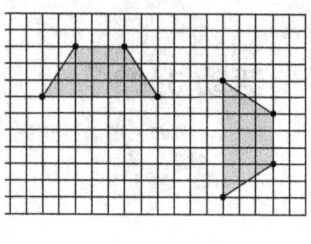

2. 独立思考

学生经过独立的观察和思考,从形状和大小的关系、位置关系的变化自主探索,得到下面的结论:

全等图形的意义:能重合的两个图形;

全等图形的特征:形状相同、大小相等;

全等图形的判别:利用全等图形的特征。

三、合作交流

使学生在操作中进一步认识图形全等,积累对全等图形的体验,提高对图形的分析能力,发展他们的空间观念,在合作学习中,学会交流,提高合作意识和能力。鼓励学生探索解决问题的途径,再动手操作寻求解决问题的方法,验证自己的想象,进一步积累对全等图形的认识。

1. 四人小组合作。将学生分为四人一组,每组发给他们一把剪刀和若干张题目所示的纸片,要求他们运用刚才总结出来的全等图形的意义、特征和判别,通过合作交流,用 20 分钟共同完成下面三个题目:

(1)沿虚线分别把下面两个图形划分为两个全等图形。

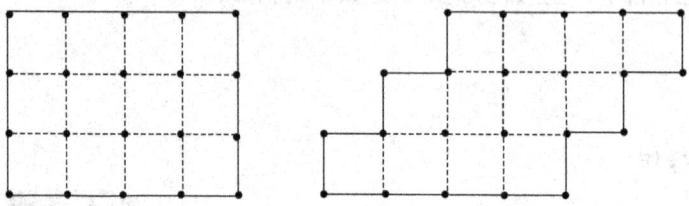

(2)将四个全等的小"L"型纸片,拼成一个大"L"型纸片全等图案。

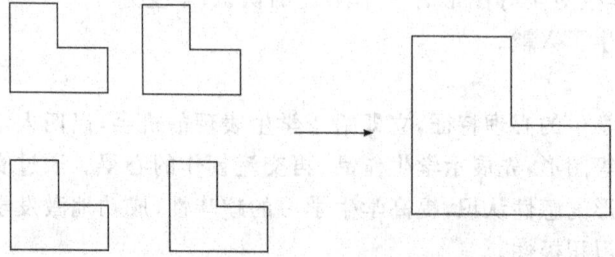

(3)试用多种方法,把正方形分成四个全等的图形。

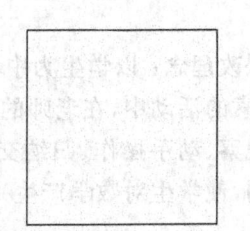

课堂气氛迅速变得活跃,小组内每个学生都积极地动起手来。

2. 各小组展现自己的方法,互相交流。每个小组说出一种答案,让学生有展现自己才能的机会,学生感受到探索的乐趣、创造的乐趣和发现的乐趣。

对于第一题,学生给出了如下几个答案:

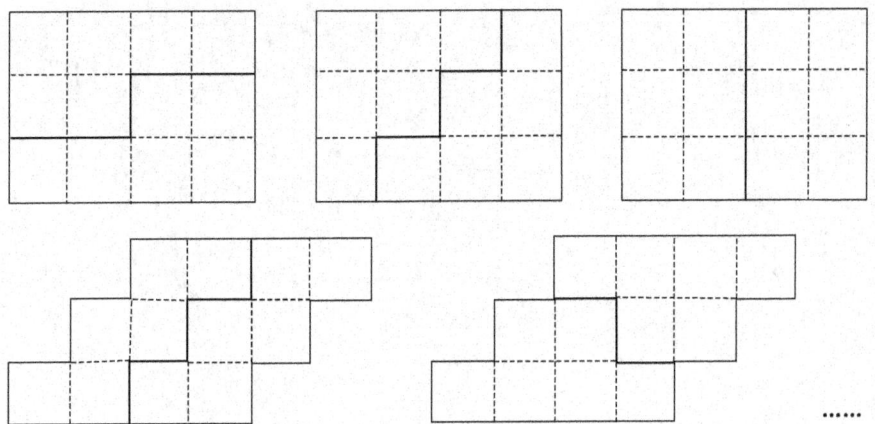

……

对于第二题,学生上讲台拼出如下图案:

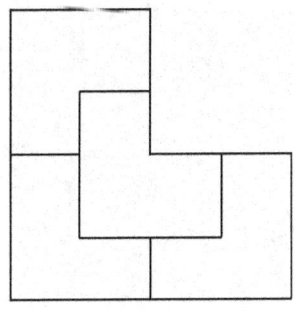

对于第三题,学生给出了如下几个答案:

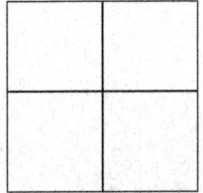
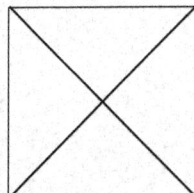

……

【活动评述】

　　本节活动课充分地体现了课改理念：以学生为中心。让学生动手操作、自主探索、合作交流，在动手操作和自主探索的活动中，在老师的引导下，学生去认识图形的全等，让学生有充分的时间和空间去观察、动手操作、归纳交流，得出新知识。然后再利用三道题目，学生合作交流，学以致用，使学生对数学产生兴趣，获得学好数学的信心。

【资料链接】

　　http://www.cnmaths.com

(深圳市松坪中学　梁亿晶)

活动 3.09

"是简单的相加除以 6 吗？"
——一堂"平均数"的活动课案例

【活动理念】

从学生实际出发，创设有利于学生自主学习的问题情景，引导学生通过实践、探索、交流获得知识，促使学生在教师指导下生动活泼、主动地学习。

【活动目的】

（1）通过学生实际动手操作，在具体的情景中理解并会计算平均数、加权平均数。

（2）经历运用数据描述信息，作出推断的过程。

（3）体验数学活动充满着探索与创造，感受数学的严谨性，学会与他人合作交流。

【活动准备】

（1）电脑课件。

（2）分成 6 个小组及 6 个组牌。

（3）卷尺、白纸、答题纸。

【活动过程】

师：我们生活在一个充满信息的时代，同学们和我一样，每天都从电视、广播、报纸、杂志接触了大量的信息，这些信息不仅和我们的生活息息相关，而且也改变了我们的生活。同学们请看大屏幕，这是我从书上找到的资料，屏幕上出现了"中国人口变动情况"。谁自告奋勇地上来给大家说一说，它显示了哪些信息？

这时有的同学相互私语，有的跃跃欲试。

我看到一个想举手的男孩，叫道："贾凯，来试一下。"

他指着大屏幕说："这些数据反映的是我国人口变化情况，从 20 世纪 70 年代开始到 90 年代的前半期，我们国家人口的出生率、增长率都在下降。"

面对学生，我又问道："还有什么呢？出生率、增长率是怎么回事？"

"出生率是指出生人数占我国总人口的比例。"

"增长率是指增加人数与原来人口的比例。"

"咱们国家人口这么多，总人口不是一个精确值吧。"

"增加人数每年很多，总不能一个一个数呀。"

"应该是个平均数吧。"

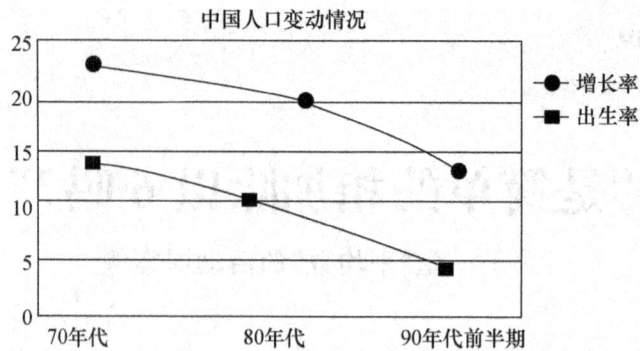

同学们纷纷回答。

看着同学们七嘴八舌地抢答，我趁机解释说："这幅图中的数据确实代表着很重要的信息，从图中我们可以看到我国实行计划生育的国策对人口控制的有效性。"

师：下面让我们一起来探讨、学习数据的代表：平均数。其实，平均数我们在小学也学过，请同学说说我们小学学过的平均数在实际中有什么应用。

一个男生抢先举手说道："平均数就是几组数据加起来再除以总个数，比如平均年龄就是把每个人的年龄加起来除以总人数。"

一个已经举过几次手的男生回答："平均身高就是把所有人的身高加起来除以总人数。"

一个秀气的女同学答道："电视上那些歌手的成绩，就是去掉一个最高分，去掉一个最低分，剩下几个人再平均。"

师：下面我们一起来看看咱们班的张惟杰同学从网上找到的一则消息：

随着人们生活水平的不断提高，青少年同一年龄段的平均身高在增加。男生平均增加6～8厘米，女生平均增加4～6厘米。

请同学们试一试，用我们准备好的工具来算一算我们班同学的平均身高。

看见同学们兴高采烈地拿起准备好的卷尺互相比划着量起来，教师可以巡视各个小组，在旁边做适当的指导。

（必要时可以提醒同学们以小组为单位，要求团结协作、分工合理，同时注意数据的科学性、准确性，不要用书垫在头上、要站直等。）

下面由组长把各组同学的平均身高写在黑板上：

组别	第一组	第二组	第三组	第四组	第五组	第六组
人数	6	6	6	5	6	5
平均身高	167	157	163	160	161	167

师：每组同学的平均身高已经算出来了。其实随着人们生活水平的不断提高，同学们的平均身高比起我们那个年代有了明显的增加。告诉大家一个小秘密吧，我初三时的身高是158cm，比大家都矮。

好,六个组的平均身高都有了,那么我们全班同学的平均身高应该是多少呢?

"全部同学身高数加起来除以总人数。"

"相同身高的人,用身高乘以人数再加起来除以总人数。"

一位男同学在黑板上写下了他的计算方法:

$$\frac{167\times 6\times 157\times 6+163\times 6+160\times 5+160\times 6+167\times 5}{6+6+6+5+6+5}$$

另一位女同学却有另外一种解答:

$$\frac{167+157+163+160+161+167}{6}$$

到底哪一种答案正确呢?请同学们比较讨论。

有的同学认为应该是第二个答案,他们认为把各小组的平均身高加起来再除以6就可以了,其实如果每组的人数相同,那么可以简单地把每组的平均身高数加起来除以6;如果每组的人数不相同,我们就不能只简单地相加,而是应该采用第一种求法。

我们一起来认真理解平均数的准确定义:

"日常生活中,我们常常用平均数表示一组数据的平均水平,一般的,对于 n 个数 $x_1, x_2, \cdots x_n$, $\frac{1}{n}(x_1+x_2+\cdots+x_n)$ 叫算术平均数,简称平均数,记为 $\bar{x}$ 。"

【活动评述】

这个活动设计比较符合新课改的教学理念:从已有知识出发,让学生亲自参与到知识的形成、发展中来,学生在动手实践、合作交流、思考探索的过程中获得知识,对"平均数"的理解既有继承又有发展,也充分体现了学生的自主学习。

活动中让学生自己来讲述平均数的有些内容,锻炼了学生描述信息的能力和概括能力,也让学生感受到现实生活与数学息息相关。通过动手实践,动脑思考,让学生自己在体验的过程中自然形成了知识体系,也为后面的课堂学习"加权平均数"做了很好的铺垫,也使知识前后呼应。

如果能在总结概念后再举出一两个日常生活中的例子(如跳水运动员的评判、班级平均分的简便计算)等,可以加深学生对平均数的理解和应用,教学效果会更好。

(深圳市桃源中学　王　莉)

活动 3.10

三角形可以分成两个等腰三角形的条件

【设计理念】
通过提出并探讨具有挑战性的研究课题,提高应用数学知识解决问题的意识和能力,进一步认识数学知识之间的联系。

【活动目标】
1. 经历"问题情景—提出问题—解决问题—知识应用"的过程。
2. 体会分类讨论、特殊与一般等思想方法在研究问题中的作用。
3. 培养提出问题、分析问题、解决问题的能力以及正确的思维方法。

【活动时间】
根据具体情况可以利用1课时或2课时。

【活动过程】
一、问题情景
教师:请同学们四人一组解决下面的问题(华东师大版《数学》七年级(下) 第86页第5题):
有两个三角形,它们的内角分别为:(1) 20°,40°,120°;(2) 20°,60°,100°。怎样把每个三角形分成两个等腰三角形?画出图形试试看。
同学们经过试验讨论很快解决了这个问题。
教师:请你们画出一个三角形,并把它分成两个等腰三角形(问题发散,为提出问题作好准备)。
经过试验讨论,有的小组画出了满足条件的三角形,如等腰直角三角形;有的小组没有找到满足条件的三角形,并且说明了有的三角形是不能分成两个等腰三角形的,如等边三角形。

二、提出问题
学生:通过讨论我们知道,有的三角形可以分成两个等腰三角形,有的三角形不能分成两个等腰三角形,老师,什么样的三角形可以分成两个等腰三角形呢?
(提出问题往往比解决问题更重要,这里教师要引导学生提出问题。)

教师：这个问题没有现成的答案，下面我们一起探讨"一个三角形可以分成两个等腰三角形的条件是什么"。

三、解决问题

学生们积极地研究讨论了钝角三角形、直角三角形、锐角三角形等情况，没有能够解决问题。

学生：这样的问题没有办法讨论了。

教师：（引导）假如一个三角形可以分成两个等腰三角形，我们不妨假设 AD 把 $\triangle ABC$ 分成两个等腰三角形 $\triangle ABD$ 和 $\triangle ACD$。

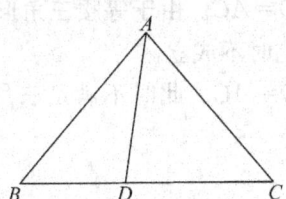

学生甲：可是我们并不知道那条边为底边，那条边为腰，还是不能解决问题呀！

学生乙：我们可以分各种情况来研究。

（同学们显得特别兴奋，下面的讨论已经是水到渠成的事情了。）

设 AD 把 $\triangle ABC$ 分成两个等腰三角形 $\triangle ABD$ 和 $\triangle ACD$。$\triangle ABD$ 为等腰三角形有三种可能：$AD=BD$，$AB=AD$，$AB=BD$；$\triangle ACD$ 为等腰三角形有三种可能：$AD=DC$，$AD=AC$，$CD=AC$。按哪条边是腰可以分成如下的九种情况：

(1) $AD=BD, AD=CD$；

(2) $AD=BD, AD=AC$；

(3) $AD=BD, CD=AC$；

(4) $AB=BD, AD=CD$；

(5) $AB=BD, AD=AC$；

(6) $AB=BD, CD=AC$；

(7) $AD=AB, AD=CD$；

(8) $AD=AB, AD=AC$；

(9) $AD=AB, CD=AC$。

教师：好！让我们一起分工合作，每个小组解决一种情况，然后，派代表汇报你们小组的研究成果。

同学们兴高采烈地投入到探索之中，之后把他们各组的成果作了汇报：

第一组：(1)（图1）$AD=BD, AD=CD$。所以 $\angle C=\angle 3, \angle 1=\angle B$。又 $\angle C+\angle 3+\angle 1+\angle B=180°, \angle 3+\angle 1=90°$，此时有 $\angle A=90°$。

教师：直角三角形斜边的中线把这个直角三角形分成两个等腰三角形。

第二组：(2)（图1）$AD=BD, AD=AC$。$\angle C=\angle 2=\angle 1+\angle B=2\angle B$。

第三组：(3)（图2）$AD=BD, CD=AC$。
$\angle 3=\angle 2=\angle 1+\angle B=2\angle B$。所以 $\angle A=3\angle B$。

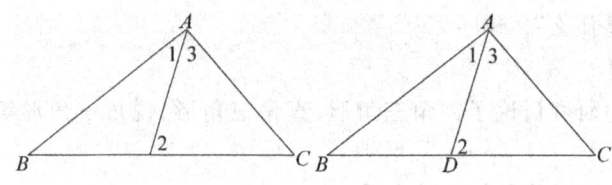

图1　　　　　图2

第四组：与第三组相同。

第五组：(5) $AB=BD$，$AD=AC$。由于等腰三角形的底角必须是锐角，$\angle ADB$ 和 $\angle ADC$ 是锐角，此时不成立。

第六组：(6) $AB=BD$，$CD=AC$。此时不满足三角形两边之和大于第三边，所以不成立。

第七组：与第二组相同。

第八组：(8) $AD=AB$，$AD=AC$。由于等腰三角形的底角必须是锐角，$\angle ADB$ 和 $\angle ADC$ 是锐角，此时不成立。

第九组：与第五组相同。

综合各组情况，我们得出如下的结论：

一个三角形可以分成两个等腰三角形的条件是：直角三角形，或者一个角是另一个角的两倍，或者一个角是另一个角的三倍。

同学们为自己的研究成果而感到自豪。

四、应用

教师：请同学们应用我们的研究成果，解决下面的问题：

1. 已知三角形的三个内角，判断三角形能否分成两个等腰三角形。

(1) $40°$，$60°$，$80°$；

(2) $20°$，$70°$，$90°$；

(3) $20°$，$50°$，$110°$；

(4) $36°$，$72°$，$72°$；

(5) $15°$，$45°$，$120°$。

2. 如果一个等腰三角形可以分成两个小等腰三角形，试确定等腰三角形的三个内角。

【活动评述】

1. 本活动使学生经历"问题情景—提出问题—解决问题—知识应用"的过程，获得了研究问题的一些经验和方法。

2. 体会到分类讨论的思想方法在研究问题中的作用。

3. 整个活动过程体现了从特殊到一般，再从一般到特殊的思维过程。

4. 体验了解决自己提出"未知问题"的成功，可以增强学好数学的自信心。

(北京师范大学南山附属中学　李明林)

活动 3.11

欧 拉 公 式

【活动内容】
　　华东师范大学出版社出版的初中一年级（七年级）上册的一节阅读课——欧拉公式。
【设计理念】
　　在探索多面体和平面图形的欧拉公式的过程中让学生体验数学，感受数学，引导学生热爱数学。学生在与他人合作交流时发展自己的思维、情感、能力等。
【活动目标】
　　1. 探索多面体和平面图形的欧拉公式。
　　2. 培养学生的合作能力、观察能力等。
【活动准备】
　　课前把全班分成 8 个小组，每组 5 或 6 名同学，准备 8 个五面体、8 个正方体、8 个五棱锥、8 把小刀、8 块小木板。
【活动过程】
　　一、学生活动情景
　　我第一次上全校性的公开课，当时比较紧张，学生和我都一样。教室被安排在美术室，后边坐着很多老师，还有摄像机。由于地方不大，所以有三个组的同学与老师们坐在一起。这种突变使得原本就不活跃的学生变得更加安静了，他们紧张得一动不动。我真怕他们在后面活动讨论时紧张得不敢出声。
　　上课铃声响了……
　　"上课"，随着一声令下，全体同学齐刷刷地站起来，坐下后，仍没有缓解紧张的气氛。
　　为了缓解一下紧张的课堂气氛，我走下讲台，站在同学们的中间，微笑地提问："上节课我们学过哪些简单的立体图形？"
　　学生一听脸上露出了笑容，大大小小的眼睛都望着我，好像说："老师，我会。"可是没有一位同学举手回答。我一看只好说："会的同学，请大胆举手回答！"并且做了一个举手的动作。开始只有一两个同学举手，接着有十来个。（课后我问他们是不是不会，他们说不是不会，只是太紧张了。）我请同学 1（学习成绩中等）回答。

同学1：上节课我们学过柱体、锥体、球形。

"不对!""最后一个错了!""是球体不是球形!"与同学1同组的同学不断地给这位同学提示。也有的同学说："老师,我来补充。"同学们慢慢活跃起来,紧张的气氛也慢慢缓解了。最后,在同学们的帮助下,这位同学把答案改正了过来。

接着我打出了第一张幻灯片,是上海的旧钟楼(图1),我问："这座钟楼有哪些我们学过的立体图形？大家分组讨论,讨论完的组把代表你们组的旗子举起来。讨论时间为1分钟。"

很快就有两个组把旗子举起来了,接着第三个组、第四个组,不到一分钟的时间8个组都讨论完毕。可能举旗子学生感到好玩,刚开始,认认真真地举着,后来干脆挥动起来。课堂气氛更加活跃。我请了第一组的同学2回答。

同学2：有正方体、锥体、长方体、棱台。

"大家同意他们组的答案吗？"

"同意!"接着大家鼓掌奖励第一组的同学。

用幻灯片打出"正方体、四棱锥、五棱锥"的示意图(图2)。

图1

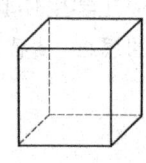 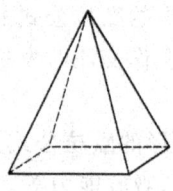 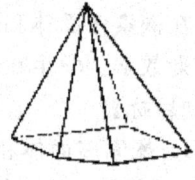

图2

"在我们现实生活当中有很多物体都是由简单的多面体组成,如正方体、四棱锥、五棱锥等这些多面体都是由点、线、面组成。这些点、线、面之间是否存在某种数量关系？大家一起来探索一下。"

接下来是学生的活动时间,目的是通过活动培养学生的合作能力、动手能力、观察能力和归纳概括能力。

学生活动内容：分组讨论多面体和平面图形的顶点数、面数、棱数间的关系。

活动工具：每组发一个用纸制作的正方体、四棱锥、五棱锥。

活动方式：以小组为单位进行小组讨论探索。

活动过程：每组的同学在组长的带领下分工合作,分别数出正方体、四棱锥、五棱锥的顶点数、面数、棱数,并完成下表。

多面体	顶点数	面数	棱数
四棱锥			
正方体			
五棱锥			

探索规律：_____

十几分钟后,各组分别把他们探索出来的成果拿到实物展示台上,展示给大家看。接着评讲答案及所得的规律,我们把这个规律命名为规律1。然后我请完成得最快的组的组长(同学3)讲一讲他们组为什么能完成得那么快。

同学3:我们组共5人,其中3人分别负责数一种多面体,一人记录,一人检查。填完表后,大家一起探索规律。

"看来这组能完成得这么快是有方法的,其他组的同学要好好学习他们如何分工合作。一会儿,我们还有一次比赛,看看哪个组做得最好。同学们,大家刚才所发现的规律1,是对于任何的多面体都成立,但如果把多面体沿着它的一条棱展开,结论又是如何?现请大家把五棱锥展开,并给你们的展开图起个名字。并填好下表。"

平面图形	顶点数	面数	棱数
五棱锥的平面展开图			
画一个平面图形验证规律			

探索规律:_____

"同学们,准备好了吗?"

"准备好了!"

"开始!"

各组的同学马上忙碌起来,刚开始还坐在座位上,后来都站了起来,七手八脚把五棱锥沿着棱展开,数它的顶点数、面数(面就是一个封闭图形)、棱数(平面图形的边数)。跟着填表讨论得出规律,最后为他们的作品起名字。有一个组五名同学起了五个名字,各说各的名字好,并请我加入到他们的讨论之中,有的组也摆出好几种图形让我选一种,有的组把图案订在胶板上时人手不足也请我帮忙,我被他们弄得晕头转向。十几分钟后,陆续有组挥动他们的旗子。

他们的成果如下:

第一组:
　　名字:五角星　顶点数:10　面数:6　棱数:15
　　探索规律:顶点数+面数-棱数=1

第二组:
　　名字:青蛙　顶点数:10　面数:6　棱数:15
　　探索规律:顶点数+面数-棱数=1

第三组:
　　名字:冰淇淋　顶点数:10　面数:6　棱数:15
　　探索规律:顶点数+面数-棱数=1

第四组:
　　名字:原子弹　顶点数:10　面数:6　棱数:15
　　探索规律:顶点数+面数-棱数=1

第五组:
　　名字:火炬　顶点数:10　面数:6　棱数:15

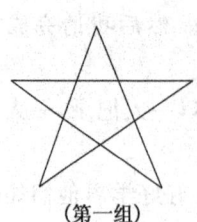 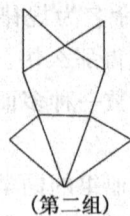 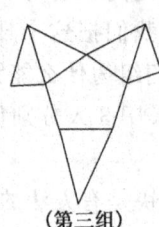 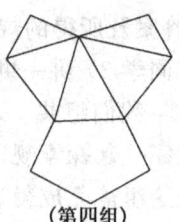

（第一组）　　　（第二组）　　　（第三组）　　　（第四组）

　　　探索规律：顶点数＋面数-棱数＝1
第六组：
　　　名字：热气球　　顶点数：10　　面数：6　　棱数：15
　　　探索规律：顶点数＋面数-棱数＝1
第七组：
　　　名字：舞蹈　　顶点数：10　　面数：6　　棱数：15
　　　探索规律：顶点数＋面数-棱数＝1
第八组：
　　　名字：拿着盾牌的骑士　　顶点数：10　　面数：6　　棱数：15
　　　探索规律：顶点数＋面数-棱数＝1

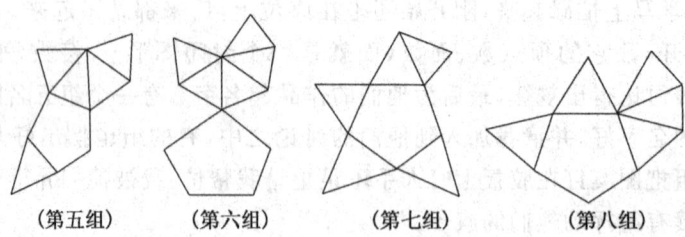

（第五组）　　　（第六组）　　　（第七组）　　　（第八组）

　　学生的成果是丰富的,想象力是无限的,老师们都在惊叹学生的潜力。
　　"同学们,大家画一个平面图检验你们得到的规律,看结果如何?"
　　几分钟后,有同学大声说:"规律成立!"接着一个、两个、三个……声音接连不断地响起来。有的同学高兴得手舞足蹈。
　　"顶点数＋面数-棱数＝1这条规律对于任何的平面图来说都是成立的,我们把这条规律命名为规律2。今天大家表现得很好,哪位同学帮我总结一下,这节课我们探索出哪些规律以及这些规律的应用范围。"
　　我刚说完,大部分同学都把手举得高高的,争着回答。我请一位平时很少举手的同学4回答。
　　同学4：我们共探索出两条规律：
　　(1) 对于多面体得到的规律是顶点数＋面数-棱数＝2；
　　(2) 对于平面图得到的规律是顶点数＋面数-棱数＝1。
　　同学们以热烈的掌声表示他们同意同学4的回答。
　　"同学4的总结就是二百多年前数学家欧拉的总结,这两条规律被命名为欧拉公式。后来欧拉还发现对于任何的连通图形，欧拉公式都成立。"

最后我用幻灯片打出总结及欧拉本人的简历，目的是为同学们树立学习的楷模。

二、教案设计意图

1. 导入新课。通过预先制作好的多媒体课件让学生观看他们熟识的建筑物照片——上海的旧钟楼，让他们从照片中找出学过的立体图形。由这些立体图形引出本节课的教学任务是研究立体图形和平面图形的顶点数、面数、棱数间的关系，即欧拉公式。

设计意图：因为本节课是学生进入初中阶段学习几何的起始课，对于吸引学生学习几何的兴趣起着十分重要的作用。通过具体的实物观察到抽象的几何图形，符合由具体到抽象的认知规律。这样做有利于使学生认识到几何来源于现实生活，用于现实生活，也有利于培养学生学习几何的兴趣。

2. 展示新知。课前把全班分成 8 个小组，学生在组长的带领下分别数课前制作好的四棱锥、正方体、五棱锥的顶点数、面数、棱数，然后把所得的数据填在附表 1 中，并探索这些数据间是否存在某种规律。

学生通过观察归纳总结得出规律：

规律 1　顶点数＋面数－棱数＝2

设计意图：培养学生的合作能力、观察能力、动手能力、分析问题的能力及语言的提炼表述能力。

3. 讨论质疑。

提出问题：若把立体图形展开，上述规律是否还成立？若不成立是否存在新的规律？这些新的规律会是怎样的？

请各小组沿着五棱锥的棱剪开，把多面体展开成一个平面图，并给展开的平面图形命名，分别数出它的顶点数、面数、棱数，把所得的数据填在附表 2，然后分组讨论交流验证。猜想出新的规律：

规律 2　顶点数＋面数－棱数＝1

最后验证所得的规律。

设计意图：规律 2 的发现让学生经历归纳——猜想——验证这一过程。这个过程为以后学习几何证明题起铺垫作用，同时有助于培养学生发现问题的能力。

三、课堂小结（电脑显示）

今天我们一起合作发现了二百多年前欧拉发现的这两个公式，并验证了这两个公式。

立体图形的欧拉公式：顶点数＋面数－棱数＝2
平面连通图形的欧拉公式：顶点数＋面数－棱数＝1

这两个公式就是著名的欧拉公式。

我简单地介绍了欧拉本人及公式的命名方法。

设计意图：使学生加深对所学知识的理解，及两个公式所适用的范围；通过对名人的介绍为学生树立学习的楷模。

附表 1

多面体	顶点数	面数	棱数
四棱锥			
正方体			
五棱锥			

附表2

平面图形	顶点数	面数	棱数
五棱锥的平面展开图			
画一个平面图形验证规律			

【活动评述】

本节课是教材中的阅读材料，本教案结合阅读材料的内容从知识、能力、情感等方面确定了教学目标，以学生熟悉的建筑物照片——上海的旧钟楼引入，创设问题情景，并提出本节课学习的重点，引导学生主动探索、互相讨论、归纳总结、猜想、验证结果。在探索的过程中提高学生的动手能力、观察能力和合作能力，注重学生参与知识的发现形成过程，提高了学生学习的能力，增强了学好几何的信心。

本节课还有一些不足之处，表现在：① 在小组讨论过程中不能顾及到每个学生，特别是后进生。② 当立体图形展成平面图形时，所得的面（其实为封闭图形）与我们所理解的平面讲解得不够深刻，导致个别组在讨论过程中出现困难。③ 没有交代清楚欧拉公式的意义及作用。

(深圳市松坪学校中学部　李慧桥)

活动 3.12

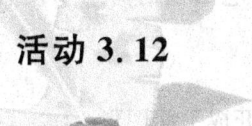

立体图形展开图

立体图形展开图

【设计理念】

在前面几课的基础上,学生通过观察和自己动手操作、合作探讨、经历和体验图形的变化过程,认识立体图形与平面图形的关系,了解多面体可由平面图形所构成。

【活动目标】

1. 经历活动过程,培养空间想象能力、动手能力、合作学习能力和观察探索能力。
2. 了解圆柱、圆锥的侧面展开图形,以及棱锥、棱柱的展开图。
3. 根据展开图判断和制作正方体模型。
4. 解决简单的立体图形问题。

【活动准备】

课下学生准备一个圆柱筒、一个无底圆锥、一个彩色正方体、十个边长为 10cm 的正方形硬纸板(全班规格一样可以互相配合)、一把剪刀、一卷胶带纸。

需要在有多媒体的教室上课。

【活动过程】

引导性材料

1. 展示生活中的立体图形(见课件)。

2. 教材中出现的几何体(见课件)。

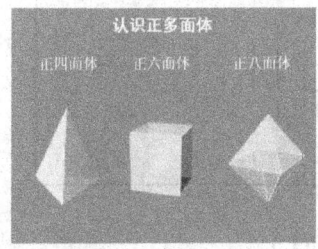

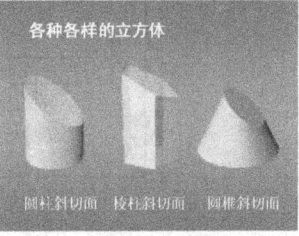

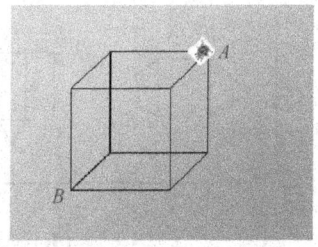

活动设计

问题：一只昆虫要从实心正方体的一个顶点 A 爬到相距它最远的另一个顶点 B。哪条路径最短？请说明理由（见课件）。

试一试

1. 让学生将事先准备的无底圆锥、圆柱、棱柱、正方体剪开成平面图形。

2. 将学生中不相同的展开图粘贴到黑板上（如果出现的展开图形状少，教师可以提示剪开的路线）。

3. 教师用电脑演示正方体的一种展开图（见课件）。

由教师用六块不同色彩的正方形拼成各种图案，用多媒体演示出来（见课件）。让学生将准备好的正方形纸板，以小组为单位，各选出一种图案进行拼装、折叠，经过动手操作看看是否能折叠成正方体（选图案同学之间不要重复）。

发现问题：图中"11"、"12"图形不能折叠成正方体，其他图形都能折叠。同时鼓励学生演示自己的折叠过程，增强自信心，培养学生的空间观念。

4. 教师用电脑演示其中一种图案折叠成正方体的过程（见课件）。

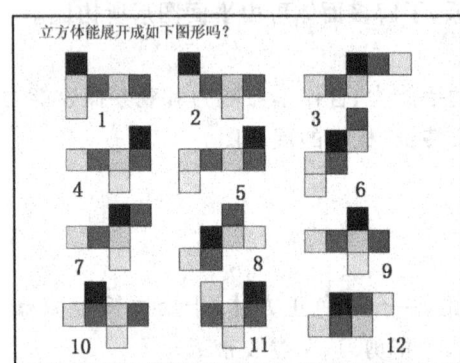

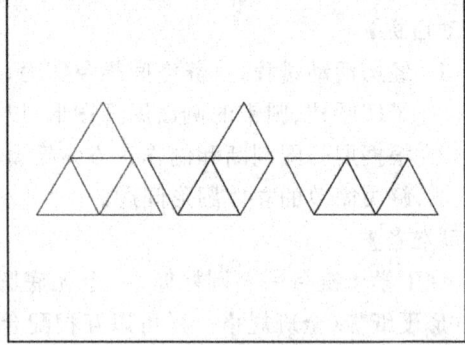

(A)

猜一猜

1. 下列图形能折叠成多面体吗？它们分别是什么立体图形？（见课件）

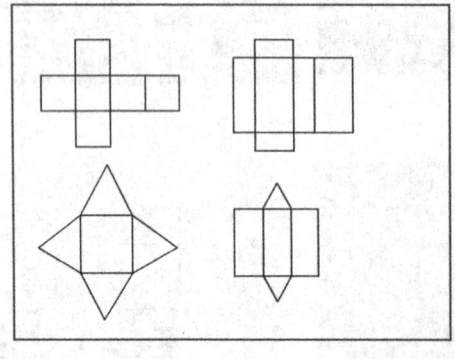

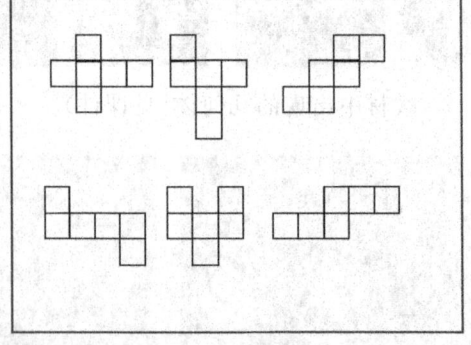

(B)   (C)

2. 对面是谁？（见课件）

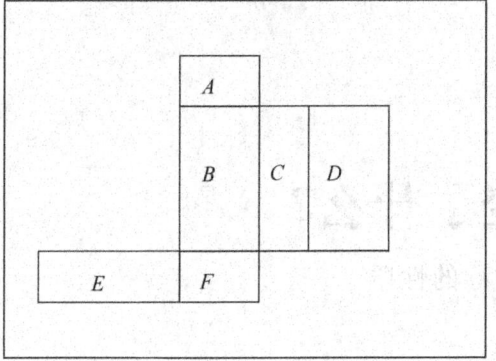
(D)

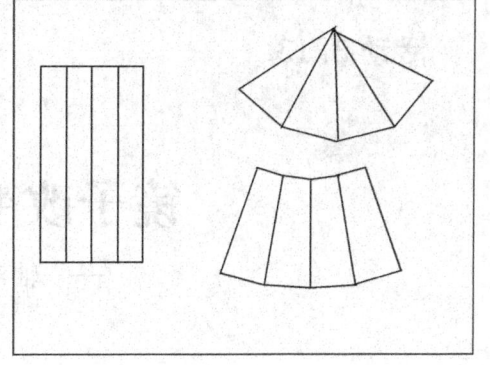
(E)

练一练

它是谁的展开图：

1. 哪一个是四棱柱的侧面展开图？（见课件）
2. 哪一个是三棱柱的表面展开图？（见课件）
3. 哪些可以折成正方体？（见课件）

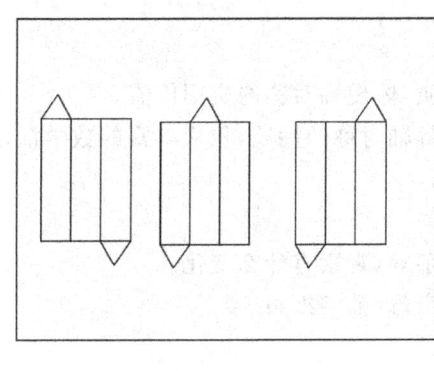
(F)

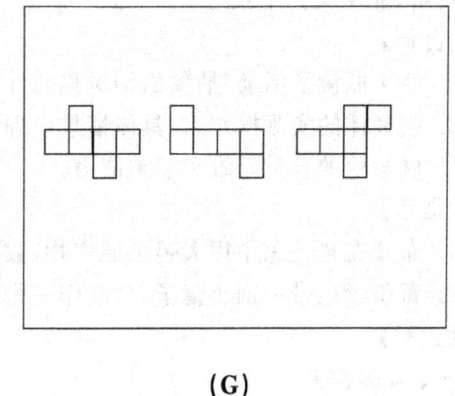
(G)

总结

多面体可由平面图形围成，所以立体图形中的问题可以放到平面图形中去解决。

解决前面问题：让学生畅所欲言，提出各种解决的方法。最后教师用电脑演示解决的方法（见课件），并总结解决问题的思路。将立方体展开成平面图形，由两点间线段最短，找出路径。

【活动评述】

学生对动手活动很感兴趣，积极探讨、想方设法剪出新图案，思维活跃，自然而然地找到课前提出的问题的解决思路。此课教师教得灵活，学生学得活跃，体现了手动、个体动、互动、能动、思维动的特点。

（深圳市育才二中　叶雅行）

活动 3.13

镜子改变了什么？
——轴对称的性质

【设计理念】

经历探索物体与图形的轴对称性质,在探索轴对称性质的活动过程中,发展几何直觉;体验图形是描述现实世界的重要的手段,体验数学活动充满着探索性和创造性;在独立思考的基础上,积极参与对数学问题的讨论,敢于发表自己的观点,尊重并理解他人的见解,能从交流中获益。

【活动目标】

1. 经历照镜子活动,抽象出轴对称的性质,体现轴对称的应用价值。
2. 由具体的实际操作,在具体情景中理解轴对称的性质,积累丰富的数学活动,发展学生的直觉思维和想象能力。

【活动准备】

1. 布置在自己家中用大镜子照实物、数字等,观察有什么变化。
2. 每位学生带一面小镜子,并制作一张字母、数字纸条。

【活动过程】

一、实验探究

1. 镜子里的"像"与"物"有何不同？

让学生用镜子照实物,如钢笔、三角板、橡皮等,观察镜子里的"像"与"物"有何不同。

注意:让学生通过观察,用自己的语言说明,有的说得不准确,只要有点道理,直观上有些感悟,就给以肯定和鼓励,让尽可能多的学生发表自己的看法。最后进行归纳。

结论:大小不变,方向相反,"像"与物关于镜面成轴对称。

2. 观察"字母"、"数字"在镜中的"像",并与原来的字母、数字进行比较。

(1) 把写有字母 A、B、C、H、T、W、X、Y、Z 和数字 0、1、2、3、8、11 的纸条以不同的角度放在镜面前,观察镜中的"像",哪些与原来完全一致？

(2) 先各自独立探究,然后分小组讨论。

教师在学生讨论过程中,深入到小组参与,启发学生从"对称"的角度分析说明。

结论:字母、数字本身的对称性决定了镜中的"像"是否与原来的字母、数字完全一致,字母、数字本身的对称轴如果和观察者两眼所成直线是垂直的,得到的"像"就会与原来的字母和数字完全一样。

二、课题活动(做一做)

1. 有人从镜中看到一串数字如图所示:

$$810076$$

那么这串数字是什么?

2. 上午12点多钟,王丽从镜子里看到数字电子钟的时间与实际时间完全一样,你能说出当时的准确时间吗?

3. 美国哈佛大学在一次数学考试中,有一道填空题:观察下列图形,并在横线上填上适当的图形。

4. 某地某天下午三点钟发生了一起案件,警察很快抓获了犯罪嫌疑人,但此人提供了不在现场的证据:一张当天下午三点钟他在钟塔游览的照片(见下图),照片上的指针正指向下午三点,警察仔细审查了照片以后,发现照片并不是下午三点照的,你知道警察是如何发现的吗?照片是什么时候照的呢?

5. 林鑫同学为班级"学习专栏"设计了报头图案,并用文字说明了图案的含义,如图1所示,请你用最基本的几何图形(如直线、射线、线段、角、三角形、四边形、圆、圆弧和曲线等)中的若干个,为"环保专栏"在图2方框中设计一个报头图案,并用文字说明图案的含义。

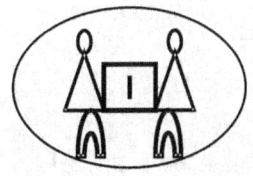

图1

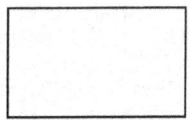

图2

图1.我们喜欢"合作学习"活动

【活动评述】

1. 本节课的设计充分体现了"自主、探究、合作"的教学方式的运用。一方面注重学生的学习主动性，强调了学生的动手动脑活动；同时让学生在合作学习过程中学会探究，培养了学生观察、归纳、推理的能力。

2. 教学设计依据《数学课程标准》，充分体现了课改理念和精神，突出"活动"这一特点，使师生教学活动的形式不再单一，而是丰富的多种形式的统一。设计新颖别致，有很好的实用价值。

【活动链接】

课题活动答案：

1. 810076；

2. 12：51

3. 此题设计特别新颖别致，初看无从下手，但仔细观察可以发现这6个图形都是轴对称图形，画出轴对称后，图形变得更加清晰明朗（如下图所示）。

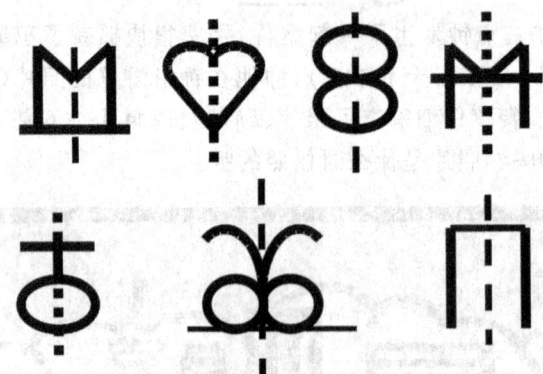

于是发现，已知的6个图形分别是用数字1、2、3、4、5、____、7所作的轴对称图形，因此答案应该是用6所作的轴对称图形，形状像一只蝴蝶。

4. 由于警察非常熟悉钟塔周围的环境，发现犯罪嫌疑人提供的照片是反过来洗的，是他在上午9点钟照的。

5. 此题是一道开放性创新设计题，学生可以由课堂内延伸到课外完成。

（深圳市西丽二中　缪　雷）

活动 3.14

黄 金 分 割

【设计理念】

让学生在信息技术的帮助下,增强对数学的学习兴趣,扩大视野,更好地理解黄金分割的概念及其应用,体会黄金分割点的优美所在。

【活动目标】

通过学生亲身活动,查找建筑、饮食、艺术、股市、医学保健等等方面的实例,了解黄金分割,体会其中的文化价值。同时,在应用中进一步理解线段的比、成比例线段等相关内容,在实际操作、思考、交流等过程中增强学生的实践意识和自信心。

【活动准备】

布置三个学生在课前收集有关黄金分割的资料。

【活动过程】

欣赏图片——黄金分割的发现。

1. 提问:

(1) 当你在欣赏这些图片时,内心感触最深的是什么?(美,让人赏心悦目。)

(2) 是什么原因让世界上拥有这么多美妙的东西呢?

2. 让学生自学课本上有关黄金分割的内容。

3. 分四人小组进行讨论、交流，寻找解决问题的答案，并思考下列问题：

(1) 在教室里，坐在哪个位置上看黑板上的字最清楚？请同学们调查一下。

(2) 量一量，算一算：人的肚脐高度和人体总高度的比是不是接近 0.618？

4. 概括。如图所示，已知线段 AB 上一点 P（点 P 不在中点上），

$$A \quad\quad\quad P \quad\quad B$$

把线段 AB 分成两段，且 $AP>PB$，如果小段与大段的长度之比等于大段的长度与全段长度之比，即 $\dfrac{PB}{PA}=\dfrac{PA}{AB}$（写成等积式为 $PA^2=PB \cdot AB$），那么点 P 就叫做线段 AB 的黄金分割点。此时线段 AP 叫做线段 PA、AB 的比例中项，并可得出这一比值等于 0.618。这种分割叫做黄金分割。

5. 思维拓展。下图是古希腊时期的巴台农神庙（Parthenom Tempie），如果把图中用虚线表示的矩形画成右图中的 $ABCD$，以矩形 $ABCD$ 的宽为边在其内部作正方形 $AEFD$，那么我们可以惊奇地发现，有 $\dfrac{BC}{BE}=\dfrac{AB}{BC}$。点 E 是 AB 的黄金分割点吗？矩形 $ABCD$ 的宽与长的比是黄金比吗？

 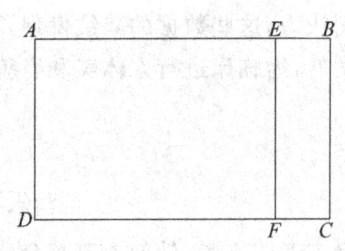 

黄金分割的广泛用途：
学生汇报
学生甲：

建筑与黄金分割

早在公元前 5 世纪，希腊建筑家就知道 0.618 的比值是协调、平衡的结构。文明古国埃及的金字塔，形似方锥，大小各异。但这些金字塔底面的边长与高之比都接近于 0.618。古时候的一些神庙，在建筑时高和宽也是按黄金数的比来建立，他们认为这样的长方形看来较美观。黄金律是建筑艺术必须遵循的规律。在建筑造型上，人们在高塔的黄金分割点处建楼阁或设计平台，便能使平直单调的塔身变得丰富多彩；位于上海黄浦江畔的东方明珠塔，是亚洲第一、世界第三高塔，它的塔身竟高达 462.85 米，仿佛一把刺天长剑，直冲云霄。要建造这样高而瘦长的塔身，在造型上难免有些单调，然而设计师巧妙地在塔身上装置了晶莹耀眼的上球体、下球体和太空舱，它既可供游人登高俯览城市景色，又使笔直的塔身有了曲线变化。更妙的是，设计师有意将上球体选在 295 米之间的位置，这个位置恰好在塔身 5∶8 的地方，这 0.618 的比值，使塔身显得非常协调、美观。在摩天大楼的黄金分割处布置腰线或装饰物，则可使整个楼群显得雄伟雅致。古代雅典的巴特农神殿、当今世界最高建筑之一的加拿大多伦多电视塔、举世闻名的法国巴黎埃菲尔铁塔，都是根据黄金分割的原理来建造的。

学生乙：

人体容貌与黄金分割

我国医学美学专家孙少宣、彭庆星等，最近在研究"黄金分割"与人体美的关系时发现：体形健美者的容貌外观结构中，至少有 4 种共 42 个因素和"黄金分割"有关。孙少宣、彭庆星提出的人体黄金分割因素包括 4 个方面，即 18 个"黄金点"，如脐为头顶至脚底之分割点，喉结为头顶至脐分割点，眉间点为发缘点至颏下的分割点等；15 个"黄金矩形"，如躯干轮廓、头部轮廓、面部轮廓、口唇轮廓等；6 个"黄金指数"，如鼻唇指数是指鼻翼宽度与口裂长之比，唇目指数是指口裂长度与两眼外眦间距之比，唇高指数是指面部中线上下唇红高度之比等；3 个"黄金三角"，如外鼻正面观三角，外鼻侧面观三角，鼻根点至两侧口角点组成的三角等。

除此之外，近年国内学者陆续发现有关的"黄金分割"数据，如前牙的长宽比、眉间

距与内眦间距之比等,均接近"黄金分割"的比例关系。

专家们认为,这些数据的陆续发现,不仅表明人体是世界上最美的物体,而且为美容医学的发展,为临床进行人体美和容貌美的创造和修复提供了科学的依据。

音乐与黄金分割

中国最古老的古琴,处处透着黄金分割的神奇。至于古琴发明何时已无考,传说中有伏羲、神农、或是舜帝。琴背两池,左龙右凤。控制琴弦发音的枢纽有三:轸、凫掌、凤嗉。琴有五弦,音有八度。琴节为徽,"以琴长全体三分损一,又三分益一,而转相增减",全弦共有十三徽。把这些排列到一起,二池,三纽,五弦,八音,十三徽。多么奇妙的排列,恰是费波那奇数,而两个相邻费波那奇数比率则越来越接近黄金分割率。是有意还是巧合?看来,中国古人对黄金分割的领悟与运用,与西方确有异曲同工之妙。

学生丙:

数码摄影——黄金分割

构图一词是英语 composition 的译音,为造型艺术的术语。在《辞海》中,"构图"指艺术家为了表现作品的主题思想和美感效果,在一定的空间,安排和处理人、物的关系和位置,把个别或局部的形象组成艺术的整体。在中国传统绘画中称为"章法"或"布局"。

首先说构图里的分布和造型,这里不得不提到两个名词:九宫格和趣味中心。

说九宫格前先说著名的黄金分割。自从古希腊人发现黄金分割以来,这种比例就被认为是美学的最佳比例而得到广泛的应用。

其实,黄金分割是造型艺术中的一种分割法则。亦称黄金分割率,简称黄金率。它的分割方法为,将某直线段分为两部分,使一部分的平方等于另一部分与全体之积,或使一部分对全体之比等于另一部分对这一部分之比。即在直线段 AB 上以点 C 分割,使 $(AC)^2 = CB \times AB$,或使 $AC:AB=CB:AC$。实践证明,它的比值约为 $0.618:1$ 或 $1:0.618$,被称为黄金比。黄金比最早是由古代希腊人发现的,直到 19 世纪被欧洲人认为是最美、最谐调的比例。

黄金比广泛用于造型艺术中,具有美学价值,尤其在工艺美术和工业设计的长和宽的比例(如书籍开本)设计中容易引起美感,故称为黄金分割。20 世纪中,法国建筑师科布西埃发现黄金比具有数列的性质。他将其与人体尺寸相结合,提出黄金基准尺方案,并视之为现代建筑美的尺度。法国还产生了冠名为黄金分割画派的立体主义画家集团,专注于形体的比例。在实际运用中,黄金比多采用近似值。最简单的方法是按照数列 2、3、5、8、13、21……得出 2:3、3:5、5:8、8:13、13:21 等比值作为近似值。这种分割方法亦用于优选法。

再说说九宫格,九宫格的源头可是我们中国人发明的一种构图模式,但巧的是它与黄金分割有着惊人的理论联系!大家把画面的上下左右用黄金分割来做出 4 条线,我们会惊奇地发现这就是我国古人所说的九宫格！

人们发现在九宫格的4条线交汇的4个点是人们的视觉最敏感的地方,在国外的摄影理论里把这4个点称为"趣味中心"。顾名思义,被反复证明的是当被摄主体处于或发布在这4个点附近最容易得到"眼球"！

生活中的黄金分割

在我们的生活环境中,门、窗、桌子、箱子、书本之类的物体,它们的长度与宽度之比近似0.618,就连普通树叶的宽与长之比,蝴蝶身长与双翅展开后的长度之比也接近0.618。

姿态优美、身材苗条的时装模特和翩翩起舞的舞蹈演员,她们的腿和身材的比例也近似于0.618的比值。凡是具有这种比例的图样,看上去会让人感到和谐、平衡、舒适,有一种美的感觉。生活中用的纸为长方形,这样的长方形让人看起来舒服顺眼,正规裁法得到的纸张,不管其大小,如8开、16开、32开等,都仍然是近似的黄金长方形。打开地图,你就会发现那些优质茶叶产地大多位于北纬30度左右。特别是红茶中的极品"祁红",产地在安徽的祁门,也恰好在此纬度上。这不免让人联想起许多与北纬30度有关的地方,如奇石异峰、名川秀水的黄山、庐山、九寨沟等等。衔远山、吞长江的中国三大淡水湖也恰好在这黄金分割的纬度上。

（以上几则是学生搜集到的有关黄金分割的应用的多篇中的几篇,在他们搜集到的材料中还有很多方面有关黄金分割的应用问题。）

【相关链接】

耐人寻味的 0.618

古希腊数学家、天文学家欧多克拉斯（Eudoxus，约前 400—前 347）曾提出：能否将一条线段分成不相等的两部分，使较短线段与较长线段的比等于较长线段与原线段的比？这就是黄金分割问题，这个相等的比值就是 $\frac{\sqrt{5}-1}{2} \approx 0.61803398874989$。天文学家开普勒（Johannes Kepier，1571—1630）把这种分割线段的方法称为神圣分割，并指出，毕达哥拉斯定理（勾股定理）和黄金分割"是几何中的双宝，前者好比黄金，后者堪称珠玉"。历史上最早正式在书中使用"黄金分割"这个名称的是欧姆（Martin Ohm，1792—1872）。19 世纪以后，"黄金分割"的说法逐渐流行起来。

在相当长的一段时期里，人们非常崇拜黄金分割。比如，古希腊的许多矩形建筑中，宽与长的比都等于黄金比。其实，黄金分割很可能是由作图问题引出的。

有意思的是，优选法中的"0.618 法"与黄金分割紧密相关。20 世纪 70 年代，这种方法经著名数学家华罗庚（1910—1985）的倡导在我国得到大规模推广，取得了很大的成果。

【课后习题】

如下图所示，乐器上的一根弦 $AB=80\text{cm}$，两个端点 A，B 固定在乐器板面上，支撑点 C 是靠近点 B 的黄金分割点，支撑点 D 是靠近点 A 的黄金分割点。试确定支撑点 C 到端点 B 的距离以及支撑点 D 到端点 A 的距离。

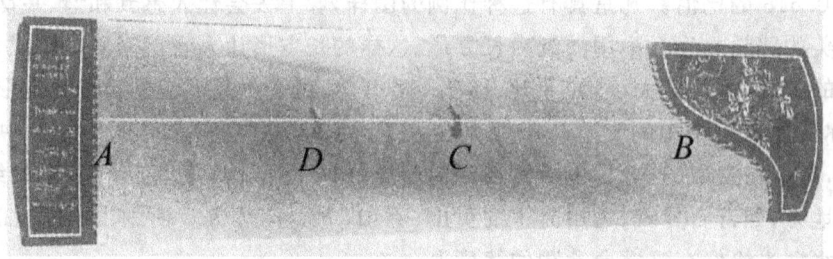

【思考题】

调查一下，在一排商业店铺中，处在哪个位置上的店铺生意最旺盛？

【活动评述】

本活动课构思较新颖，学生上网查找与黄金分割相关的内容，有效调动了学生自主学习的积极性。学生通过上网，所获得的相关知识会更广泛，认识也会更深刻。通过课堂的相互交流学习，对黄金分割的数学特征把握得更牢。

（深圳市南山实验学校初中部　李　群）

活动 3.15

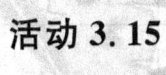

勾股定理活动设计

【设计理念】

勾股定理是平面几何中的一个重要定理，它揭示了直角三角形三边之间的数量关系，是解三角形的重要工具。由于勾股定理能把形与数密切联系起来，是数形结合的典范。它在理论上有重要地位，学好本节课至关重要。本节课我采用计算机多媒体辅助教学软件进行教学，整个过程都是在教师的启发、引导下，学生主动去发现问题，学生主动动口、动手、动脑，自己解决问题。整堂课视学生为课堂教学的中心，为学生创造了一个民主的、活跃的课堂教学氛围，既体现了课堂教学的针对性、活动性、开放性、选择性、合作性、生成性，又培养了学生的思维能力和创造意识，让学生生动、主动地学习。

【活动目标】

1. 知识目标。了解勾股定理的面积证法及其数形结合思想，理解和掌握勾股定理的内容及简单应用。
2. 能力目标。通过探究勾股定理的发现与证明过程，增强学生由特殊到一般的探究思维能力、逻辑推理能力。培养学生学习能力、思维能力和创新能力，以及动口、动手、动脑的能力。
3. 情感目标：

(1) 培养学生辩证思维能力及不断发现、探索新知识的精神，对学生进行爱国主义教育，激发学生的学习热情。

(2) 通过实际问题创设问题情景，利用计算机教学手段来激发学生的学习兴趣，给学生创造成功机会，使他们爱学、会学、学会。

【活动准备】

1. 天花板 4 块，天花板图形 1—2 幅。
2. 三角板两副，三角板的图形 1 幅。
3. 几何画板制作的图形文件和课件。
4. 每个学生课前应准备好四个大小一样的直角三角形硬纸片。

【活动过程】

教师活动	媒体使用	学生活动
复习提问： 1. 等腰三角形及等腰直角三角形的定义。 2. 等腰直角三角形的面积及边长为 a 的正方形的面积。	多媒体课件显示： (1) 等腰三角形 (2) 等腰直角三角形 (3) 等腰直角三角形的面积 (4) 边长为 a 的正方形的面积	思考后回答
A. 特例探究 1. 提出问题：从一个实际例子——天花板图样的一部分，抽象出几何图形——等腰直角三角形。	多媒体课件显示： (1) 天花板图样的一部分 (2) 等腰直角三角形	观察思考后抽象成几何图形
2. 抽象出几何图形：为了便于研究等腰直角三角形三边的数量关系，把天花板图样抽象成几何图形。学生观察分析图中有几种边长不等的正方形？	多媒体课件显示：几何图形 (1) 边长为 a 的正方形 (2) 边长为 c 的正方形 (3) 边长为 $2a$ 的正方形	分组讨论，并回答出边长不等的正方形面积
3. 引导学生从两种途径得到：$a^2+a^2=c^2$	多媒体课件显示： 边长为 c 的正方形面积 $4\times\dfrac{1}{2}a^2=c^2$ $\therefore a^2+a^2=c^2$	观察发现
途径一： 　　引导发现边长为 c 的正方形的面积，启发学生用"等积"的方法得： $a^2+a^2=c^2$		
途径二： 　　引导发现边长为 $2a$ 的正方形的面积，启发学生用"等积"的方法得： $a^2+a^2=c^2$	多媒体课件显示： 边长为 $2a$ 的正方形 $4\times\dfrac{1}{2}a^2+c^2=(2a)^2$ $\therefore a^2+a^2=c^2$	(1) 思考分析 (2) 得出结论： $a^2+a^2=c^2$
4. 量出三角板的各边长，进行计算，并判别 $a^2+b^2=c^2$ 是否成立？ B. 一般探究： 1. 猜想：对于任意的直角三角形是否有 $a^2+b^2=c^2$？	板书显示： $a^2+b^2=c^2$ 多媒体课件显示： 任意的直角三角形	猜想： $a^2+b^2=c^2$

续表

教师活动	媒体使用	学生活动
通过教学软件及计算,进一步验证只有直角三角形的三边才有这样的数量关系,其它三角形是没有的。	(1)要拖动各个顶点出现,各组都成立 (2)还要变成锐角和钝角三角形看是否成立	
2. 从特例启发学生用拼图的方法验证: $a^2+b^2=c^2$ 是否成立?	多媒体课件显示: 任意4个全等的直角三角形运用几何画板课件	四人一组拼图,拼成三个图形之一
引导学生拼图,总结和表扬优秀的同学,并请其演示拼图过程。	多媒体课件显示:拼成含有边长为 c 的两个正方形	
引导学生用面积法推出: $a^2+b^2=c^2$		分组讨论、演示、推导,总结出结论
3. 板书勾股定理的内容		用语言叙述
4. 爱国主义教育:在公元前1世纪,中国人发现了这个定理,在国外这个定理命名为"毕达哥拉斯定理"。毕达哥拉斯定理的发现比我国要迟好几百年。		受到爱国主义教育
C. 定理的简单应用: 1. 变式训练(交互式填空题); 2. 运用定理解决实际问题; 3. 学生分层练习; D. 小结:学生分组议一议,这节课我们学习了哪些内容? E. 布置作业		观察、分析图形,分组讨论,说出解题过程 小结:(1)勾股定理的内容;(2)应用勾股定理时的注意事项;(3)勾股定理的证明方法——面积证法

【活动评述】

这是平面几何中的一个重要定理。它揭示了直角三角形三边之间的数量关系,把形的特征——三角形中一个角是直角——转化成数量关系。

(1)本单元45分钟的时间比较紧张,安排要紧凑,否则就完成不了。

(2)在拼图前,学生的分组应注意优劣搭配。

(3)有85%的学生能掌握和应用勾股定理。

【课件链接】

1. 几何画板课件

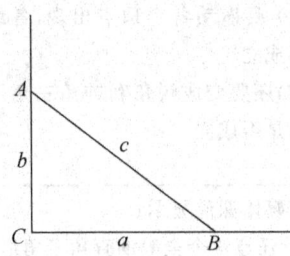

$m\angle ACB=90°$	
$a=4.02$ 厘米	$a^2=16.14$ 厘米
$b=3.03$ 厘米	$b^2=9.17$ 厘米
$c=5.03$ 厘米	$c^2=25.32$ 厘米
	$a^2+b^2=25.32$ 厘米
结论：$a^2+b^2=c^2$	

2. 图案

3. 图案

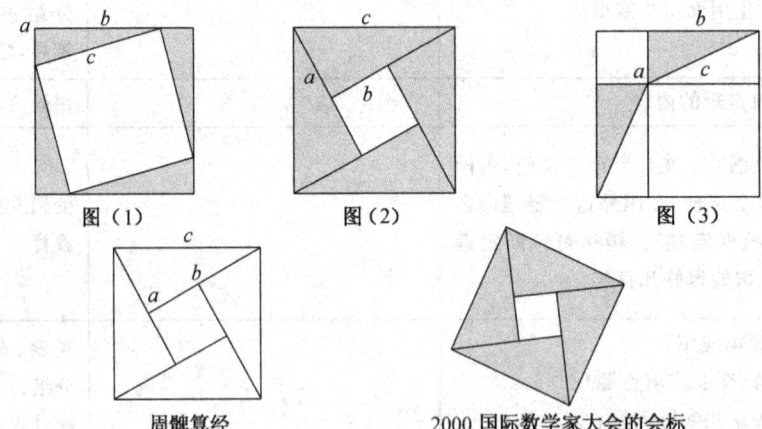

图（1）　　　　　图（2）　　　　　图（3）

周髀算经　　　　2000 国际数学家大会的会标

（深圳市蛇口中学　王　军）

活动 3.16

自 主 探 究
——能得到直角三角形吗

【活动课题】

勾股定理逆定理。

【设计理念】

通过对实际问题的探索和研究,体验勾股定理的探究活动,学生在这一环节中不仅要掌握相关的数学知识,还要培养实践能力与创新精神,体验知识在实际中的应用,体验数学的实用性,并敢于面对数学活动中的困难,从而树立学好数学的自信心。

【活动目标】

1. 通过问题的探究,发现勾股定理逆定理:所构造的三角形三边,满足 $a^2+b^2=c^2$,为直角三角形。

2. 能够掌握勾股数的一般规律,并且能够运用。

【活动过程】

"能得到直角三角形吗?"(华东师大版八年级上册)这一节,笔者是 2004 年 5 月初进行教学的,这一节内容是在学生掌握了勾股定理之后对它的逆命题进行探讨。通过大量的事例,教材采用了不完全的归纳方法得出了它的正确性,从而得到逆定理。现将上课的部分片断记录如下,以供探讨。

师:同学们,我们今天来做一个游戏,将你们准备好的细绳子用直尺量一量,然后第一组同学将绳子用小剪刀分成 5cm、11cm、12cm、13cm 四段;第二组同学将绳子分成 7cm、23cm、24cm、25cm 四段;第三组同学将绳子分成 8cm、13cm、15cm、17cm 四段。

(教师在黑板上写下了 5,11,12,13;7,23,24,25;8,13,15,17 三组数据。)

师:同桌之间,互相合作,检查一下这四段绳子的长度是否符合要求,看谁分得准确?

(严谨、认真,注重知识形成的过程。)

师:分别用这四段绳子首尾相连能组成多少个三角形?并量一量,每一个三角形中有没有直角?把结果记录下来。

(教师在各小组之间巡视。)

师:把所得的结果在组内互相交换一下,每组各派一名代表,说说你们测量的结果。

生1：我们围成四个三角形，这四个三角形中，有一个三角形的一个角是90°，三边是5cm，12cm，13cm，90°角是长13cm这条边所对的角。

生2：我们围成了四个三角形，其中边长是7cm，24cm，25cm的三角形中，边长是25cm的边所对的角是90°。

生3：我们也是。其中边长是8cm，15cm，17cm的三角形中，边长是17cm的边所对的角是90°。

（让学生将生活中的问题抽象成数学模型。）

师：各组的代表都回答得很正确。下面请这三名同学在黑板上用三角板分别画出各组的三角形。

（教师在黑板上对对应的数据作上了记号。）

师：从各组的结果上看，每组中均围出了一个直角三角形。同学们观察黑板上我做了记号的三组数据，对照图形看一看每组这三个数据间有没有什么联系，你发现了什么？

（各小组内互相探讨。）

生4抢答：$5^2+12^2=13^2$　　$7^2+24^2=25^2$　　$8^2+15^2=17^2$

生5：都满足$a^2+b^2=c^2$，即两边的平方和等于第三边的平方。

生6：如果三角形的三边长a、b、c满足于$a^2+b^2=c^2$，那么这个三角形是直角三角形。

师：如果三角形的三边a、b、c不满足$a^2+b^2=c^2$，想一想你们发现了什么？

（课堂立即平静了下来，学生思考后举手回答。）

生7：从我所测量的结果看，如果三角形的三边不满足$a^2+b^2=c^2$，那么这个三角形不是直角三角形。

（教师把生6、生7的发言结果写在了黑板上，并写上了满足$a^2+b^2=c^2$的三个正整数，称勾股数。）

师：大家认为这几个同学的发现对不对？

大部分学生：对。

（还有部分学生面带疑惑。）

生8：不一定。

师：这位同学对我们大多数同学发现的结果提出异议，很好。有关这个结论的论证请同学们课余查查资料，同学之间进行探讨。

（体现了教师的组织者作用，同时尊重学生的探究欲望，给学生留有进一步探讨的空间。）

师：请大家把今天所学的内容与前一节勾股定理的内容进行比较，有什么不同。

生9：把"如果……"与"那么……"的内容互相颠倒了。

师：古埃及人用13个等距的结把一根绳子分成12段，一个工匠同时握住绳子的第1个和第13个结，两个助手分别握住第4个结和第8个结，拉紧绳子，就会得到一个三角形，这是一个什么三角形呢？

生10：直角三角形，它的三边满足$3^2+4^2=5^2$。

(让学生感悟到数学来源于实践,反过来也为实践服务。)

师:同学们已经明确了什么是勾股数,下面请你们举出一些常见的勾股数。

生 11:3,4,5;5,12,13;11,60,61。

生 12:7,24,25;8,15,17;9,40,41。

生 13:3k,4k,5k……

(教师把学生所说的结果写在黑板上。)

师:黑板上的都是勾股数吗?

生 14:生 13 所说的不是勾股数。

(此时,同学们露出了疑惑的神情。)

师:为什么?

生 15:虽然它满足 $a^2+b^2=c^2$,但是,当 $K=1/2$ 时,$(3/2)^2+2^2=(5/2)^2$ 不都是自然数。

师:那么以 2,3/2,5/2 为边的三角形是直角三角形吗?

生 13:是。因为 $(3/2)^2+2^2=(5/2)^2$,即三角形两边的平方和等于第三边的平方,所以它是直角三角形。

(学生不再是简单的知识的接收者,而是知识的发现者,这正体现了新课标的教学理念。)

……

在上面的教学过程中,学生动手实践,互助探索,合作交流,老师只是起了参与者、引导者的作用,课堂气氛严肃而活泼,老师把握了让学生探究问题的空间,又让学生了解了直角三角形的判定,达到了预期的效果。

【活动评述】

本节活动课的设计,在教师的引导下,让学生做游戏,探究问题的主体,经历、体验、感受知识形成的过程,然后逐步递进,采用"问题情境——建立模型——求解——拓展"的方式进行探讨,通过学生自主学习、观察、探索,由此发现规律,让每一位学生得到发展。

在教学中,如何让学生自主探究,作者把握住了以下几个方面:

1. 合理地使用教材,精心组织问题情境。

2. 要有探索问题的空间。

3. 要给学生充分的互助探究的时间和互相交流的空间。

本节活动课设计中,通过让学生把个别探究与合作交流结合起来,从而为学生提供了探究的时间和交流的空间,让每一位学生都得到了不同程度的发展。

(中央教育科学研究所南山附属学校 何建康)

第四部分

数学活动中教师应是组织者、引导者、参与者,创设情景、创造条件,使每位学生都成为积极参与者、有效参与者与核心参与者。

活动 4.01

你会拼三角形吗?
——探索三角形三边关系

【设计理念】

由于实践活动内容设计必须建立在学生的认知发展水平和已有的知识经验基础之上,所以这项动手实践活动安排在对三角形基础知识的回顾之后。

实践活动主要淡化了对三角形三边关系的理论知识学习,更侧重于通过学生的动手操作,在与他人合作探索的过程中体会三角形的三边关系,使学生在自主探索和合作交流的过程中,真正成为获取知识的主体。也真正让学生做到:在动手中感知,在分析中总结,在合作中结晶,在交流中升华。

【活动目标】

1. 通过实践活动,亲身体验三角形的三边关系这一知识的形成过程;在自主探索过程中,真正理解和掌握如何判断三条线段能否组成三角形。
2. 通过实践活动,学会与他人合作交流,并在合作交流中获得广泛的数学活动经验。

【活动准备】

实践活动以小组合作学习形式进行,所以每个小组需要提前准备以下材料:

(1) 6根长度不一的KT条(或细木条)(注意:长度分别为1,2,3,4,6,7个单位)。

(2) 大头针一盒(或胶带一卷或502胶水一支)。

【活动过程】

一、活动前

本次活动是我在一节公开课中的一段真实的经历。

活动以小组合作学习的形式展开。在实践活动开始前,学生回忆了在小学时学过的三角形的分类。针对老师提供的三角形,学生很快找到了答案。但是这时一个学生很快又有了新的看法。

学生说:"我发现这些三角形中,有的三边长度相差不大,有的三边长度相差却很大。所以我把三边长度相差不大的分为一类,相差较大的分为另一类。"

听到这位学生的回答,作为年轻教师的我,虽然在公开课前准备得很充分,但是我和别的学生一样还是被这样的答案弄蒙了。不过我很快感觉到这个答案帮了我的大

忙。在听课老师还没有反应过来之前,我笑着走下讲台,说:

"刚才这个同学发现了这样一种规律,给了我们一种全新的启示,不过同时也给我们提了一个新的问题,那就是,是不是长度随意的三条线段都可以组成一个三角形呢?"

顿时,学生私底下开始议论,有的说可以,有的说不可以。同学之间开始互相反驳。

这时,我走到了他们中间,说:"到底长度随意的三条线段能不能组成一个三角形呢?下面我们以小组合作学习的方式,完成下面的实践活动内容。"

二、活动中

学生还没有等我说完活动的各项要求,他们已经开始了自己小组的合作学习。为了达到较好的合作学习效果,我也陆续向学生提出了一些要求。

学生合作学习需要素材及实践必须完成的各项内容见附件。

三、活动后

在学生通过自己动手实践、小组合作交流学习并得出结论后,为了让学生能学以致用,我在教学中设置了一些有梯度的练习题。这样学生在实践中找寻规律,从而获得了新的知识,最终又将知识在实践中加以应用。

【活动评述】

关于三角形的三边关系这一内容的学习,如果仅仅停留在说教式的教学方式上,学生是难以理解的。本活动通过设计让学生实际"动手拼三角形",让学生在操作的同时填写实验报告单,从而逐步领悟其中的规律。这样就较好地突破了难点,使学生在动手实践的平台上自主建构新知识。在这一活动过程中,学生也自然地发现了如何判断三条线段能否构成三角形的方法。

善于利用学生的疑惑,巧妙地引入探索活动,激发学生的思维,这也是在课堂上灵活处理问题的一种教学智慧。面对新课程理念下的开放式课堂,经常出现无法预料的状况,显然对教师是一种挑战。

创造性地使用教材,积极开发利用各种教学资源为教学服务,极大地提高课堂教学效率,是这次活动的主要特色。另外,通过对教材内容的相应调整,有效地实施分层教学,让每一个学生都有成功的学习体验,使得学生学习数学的自信心得到了较好的培养。

(北大附中深圳南山分校 黎治国)

数学实践活动
——合作学习作业纸

第　　组组长：

组员：

时间：

实践活动要解决的课题：

活动的实践材料：

(1) 6 根长度不一的细木条或 KT 条(长度分别为 1,2,3,4,6,7 个单位)；

(2) 大头针一盒或胶带一卷或 502 胶水一支。

实践活动的步骤：

(1) 在 6 根细木条中，随意选择 3 个，进行拼接，并完成下列表格：

(注意：确定能否组成三角形后，记录好这 3 根细木条的长度并填写在相应的位置)

能组成三角形

序号	相应的 3 根木条的长度
1	
2	
3	
4	
5	
6	

不能组成三角形

序号	相应的 3 根木条的长度
1	
2	
3	
4	
5	
6	

(2) 观察上述两个表格中的数据，你能发现什么规律？

(1) 能组成三角形的各组数据中，
(2) 不能组成三角形的各组数据中，

(3) 通过数学实践活动，我们得到的结论是：

你会拼三角形吗？

活动 4.02

一次方程(组)在生活中的运用

【活动简介】

很多学生在学习了一元一次方程和二元一次方程组后,都存在一个疑问:有些问题可以用一元一次方程来解决,有些可以用二元一次方程组来解决,而有些两者都可以用。到底怎样合理有效地利用一次方程这个工具来解决问题呢?为了解决学生提出的这个疑问,并让学生进一步体会到一次方程(组)在生活中的广泛应用,培养学生运用一次方程(组)解决问题的能力和信心,我设计了这样一堂活动课。

【设计理念】

让学生感受到一次方程(组)在生活中的广泛运用,培养学生运用一次方程(组)解决实际生活问题的能力,以及养成主动探索、合作交流的良好学习习惯。

【活动目标】

学生通过对在生活中遇到的实际问题的探讨,能熟练地选择运用一次方程或方程组解决问题。

【活动准备】

将全班同学分成八个小组,每个小组分别收集生活中遇到的、自己感兴趣的、能用一次方程(组)解决的问题,并做成课件,上交给老师。

【活动过程】

一、创设情景,引入课题

教师:"首先欢迎各位领导、老师光临指导。本来今天应该是个高兴的日子,但是老师遇到了一件烦心事⋯⋯"学生纷纷露出关切的神情。

教师用投影仪把问题展示出来:

刘老师 2003 年 3 月份在诚品雅筑买了一套 88.9 平方米的商品房,今年 5 月份准备装修。现在有名匠、满堂红两个装修队提出了两种装修方案:

方案一:若请两个装修队同时施工,合作 8 天,需付两个装修队费用共 3520 元;

方案二:若先请名匠装修队单独做 6 天,再请满堂红装修队单独做 12 天,需付两个装修队费用共 3480 元。

如果名匠队单独完成需 25 天,满堂红单独完成需 50 天,那么刘老师单独请哪个装修队所付费用最少?(两队都按天收费)

这是一个贴近学生生活、学生熟知的问题,能够很快激起学生的探求欲望,他们马上动手帮助教师解决问题;要知道到底请哪个装修队合算,就要求出每个装修队收费标准怎样,可以根据已知条件列二元一次方程组来解答,很快得出了答案。

在学生的积极性已经调动起来以后,教师随即提出了新的问题:

刚才这个问题可以用一元一次方程来解决吗?如果可以,那么用一元一次方程解决和用二元一次方程组解决有什么区别和联系呢?到底用哪种方法好一点呢?是不是所有的问题都可以用两种方法去解决?

面对教师提出的一连串问题,学生一下子陷入了沉思。

二、展开活动,探索规律

教师:为了研究这个问题,我们现在来做一个活动。

学生又开始活跃起来了。

教师:前几天布置了每个小组的同学去收集生活中遇到的、你所感兴趣的、能用一元一次方程或是二元一次方程组解决的问题。今天我们就通过解决这些你们自己收集到的问题,来理解和掌握一次方程或方程组的知识。

投影仪展示出游戏规则:

老师以抽签的形式选取其中一个小组所收集的问题,其余七个小组的同学进行抢答,由在最短时间内解出答案的小组推荐代表解答(设出未知数并列出方程或方程组即可),并由收集该问题的小组成员评定答案是否正确。如答案正确,则答对问题的小组得十分,并由该小组挑选其所收集的问题供其余七组的同学解答,依此类推;如答案错误,则由其余六组继续抢答,直至正确解答该问题为止。游戏结束时,各小组以得分高低排序,前三名为优胜组。

教师补充道:"在进行游戏的过程中请同学们考虑我刚才提出的那些问题,特别是出题的同学要想办法考考回答问题的同学,看看谁先回答出我的问题,给相应的小组加分。"

由于是比赛,学生的情绪更加高涨起来,个个跃跃欲试。

教师首先抽到的是第二组,于是首先由第二组的代表上来提问:

甲、乙两人骑自行车从相距 60 千米的两地相向而行,经过 2 小时相遇。已知乙的速度是甲的速度的 2 倍,求甲、乙两人的速度。

问题一提出,每个小组开始迅速解答,第八小组的周苑第一个把手高高举起来,他抢得发言权并上台说出了自己的解答过程(用实物投影仪展示出来):

设甲的速度是 x,乙的速度是 y,则由已知得:

$$\begin{cases} y = 2x \\ 2x + 2y = 60 \end{cases}$$

教师问:"大家看看他的解答过程,有什么不妥的地方吗?"

"设未知数要写上单位。""没有写解。"

"很好!"

第二组同学马上又问:"还有什么方法吗?能不能用一元一次方程来解?"

周苑毫不犹豫地回答:"可以。"并给出了解答:

解:设甲的速度是 x 千米/小时,则由已知,乙的速度是 $2x$ 千米/小时,故

$$2x+2\times 2x=60$$

教师问:"第二小组的同学对他的解答还满意吗?"

大家都为周苑的精彩解答鼓掌表示赞许。根据比赛规则,轮到第八组同学提问:

两名运动员在 400 米的环形跑到上练习跑步,甲的速度比乙快,当他们都从某地同时出发,背向跑步时,每隔 40 秒相遇一次;同向跑步时,每隔 400 秒才能相遇一次,你能求出这两名运动员的跑步速度吗?

这次是第三小组的谢菲同学最先抢得发言权,他的解答是:

解:设甲的速度是 x 米/秒,乙的速度是 y 米/秒,则由已知得:

$$\begin{cases} 40(x+y)=400 \\ 400(x-y)=400 \end{cases}$$

"你能用一元一次方程解答吗?"

谢菲想了想说:"老师,好像这道题不能用一元一次方程来做。"

"是不可以吗?"教师问。"或者我们先把这道题放一放,再看看其他的问题,能不能在其中找到答案。"

接下来由第三组同学提问:

有人在林中散步,无意中听到几个强盗在商量怎样分配抢来的布匹。若每人分 6 匹,就剩下 5 匹;每人分 7 匹,就差 8 匹,问强盗几人,布匹多少?

第四组的邓博云进行了抢答:

解:设强盗 x 个,布匹 y 匹,则有:

$$\begin{cases} 6x+5=y \\ 7x=y+8 \end{cases}$$

"你能用一元一次方程解答吗?"同学们异口同声地问。

邓博云又给出了另外一个解答:

解:设强盗 x 个,则由已知得:

$$6x+5=7x-8$$

三、反思总结

看到学生掌握情况还不错,教师终止了比赛。

"为什么有些问题可以用两种方法解答,有些又有点困难呢?用二元一次方程解答和用一元方程解答有什么区别和联系?"教师再一次提出了问题。

这次学生们不再沉默,纷纷举起了手:

"我喜欢用一元一次方程解,因为只有一个未知数,只要解一个方程。"

"但是有些问题用一元一次方程来解的话,不容易找到数量关系,像刚才的第二个问题。"

"我认为用二元一次方程组解答更简单,题目当中的数量关系更加明确,又不容易出错。"

"我觉得要看题目当中有几个未知数,如果有两个未知数就用二元,如果只有一个未知数就用一元。"

……

看到学生们你一言、我一语,已经差不多讨论出问题的本质的时候,教师说道:"下面请几位同学总结一下用一元一次方程或二元一次方程组解决实际问题的区别和联系,以后遇到这些问题我们要注意些什么。"

一位平时极少举手的同学站了起来:"我觉得一元一次方程和二元一次方程组都是解决生活问题的好方法,如果题中只有一个未知数就用一元一次方程,有两个未知数就用二元一次方程组。但是有些题中用二元一次方程组,能更加简单明了地表示出题中的数量关系,所以有时候更简单一些。"

大家都若有所思地点头,这时下课铃声响了……

【活动评述】

老师抓住学生在学习中存在的疑难问题,及时设置解决问题的活动课程,体现了新课程教学尊重个性差异的要求。在教学过程中,老师是学生学习活动的组织者、协助者和参与者,还学习的主动权给学生,改变了传统的教学方式、学习方式;体现了老师教学观念的更新,注重了学生自主思考、探究能力的培养,为学生的后续学习和发展奠定了基础。

(北京师范大学南山附属中学　刘素丹)

活动 4.03

多边形内角和公式的推导

【设计理念】

在本课教学中,力图贯彻启发式的教学思想,激发学生的学习兴趣和热情,让学生积极主动地参与课堂活动,在学生已有的认知基础上,通过问题情景、引导分析、探索和解决问题,形成学生新的认知结构。同时,让学生通过动手实践,经历数学知识的形成与应用过程,提高他们的数学分析和应用能力,体验成功的感受,培养他们学习数学的兴趣和方法。

【活动目标】

通过多边形内角和公式的推导过程,让学生了解类比、归纳的数学思想,掌握化归的数学推理方法,进而培养学生由具体到抽象的归纳概括能力。

【活动准备】

几何画板制作的课件、表格纸、n 边形若干(每人准备一种三张,$n=4,5,6,7$)、量角器、剪刀。

【活动过程】

一、将多边形转化为三角形

师:首先,请大家回忆三角形的内角和是多少。

生:$180°$

师:那么,四边形的内角和是多少呢?你能不能想办法把它的内角和计算出来?请你们利用手里的工具,计算出四边形的内角和。

学生(动手、动脑尝试并自由发言)可以利用量角器量角,可以用剪刀把四边形剪成三角形,画线将四边形分为三角形。

师:很好,大家都会利用手里的工具,概括我们已经知道的知识来解决这个问题。请大家思考一下,如果问题更加复杂,需要我们求五边形、六边形、七边形甚至更多的多边形内角和,这些方法都行得通吗?如果可行,你认为哪种方法最好、最为简单?

让学生进行自由的思考、发言,老师可以参与其中共同探讨,逐步启发,最后归纳得出:通过对角线把多边形划分为三角形,利用三角形内角和来求多边形的内角和。

注意:

1. 鼓励学生利用已有的知识来解决问题。

2. 让学生呈现利用学具进行操作、思考、解决问题的方法的多样性，保证学生主动探索的时间、空间。

3. 体现"有方法、方法多、方法好"的教学层次。

二、多边形内角和公式的推导

师：我们知道可以通过对角线把多边形划分为三角形，进而可以求出多边形的内角和。请大家依照刚才进行的过程，将计算结果填入下面的表格，并在四人小组内交流你的做法。

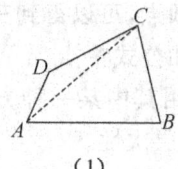 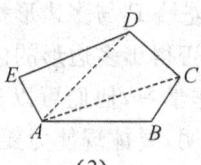 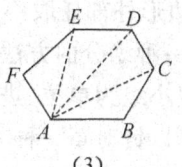

　　　　(1)　　　　　　　　(2)　　　　　　　　(3)

多边形的边数	4	5	6	7	……	n
分成的三角形个数					……	
多边形的内角和					……	

说明：在这个过程中，会有如下情况出现：

1. 学生对如何作对角线来分割多边形有了更明确的了解：用过一个顶点作对角线的方法来分割多边形。

2. 有学生会发现更多的将多边形分割为三角形来求内角和的方法。

学生完成以后，老师给出正确答案，并进一步引发学生思考。

师：四、五、六、七边形内角和有什么关系？你能猜想出 n 边形的内角和公式吗？请说明你的猜想依据。

经过学生小组讨论，老师可以选派学生代表发言。

生：我们发现有如下规律：

1. 当多边形的边每增加 1 的时候，内角和就会增加 $180°$；

2. 通过画对角线来分割三角形，分割后三角形的个数始终比多边形的边数 n 少 2。

由此可知：n 边形的内角和就是三角形的内角和 $180°$ 乘以可以分割的三角形的个数 $(n-2)$。所以，n 边形的内角和公式是 $180°×(n-2)$。

师：很好，大家都能通过分割的方法把多边形划分成若干个三角形，利用三角形的内角和公式来求多边形的内角和，然后从特殊多边形归纳出一般多边形的内角和公式。这种方法在数学上叫做"化归"，是一种重要的数学思想方法，在我们以后的学习中会经常用到。

注意：

1. 通过填表便于学生寻找规律，发现内在联系，进一步可做出猜想；

2. 通过类比归纳，完成从特殊到一般的认识，体现数学认识的一般过程。

三、思维发散

师：在我们对多边形进行划分三角形的过程中，很多同学发现了各种不同的方法，下面请同学上台，把自己不同的划分方法在黑板上画出来。

老师可以让几个有代表性的画法在黑板上展示，并对其他不同的画法给予指导加以肯定。这部分内容学生活动要多些，老师应让学生的智慧得到充分的释放，达到互相观摩、启发的效果。最后，老师进行适当的总结并展示几何画板的相关课件：

1. 过边上一点 P，连结点 P 与多边形的每个顶点，可以得到三角形；

2. 在多边形内部任取一点 P，连结 P 与多边形每个顶点，可以得到三角形；

3. 在多边形外部任取一点 P，连结 P 与多边形每个顶点，可以得到三角形。

师：对每一种划分的方法，你能否得出多边形的内角和公式？

让学生以小组为单位，进行合作学习，他们可以只应用其中某一种方法来说明，能力强的小组可以针对每一种方法说明，要体现能力要求的层次性。

在学生合作完成以后，并与其他小组进行交流。

多边形的边数	4	5	6	7	……	n
分成的三角形个数					……	
多边形的内角和					……	

【活动反思】

在上面这个活动过程中，有学生出现了如下问题：

1. 分割后三角形的个数分辨不清；

2. 分割后所有三角形的内角和并不一定等于多边形的内角和，实际是没有考虑到多算出的角；

3. 得到的多边形的内角和公式和上面推导得到的内角和公式形式不同。

但是，这些问题通过争论都可以得到解决。

（深圳市南山实验学校初中部　刘　静）

活动 4.04

你发现了吗？

——关于等腰梯形活动课的设计

【设计理念】

《数学课程标准》强调教师应激发学生的学习积极性，向学生提供充分从事数学活动的机会，帮助他们在自主探索和合作交流的过程中真正理解和掌握基本的数学知识与技能、数学思想和方法，获得广泛的数学活动经验。学生是数学学习的主人，教师是数学学习的组织者、引导者与合作者。

本节课的教学，是在学生已有知识的基础上，创设情景，产生认知欲引导学生观察思考、讨论交流、归纳总结，分析应用。在活动中向学生渗透转化思想，让学生在交流中找到解决问题的途径。

【活动目标】

1. 学生参与简单的猜测活动，初步感受等腰梯形的性质。
2. 使学生通过自主探索、合作交流等活动明确等腰梯形的性质。
3. 能应用等腰梯形的性质来解决简单问题。

【活动准备】

每位同学准备一个等腰梯形的纸片、刻度尺、量角器。

【活动过程】

活动一　认识体验

请一位同学以梯形身份（拿着梯形）自述：大家好！你们认识我吗？我是梯形家族的一个成员，因为我两腰相等（抖动两腰），所以大家都叫我等腰梯形。作为梯形家族的一个特殊的成员，你们知道我有哪些性质吗？（以拟人化的手法引出重点，一方面是想激发学生兴趣，另一方面也想让学生明白，图形也与我们人类一样，有着各种不同的关系，而每个图形自身也有自己的特征。）

活动二　猜测验证

大家都在凝神思考。

"等腰梯形是一个很规则的图形,看起来很漂亮。"一个同学小声嘀咕了一句。"什么呀,用数学语言来讲,那叫对称。"他旁边的同学更正他。

(平时,我经常提醒他们要使用数学语言来描述数学。)

"好,刚才已经有两位同学揭开了等腰梯形神秘面纱的一角,谁能把他们的想法用一句话总结出来。"我提出问题。

"等腰梯形是一个对称图形。"一个同学答。

"请注意语言的严密性,它是什么对称?"我进一步问。

"噢,等腰梯形是一个轴对称图形。"他赶紧补充了一句。

"非常好。"我把他的猜测写在了黑板上,并提出了下一个问题:"你们能用自己手中的梯形验证他的结论吗?等腰梯形还有其他的性质吗?请大家思考两分钟,然后小组讨论。"

(提出问题后,学生独立思考,然后再小组交流,是让他们先有自己的观点,然后在合作交流中完善自己的思维,从而得到提高。)

同学们都在想,有的开始摆弄起手中的梯形来。过了一会儿,教室里热闹起来,大家你一言、我一语,争着发表自己的观点。最后声音渐渐小了,时机已到,我问道:"下面请小组代表发言,哪组先来?"

坐在第一排的一个小女生被她们组的成员推了起来。(回答问题时可以不举手,是希望他们自己能把握机会,敢于发表自己的看法,同时增强他们的竞争意识。)

"等腰梯形是轴对称图形,因为对折后两边能重合。"她把手中的梯形折了一下。

"还有对称轴呢!"这个小组的另一同学小声提醒她,"它有一条对称轴,对称轴就是两底中点的连线。"

(完整地表述自己的观点是我对他们的一贯要求。)

"说得非常好,你能面向大家,把你的做法演示出来吗?"我及时鼓励她。她的脸一下子红了,转过身来,低着头,我把她的手举高,演示了她的做法(见图1)。还未等我说话,同学们就已经用热烈的掌声来支持她了。

有了良好的开端,课堂气氛活跃起来。"哪一组还有新发现愿与大家共享呢?"我问。

"我们发现等腰梯形的两个角相等。"另一个小组的代表也不示弱,抢答道。我挥挥手,示意他到前面来。

(到讲台上面向大家陈述自己的观点也是我经常使用的方法。)

他走上讲台,把手中的梯形对折后,指了指梯形的两个下底角,然后回座位了。"等腰梯形的两个角相等。"我轻轻重复着他的话。"有补充吗?"他们小组的另一名成员赶紧站了起来:"是等腰梯形的两个底角相等。"

"还有不同意见吗?"我拿着梯形纸板,指了指上下两个不同的底角问道。旁边组的一个同学站了起来:"等腰梯形在同一底上的两个角相等。"他大概预习了,回答得很完整。

我把这条性质也写在了黑板上(见图2),转身问道:"刚才的小组是通过对折后同一底上的两个角能重合来得到这一结论的,还有其他方法验证此结论吗?"

"老师,我们组是用量角器度量后发现它们相等的。"我肯定了他们的想法,并表扬了他们。

"等腰梯形还有其他的性质吗?"我为学生们的表现感到高兴。他们也热情高涨:"我们发现等腰梯形的对角线相等。你看对折后,上下两部分都能重合。"(见图 3)"我们是用刻度尺度量后得到这个结论的。"……同学们反应热烈,争相表述自己的观点,等腰梯形的性质被大家一一找了出来,甚至有的同学还得到了等腰梯形不同底上的两个角互补等结论。

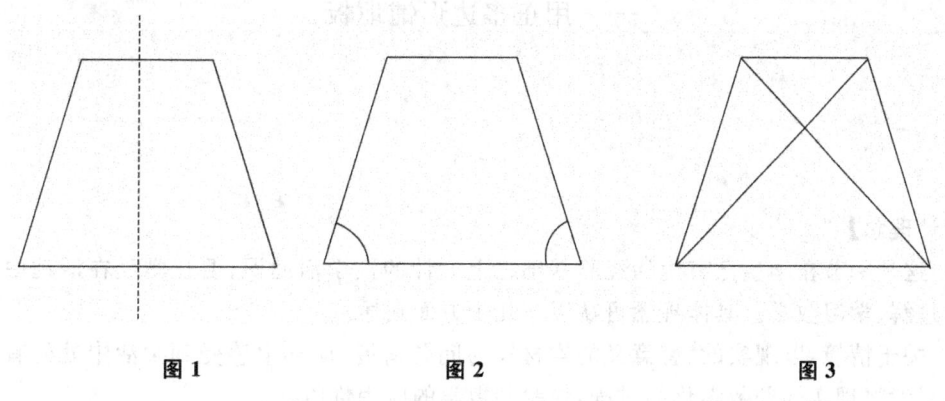

图1　　　　　　　图2　　　　　　　图3

活动三　实践应用

利用等腰梯形的性质来解决一些与梯形有关的问题,并向学生渗透转化的思想。教学过程略。

【相关问题】

在本课的教学中笔者遇到了这样几个问题:① 在探索等腰梯形性质的过程中,如果让学生预习,就会限制学生的思维;究竟要不要预习? ② 在学生自主探究的过程中,个别学生缺少积极性,他们认为事实就是如此,不必探究,如何调动全体学生的探究积极性,为他们提供更广阔的探究空间? ③ 在小组探究时,有些同学能力较强,有些能力相对弱些,如何照顾到这种差异?

【活动评述】

有效的数学学习活动不是单纯地依赖模仿与记忆,动手实践、自主探索与合作交流是学生学习数学的重要方式。这是课改后与传统教学最大的不同之处。本课通过教师的精心设计,让学生经历观察、实验、猜想、交流、表述等数学活动过程,自己发现并探讨知识,充分调动了学生学习数学的主动性。与传统教学相比,学生兴趣浓厚,参与意识增强,在获得知识的同时也发展了思维,形成了一定的技能。

(深圳市桃源中学　费秀凤)

活动 4.05

你会铺地砖吗?
——用正多边形铺地板

【设计理念】

这是一节在学生已有生活经验基础之上设计的数学活动课,要让学生在活动中认识、理解、学习数学。具体理念可从以下几个方面阐述。

关于情境:以现实的、有意义的素材作为问题情境,使学生感受到生活中处处有数学,思考将现实问题数学化的过程,体验到数学的应用价值。

关于实验:电脑给学生一个实验现实情境,给学生一个探索的空间,使学生能够真正地在"做"数学,在做的过程中,学生经历了知识的形成过程,能更好地学习数学、理解数学,从而体现了学生的主体作用。

关于学习方法:有效的学习不再是单纯的模仿和记忆,而是一个主动实验、积极思考、踊跃交流和富有个性的过程。学生采用"自主探索——合作交流——问题解决"的小组方式进行学习,就是有效的学习方法。

【活动目标】

1. 在实验与探究的学习活动中,使学生认识到正三角形、正方形、正六边形能够铺满地面,并能理解其中的道理。
2. 培养学生动手操作、自主探索、合作学习的能力。
3. 通过观察、实验、归纳、推断等学习活动,使学生体验数学活动充满着探索性和创造性,进而培养学生学习数学的兴趣,增强学好数学的自信心。

【活动准备】

六台电脑、相关实验软件、计算器。

【活动过程】

一、用什么样的地砖呢?

上课之后,我首先展示一些生活中的地砖图片,并让学生讲一讲在生活中在什么地方见过这样的图片,还能举出哪些例子(学生畅所欲言,谈到公园甬路、人行路、大厅等)。老师深入引导,以小亮家的装修为例,引出小亮能用哪些正多边形地砖来铺设大厅呢,请同学们帮助。

这样一个身边的问题,顿时使学生"吵"了起来。"正三角形可以"、"正三角是可以,但你见过吗？我们的地面是正四边形"、"对,正四边形最好铺"、"正五边形可以,公园的小路就是一个例子"、"正五边形不可以,是正六边形"……

　　这时,我让学生安静下来,提出一个问题:大家的想法都很好,但你能知道其中的道理吗？为什么有的正多边形可以,有的就不行呢？(学生或在思考或在窃窃语……)请同学们带着问题去"拼一拼"。(用电脑实验)

　　二、必须要铺满吗？

　　学生在实验的基础上,在交流的过程中,在老师的点拨下,认识到正三角形、正四边

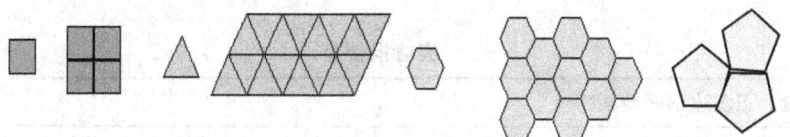

形、正六边形可用来铺地板,而正五边形等则不可以,正当我满意于学生的活动结果时,一位平时非常肯钻研的学生举起了手,当时我想,他又有什么问题了,我叫起了他:"你有什么高见？"

　　"老师,我认为正五边形也可以用,你看,这些都是正五边形,中间的空处种上草,既美观又省材。"

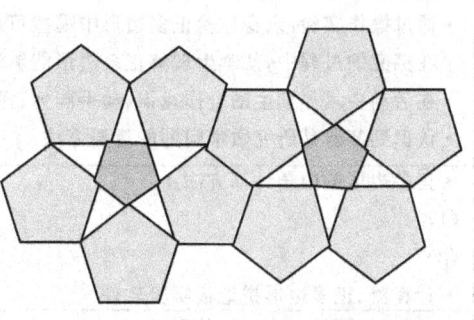

　　"是啊,我们在停车场、公园所见到的不都是这样的吗？"他的问题似乎使学生发现新大陆一样,纷纷表示赞同,有的又举出了下面正八边形与正四边形及正六边形和正三角形组合的新例,认为其中的正四边形和正三角形可以种草。怎么办？

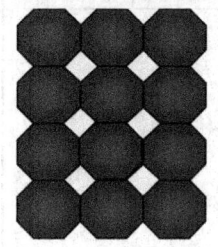
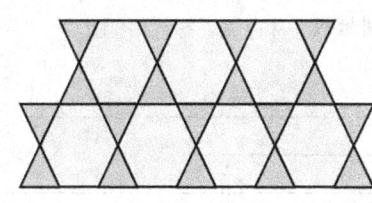

原来的设计全乱了,先让学生去回答吧！我心中暗想,于是我向全班问道:"这个方案究竟可不可以呢？""可以！""不可以！"班中分成了两派。一位持否定态度的学生说:"这个方案是很美观,但不符合能铺满的要求。"两方同学就"铺满"的问题各持己见,争论不休。

　　下课时间到了,我让同学静下来,指出这位同学的设计很美观,想法很有新意。不同意的同学讲的也有道理。但我们是借助于这个问题研究其中的数学道理,学习知识。在生活中,哪一种情形,都是可以的。课下,大家可以"地砖的数学"或"地砖的设计"为题写出你们的心得。

【活动反思】

　　通过学生的亲身实践、小组的交流讨论,学生对正多边形铺地板的问题有了深刻的认识和理解。在得出结论的同时,又不局限于题目的要求,创造性地提出了新的设计方

案,学以致用,使数学回归到了现实生活,这是我们数学教学中要注意的问题。

【活动评述】

"用正多边形拼地板"的学习,是一节活动课。老师通过精心设计,引导学生在现实情境中进行了一系列的探索,这是一堂典型的"做数学"的好课。新课程理念强调"有效的学习"不再是单纯的模仿和记忆,而是一个主动实验、积极思考、踊跃交流和富有个性的过程。可以说老师在这节课中较好地处理了"有效学习"的问题,使学生在实验、交流、讨论、说理、构建模型的过程中,逐步自主探索,自我建构了知识,从而很好地突出了重点,突破了难点。

附:

实验报告册

探究课题:正多边形拼地板
组长:XXX 小组成员:XXX、XXX、XXX……
·通过操作实验,亲身体验正多边形中哪些可用来拼地板,加深对正多边形的认识;   ·在探究的过程中,使学生理解正多边形能够铺满地面的道理;   ·在活动中培养学生的合作意识、动手能力、探究精神;   ·认识到实验是研究数学问题的重要方法。
·正多边形的内角计算方法: (1)   (2)
·计算器、正多边形拼地板实验软件

实验一:对同种正多边形的研究

·计算下列正多边形的内角

3	4	5	6	7	8	9	10	11	12

·利用软件进行实验,用同种正多边形拼地板

·总结:

(1)能用来拼地板的正多边形有:＿＿＿＿＿＿＿＿＿＿

(2)不能用来拼地板的正多边形有:＿＿＿＿＿＿＿＿＿＿

·结论:＿＿＿＿＿＿＿＿＿＿＿＿＿＿＿＿＿＿＿＿＿＿＿＿＿

·小组交流、讨论、说理

概括:围绕一点拼在一起的几个同种正多边形的内角加在一起恰好组成一个周角时,就拼成一个平面图形。

数学模型: 同种正多边形个数 × 同种正多边形内角度数 = 360°

实验二:对多种正多边形的研究

- 学生用实验软件对多种正多边形拼地板的问题进行实验
- 实验结果:哪些正多边形的组合可用来铺地板:

(1) _____   (2) _____

(3) _____   (4) _____

- 你的理解

多种正多边形能够铺满地面所要满足的条件:_____

哪些正多边形可组合在一起拼成地板？拼成什么图案的地板？

满足的条件:_____

_____。

- 作品:

（北大附中深圳南山分校　唐立伟）

活动 4.06

拼图的乐趣
——勾股定理活动课案例

【活动内容】

用猜想、验证的方法揭示勾股定理的存在,用拼图的方法说明定理的正确。

【设计理念】

让学生在课堂上通过特例猜想、验证揭示出勾股定理,再通过研究一些拼图,使学生根据自己的一些拼图的启示,设计出探索拼图的方案,然后利用求面积的方法说明勾股定理的结论正确。

【活动目标】

1. 通过经历探索勾股定理及验证勾股定理的全过程,发展学生的合情推理能力和平面推理能力;
2. 使学生初步接触和体会数形结合的思想。

【活动准备】

先让学生课前上网查阅、收集勾股定理的有关资料,了解勾股定理的一些历史及其应用、趣闻。

【活动过程】

一、用猜想、验证的方法揭示勾股定理

投影:图是用正方形瓷砖拼成的地面图,请学生观察图中阴影画出的三个正方形,看看它们的面积之间有什么关系?

学生通过观察很快得出:两个小正方形的面积的和等于大正方形的面积。

即 $A^2+B^2=C^2$

设问:这个式子中的 A、B、C 是等腰直角三角形 ABC 中的两直角边和斜边,这个式子恰好说明了什么?(两直角边的平方和等于斜边的平方。)

探究:在一般直角三角形中,两直角边的平方和是否也等于斜边的平方呢?

(幻灯 P_{100} 的图形。让学生进行小组探究、合作交流,回答 P_{100} 的填空,从而回答提出的探究问题。)

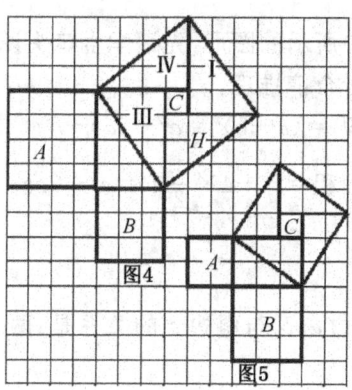

（图中每个小方格代表一个单位面积）

学生在探究时，可能首先会想到用数方格的方法求出各正方形的面积，也有可能会想到用割补的方法或旋转的方法求出以斜边为边长的正方形面积。

教师在巡视的过程中可给学生适当的提示：

$4 \times \frac{1}{2} \times 3 \times 4 + 1 = 24 + 1 = 25$ 或 $7^2 - 4 \times \frac{1}{2} \times 3 \times 4 = 49 - 24 = 25$。

通过探索，学生会发现：在一般直角三角形ABC中，三条边BC、AC、AB的长度之间存在着关系式：$BC^2 + AC^2 = AB^2$。

再请学生在自制的方格纸中做一做：用直角三角尺画出两条直角边分别为5cm、12cm的直角三角形，然后用刻度量出斜边的长，并验证两直角边的平方和是否等于斜边的平方？如果两直角边的长分别为6、8，那么是否也有上述结论？

（量出斜边是13cm，验证：$5^2 + 12^2 = 169$，$13^2 = 169$，即$5^2 + 12^2 = 13^2$，这就是说：两直角边的平方和等于斜边的平方。此时也可顺便告诉学生勾股数之说。）

通过由特例的猜想、验证揭示出勾股定理：

两直角边的平方和等于斜边的平方。

即：对于任意的直角三角形，如果它的两直角边分别是a、b，斜边是c，那么一定有$a^2 + b^2 = c^2$。

二、用拼图的方法说明勾股定理的正确

前面我们用猜想、验证的方法说明了勾股定理的存在。勾股定理是几何中一个非常重要的定理，它曾引起很多人的兴趣。长期以来，人们对它进行了大量的研究，也找到了许多不同的证明方法来证明它的合理性，其中包括大画家达·芬奇和美国的一位总统詹姆士·阿·加菲尔德的证明。这些证法中大多是用几何拼图的方法，结合图形的面积来说明结论的正确的。

下面请同学们发挥自己的聪明才智，也来用拼图的方式说明勾股定理的结论正确。

首先，请同学们拿出准备好的纸片、直尺、小剪刀，剪出四个大小相同的直角三角形。

然后让学生动手把所剪的四个大小相同的直角三角形进行拼图，看能否拼成一个大正方形？若能，又如何求出所拼得的正方形的面积？

（分成6个学习小组进行探索、交流合作；两人分别在投影仪和黑板上演示拼图情形）

如果学生拼出如下图(1)所示的图形，先请学生口头说出这样的正方形面积有几种方法可求，然后引导学生进行合情推理：

一方面，大正方形的面积 $=(a+b)^2=a^2+2ab+b^2$

另一方面，大正方形的面积 $=c^2+4\times\dfrac{1}{2}ab=c^2+2ab$

∴ $a^2+2ab+b^2=c^2+2ab$

即：$a^2+b^2=c^2$

（Rt△ABC中的两直角边a、b与斜边c的关系是：两直角边的平方和等于斜边的平方。）

即勾股定理结论正确。

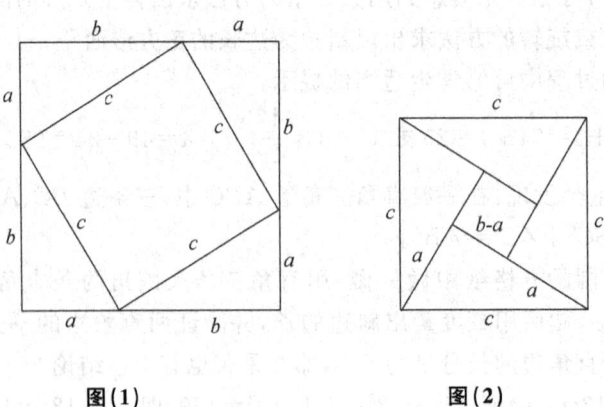

图(1) 图(2)

如果学生拼出如图(2)所示的图形（待学生拼出图形后，可放课件上此拼法的各种动态的画面让学生观察，找出求大正方形面积的不同种方法），先由学生试着推理后，再由教师注意点评，合情推理：

∵ 大正方形的面积 $=c^2$

又∵大正方形的面积 $=(b-a)^2+4\times\frac{1}{2}ab=b^2+a^2-2ab+2ab=a^2+b^2$

∴ $a^2+b^2=c^2$

这也说明了勾股定理的结论正确。

乘着学生探究兴致正浓时,让他们在网上查得美国总统对定理的证法的同学把所查的资料用放幻灯放出:将两个大小相同的直角三角形拼成图(3)所示的梯形,能否利用梯形的面积说明勾股定理的结论正确呢？请同学们动手证明看看。

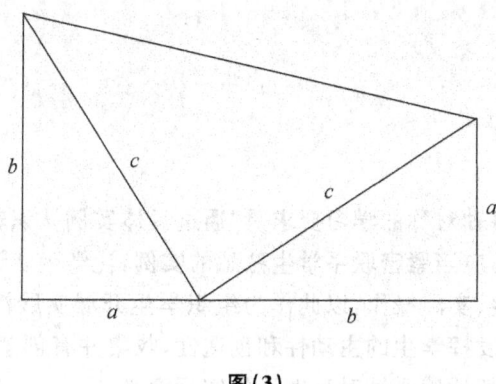

图(3)

学生自由探讨,得出推理过程：

∵ $S_{梯}=\frac{1}{2}(a+b)(a+b)=\frac{1}{2}(a^2+2ab+b^2)$

又∵ $S_{梯}=\frac{1}{2}ab\times 2+\frac{1}{2}c^2=\frac{1}{2}(2ab+c^2)$

∴ $a^2+b^2=c$

这种拼图方法也再次说明了勾股定理的结论正确。

用拼图的方法说明勾股定理的结论正确,也许远不止上述我们探究的几种,同学们如有兴趣,课后再上网查查这方面的资料,还可继续进行探索。

【活动评述】

关于勾股定理,按传统的教法,就是把书上所给的两种用正方形的面积法表示的图形,通过代数恒等变形得出定理 $a^2+b^2=c^2$ 的。而本活动采取了一系列的合作探究的方式进行活动教学,在整个学习活动中,学生自始至终经历知识的发生、结论的探究的过程,从而培养了学生观察事物、动手操作、合作交流、创新探究、主动学习数学知识的能力。原本枯燥乏味的定理课,经过学生猜想、讨论验证、拼图说明等,变得丰富多彩了,课堂气氛变得活跃了。如果辅以一些相关的自制教具进行讲解和教授,可能会比投影演示取得更好的效果。

(深圳市桃源中学　李启先)

活动 4.07

生活中的轴对称

【设计理念】

新数学课程标准对轴对称的学习要求是"通过具体实例认识轴对称,探索它的基本性质"。在实际教学中,应当紧密联系学生熟悉的实例,让学生认识"生活中的图形特征及其变换",并加以观察、实际操作,以此作为组织学生开展实践活动的主要方式,配合计算机辅助教学,充分发挥学生的主动性和创造性,收集并有创意地设计漂亮图形。在这些活动中,让学生真切地感受轴对称图形的实际意义。

【活动目标】

通过观察图形、实际动手操作,认识轴对称图形,理解并掌握轴对称图形的根本特征。通过图形的翻折实验,让学生能直观地得出轴对称的基本性质,经历观察发现、归纳总结、实际操作、探究认知的学习过程,培养学生观察问题、分析问题和解决问题的能力,进而提高学生学习数学地兴趣和热爱生活的情感。

【活动过程】

一、激发兴趣,设疑导入

1. 出示两幅学生作品:

引导学生观察、比较:这两幅图存在什么异同?哪一幅更贴近生活?

通过观察学生发现:第一幅图实际生活中较少用。因为这幅图的左右两边大小不一样,不整齐,不对称。而第二幅图更加贴近生活实际,因为两边的图形一模一样,整齐对称。

2. 出示课题:"轴对称图形"。

电脑演示蝴蝶、凯旋门、加拿大国旗和京剧脸谱四幅图(见下图),引导学生观察图形的特点。通过让学生观察色彩鲜艳的蝴蝶图、凯旋门等导入新课,既激发了学生浓厚的学习兴趣,又为新知识作好了铺垫。

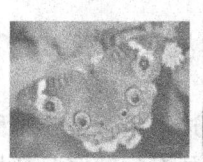   

二、指导观察,认识特点

通过电脑演示,让学生进行观察,发现这些图形的共同特征:沿着某一条直线对折,直线两旁的部分能够完全重合。

为了进一步巩固学生对轴对称图形的本质特征的认识,教师一边进行演示操作,一边进行讲解说明。

三、动手操作,形成概念

老师进行电脑演示,让学生同步进行模仿操作。

先把一张长方形纸片对折;在折好的一侧,画出一个你喜欢的图形;把它剪下,再把纸打开,注意观察,你可以得出什么结论?

经过前面的观察、认识过程以后,学生很容易得出:

折痕两侧的图形完全重合,进而引导学生概括出轴对称图形的概念并认识对称轴。

一个图形如果沿某条直线对折,对折的两部分能够完全重合的,这样的图形称为轴对称图形。

四、发挥联想,加深认识

引导学生从近至远地由教室而联想到现实生活中轴对称图形的实例:

教室内:黑板,课本,国旗中的五角星……;生活中:……

(老师可以通过给出一些示例,对学生进行引导,共同讨论,形成互动。)

问题:观察下列各种图形,判断是不是轴对称图形。

说明:要判断一个图形是不是轴对称图形,关键是看是否存在某一条直线,沿着这条直线对折,图形在直线两侧的部分能够完全重合。

在学生回答完此题后,可以引导学生对与我们天天打交道的数字的对称性进行思考,进一步联想到字母、单词和汉字……如:

阿拉伯数字:1,2,3,4,5,6,7,8,9,0

印刷体大写字母:A,B,C,D,E,F,G,H,I,J,K,L,M,N,O,P,Q,R,S,T,U,V,

W,X,Y,Z
大写英文单词：BEE,BIKE,BOOK……
印刷体汉字：一，口，田，由，甲，申……
……

五、及时巩固,探究规律

在学生完成了对轴对称图形和图形的对称轴的认识以后,可以进一步探究正多边形的对称轴条数和正多边形的边数之间的关系。

问题：正三角形、正方形、正五边形、正六边形……正多边形是否是轴对称图形？它们的对称轴的情况如何？圆是否是轴对称图形？它的对称轴情况又如何？

老师注意引导学生归纳出正 n 边形有 n 条对称轴,如下图所示：

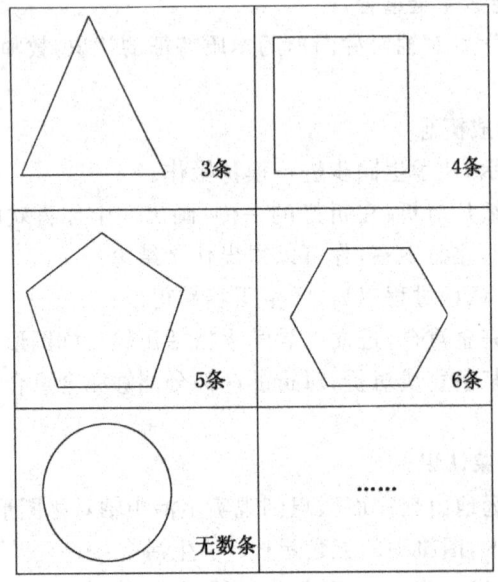

六、类比,迁移

以上我们研究了一个图形具有轴对称的性质,在生活中还有许多图形也具有轴对称的性质。电脑演示两只小狗的图片,引导学生观察图形特点。举出生活中类似的例子。

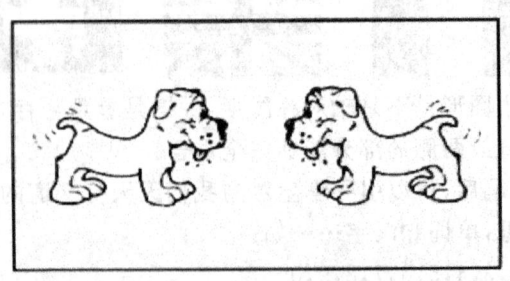

电脑操作让一个图形沿中间的直线翻折,观察发现：这个图形和另一侧的另一个图

形完全重合,从而引导学生概括出两个图形关于轴对称的概念并认识对称轴和对称点。

一个图形如果沿某条直线对称,和另一个图形是完全重合的,这样的两个图形称为两个图形成轴对称。两个图形中的对应点(即两个图形重合时互相重合的点)叫做对称点。

老师电脑演示,让学生进行模仿操作。

先在一张长方形纸一侧滴上几滴墨水;

再把长方形对折,把纸打开,让学生观察。

结论:折痕两侧的墨迹完全相同。

(加深学生对两个图形成轴对称概念的认识。)

老师进行电脑演示:如何找对称点、对称线段、对称角。

(老师适时的讲解,辅以电脑形象的演示,加上学生的动手操作,使学生的脑、手、耳处于同步的刺激和兴奋之中,有利于学生观察、理解能力的提高和记忆的形成,是教育心理学反映出的认知规律在实际中的具体应用。)

七、活动总结

轴对称与轴对称图形是两个不同的数学概念,它们之间既有共同点,又有区别:

共同点:①都是对称图形;②都有对称轴;③有相同的对称性质。

区别:①关于某条直线对称的两个图形,是就两个图形说的;轴对称图形是就一个图形说的;②轴对称图形有时有多于一条的对称轴。

【活动评述】

轴对称和轴对称图形是初中数学中概念性较强的内容,在传统教学中大多由老师进行讲解传授,学生被动接受,结果常常出现概念混淆、效果不佳的情况。而本活动课的设计,是在新课程理念下,教师改变传统的教学模式,结合现代信息技术进行的教学革新,变教师的讲授为学生力所能及的活动,让学生在活动中体验数学概念的形成,这样既可以提高学生学习数学的乐趣,也有利于培养学生观察、理解和创新的能力。

(深圳市荔香中学　陈扬彬)

活动 4.08

生活中的轴对称之美初探

——《生活中的轴对称》活动课案例

【设计理念】

体现教师帮助学生在自主探索过程中积累数学活动经验,真正理解和掌握基本的数学知识;体现引导学生分析和研究活动中出现的种种现象,并加以整理和组织的过程;体现数学与信息技术整合的教与学的方法;体现教学中尊重学生个体差异,以及多样化的学习需要等等。

【活动目标】

欣赏生活中的轴对称图形;能够找到轴对称图形的对称轴;能利用轴对称图形进行图案设计。

【活动准备】

1. 预习课本,收集轴对称图形的图案。方式可以是 Word 文档、Powerpoint 幻灯片、图片等。
2. 懂得初步的网络知识(能够在互联网上有目的地查找)。
3. 会利用计算机的画图功能。
4. 剪刀、纸。

【活动地点】

多媒体网络教室。

【活动过程】

一、创设情境,美在我们眼里

"哇!好美啊!"

伴随着悦耳的上课铃声,同学们走进教室,当他们看到大屏幕上的九寨沟镜海以及水中的倒影时,不禁发出这样的赞叹。

在师生互相问好之后,我开始引入了这堂课的学习。"同学们,数学之美是无处不在的,今天让我们走进数学之对称美的世界中吧!在小学,我们对轴对称图形已经有了初步的认识,谁愿意把昨天收集的轴对称图形的资料展示给大家?"

话音未落,大家争先恐后地举起了手,看得出,大家很想把自己的"劳动"成果展示出来。

下面简要叙述同学们的展示过程：

洪君敏："蝴蝶是轴对称图形。这是我去青青世界的时候买的蝴蝶图片，大家看，它们的翅膀多漂亮啊！"他一边说，一边把图片传给大家看。

李正："我爷爷很喜欢京剧，我发现京剧脸谱也是美幻绝伦的轴对称图形。这是我在网上收集的京剧脸谱。"我把视频切换到该同学的电脑上，大屏幕上展现出一张张生动活泼的脸谱。

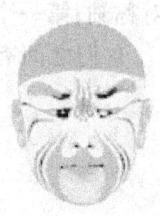 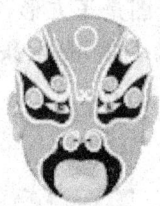  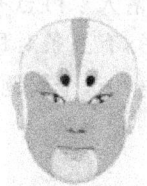

肖舒元："许多建筑都利用了轴对称。看，这是我在网上收集到的图片，先看看北京的故宫吧！特别宏伟，特别壮丽，她的整个建筑格局是轴对称的。……"

许多同学还举出了天平、螃蟹、蜻蜓等例子。

二、动脑动手，美在我们手里

1. 欣赏之余。

"那么，这些图形有哪些共同点呢？"

"对折以后能够完全重合！"我话音未落，平时喜欢发言的张澍就迫不及待地回答。"有哪位同学能够做补充吗？"我启发着。张文君回答："准确地说应该是，沿着某条直线对折以后能够完全重合。"我肯定了她的回答："是的，如果一个图形沿某条直线对折，对折的两部分是完全重合的，那么就称这样的图形为轴对称图形，这条直线叫做这个图形的对称轴。"

我趁热打铁，提出下面的问题："是不是每个轴对称图形都只有一条对称轴呢？"

"不一定……。"

"我觉得是……。"

大家小声嘀咕着。

2. 动手探索。

"让我们用事实来回答。请你们用一张半透明的纸描出右侧的星形图，然后用不同的方式对折，用直尺画出折痕，看看这颗星有多少条对称轴。"

"12条！"平时反应比较快的张帆抢答。而绝大多数同学已经开始动手了。他们把事先准备好的纸覆盖在课本上，细心地描着，然后用剪刀把描出的图案剪了下来，开始折了起来。我发现细心的同学把折痕用铅笔描绘出来。"6条！"大家不由自主地把自己得到的结论说了出来，并开始把自己的"杰作"给大家传看，教室里变得吵闹起来。

在肯定了他们的答案之后,我随即提出了下面的问题:"你们想不想利用电脑绘制轴对称图形?"

"想!"异口同声的回答代替了吵闹,教室立刻安静下来,取而代之的是一双双好奇的眼睛。"其实非常简单,对你们这些电脑高手来说简直是小菜一碟。不过我们要先看看下面的图形分别有几条对称轴。"为了使吵闹的教室安静下来,我只好吊了一下他们的胃口。

他们顺利地回答了我的问题。

"请大家再思考一个问题:下图中的第三个图是正方形,有四条对称轴;第一个图是五角形,有五条对称轴;刚才制作的心形图有六个角,是六条对称轴。它们之间有必然联系吗?这个问题留给大家课后思考。"

3. 电脑绘制。

"下面我们来自己设计轴对称图形的图案。"

我简要地叙述了一下如何利用电脑的画图板工具画图:① 画出图形(如半只蝴蝶);② 选中,复制,粘贴;③ 水平翻转;④ 移动到合适的位置。

"大家可以合作完成,也可以独立完成,下面开始设计图案吧!"我话音一落,同学们便开始移动着鼠标。此时,教室里只能听见鼠标微小而密集的喀嚓声,大家专注地看着自己的电脑屏幕……不久,一幅幅美丽的图案便出现在同学们的电脑上。我忍不住发出了这样的赞叹:"如果不是亲眼看到,真的无法相信你们能够在这么短的时间内绘制出如此美丽的图案!"我让大家把作品保存到我指定的文件夹之后,便随机选出几幅作品展示给大家看:

大家一边欣赏,一边评价,下课的时间快到了。

我最后总结道:"同学们,今天这堂课我们欣赏了美丽的轴对称图形,并学习了轴对称与轴对称图形,而且能够找出一个轴对称图形的对称轴,今天的作业很富有挑战性。"大屏幕上出现了今天的作业:我是小小命题人。

三、出题测试,美在我们心里

我是小小命题人

要求:学习小组合作完成。每组出 10 个问题(平均每人 2 或 3 个)。内容与轴对称及轴对称图形有关。形式可以是 Word 文档,也可以是作业本。"我们会把大家出的题目保存在你们的电子档案袋里,其中比较好的题目将作为校园网在线测试的资料。"

下课铃响了。我却没能离开教室,作品没有被展示的同学一定要把我拉过去,介绍着他设计的图案……

【活动评述】

本节课的成功之处:以多种方式呈现了教学内容,很大程度上调动了学生的积极性,学生能够主动参与到学习活动中;留给学生比较大的独立思考与探索的空间,充分发挥了大家的想象力;内容设计有一定的弹性,在设计轴对称图形的过程中,激发了每一个同学的学习欲望。

教师在教授过程中要着重引导学生弄清轴对称与轴对称图形两者之间的区别和辩证关系。学生课堂活动的时间较多,教师的课堂组织要收放自如。

(深圳市南山实验学校　姚慧玲)

活动 4.09

玩转七巧板
——数学活动课"有趣的七巧板"教学案例

【设计理念】
苏霍姆林斯基说过:"世界通过游戏展现在孩子面前,人的创造才能也常常在游戏中表现出来。没有游戏也就没有充分的智力发展。"利用七巧板这个有趣的益智玩具,充分体现"在玩中学,在做中学"的现代教学理念,发展学生的动手能力以及创造力、想象力,在综合实践的过程中渗透人文性的情感、态度、价值观教育。

【活动目标】
1. 培养学生对数学的兴趣。
2. 认识七巧板的构成,利用图形的拼接,发展学生的图形分割组合意识,空间观念。
3. 培养学生动手操作、自主探索、合作交流的意识。

【活动准备】
1. 每位同学一套自做的纸制彩色七巧板。
2. 白纸、胶水或胶带。
3. 预习课本上的阅读材料,动手拼拼书上的图案。
4. 上网搜索、浏览七巧板的相关网站,了解历史及相关知识。

【活动过程】
一、动画拼接引入
用多媒体动画课件演示七巧板的几幅漂亮拼图,引出课题。

二、认识七巧板
由学生汇报网上查阅到的七巧板是由正方形怎样分割得到的,直观演示分割过程,介绍七块基本图形及其相互联系,说说相关历史。学生发言,相互补充。教师利用课件演示,重点讲解组成七巧板的基本图形。

归纳出:一种面积(由分割一个正方形所得的结果,所有拼出的图形面积相同),三种角度($45°,90°,135°$),四种边长,五种形状(两大三角形,一中三角形,两小三角形,一正方形,一平行四边形。简称:两大,一中,两小,一方,一斜)。

学生操作:基本图形间的相互组合又可拼出哪些基本图形。教师电脑演示。

三、小组拼图比赛

教师在大屏幕上打出七幅已拼好的只有轮廓线的图形,每组抽取一幅,小组合作快速拼接,然后再完成剩下的图形,在一定时间内拼出最多的为胜。

规则:每一块都必须用到,且只用一次,边边相接或边角相接,没有缝隙,不能重叠。

注意:每一组的同学可分工协作,将完成好的图形粘贴好,每完成一幅图,要善于积累和总结经验,并进行反思。完成后在黑板上或投影上展示。

四、讨论交流

每组同学之间交流拼图感受,获胜的组发言。教师稍作点评。

五、巧编故事

每组学生合作,将刚才七幅图连起来编成一个故事,看哪组更具有想象力和创造性。学生展示完后,教师可联系"渔夫和金鱼"的童话故事,锦上添花。

六、七巧板图案大赏

教师打开相关网站(或同学们课前找到的网上图片)给予集中展示。并结合图片简要介绍九巧板、十巧板,以及国外七巧板。

七、创新设计大比拼

每组同学根据前面的欣赏,激发灵感,设计创新图案,然后展示,评选最佳设计。

八、小结,作业布置

(学生自己总结本节课的收获和体会。)

选做:

1. 2008年的"奥运会",2010年的"世博会"都将在中国举行,你能为此次盛会用七巧板设计一枚会标吗?说不定你的创意会被组委会采纳呢,你和你的作品将走向世界!

2. 用几副七巧板,设计一套简单连环画,然后编一个故事。

【活动评述】

素质教育的意义在于以学生的发展为本,把学习的主动权还给学生。学生的自主参与是本节课的最大成功之处。教师努力营造了一个有利于学生生动活泼、主动求知的宽松的学习环境,从学生的生活经验和已有的知识背景出发,向他们提供充分的活动和交流的机会,帮助他们在自主探索的过程中真正理解和掌握基本的数学知识与技能、数学思想和方法。把现代教育技术作为学习数学和解决问题的强有力工具,使学生将更多的精力投入到现实的、探索性的教学活动中,从而有助于学生主动地从事观察、实验、动手操作、推理与交流。

(深圳市荔香中学　陈文辉)

活动 4.10

瓷砖的铺设

【设计理念】

1. 从有趣的实际问题情景出发,让学生在轻松的环境中进入新知识的学习情景中来,使学生初步认识到数学与现实世界的密切联系,懂得数学的价值,形成"用数学"的意识。
2. 激发学生在现实情景中探索数学问题的兴趣,了解瓷砖铺满地面的奥秘。

【活动目标】

1. 了解能够铺满地面的图形有的是规则的,有的是不规则的;了解瓷砖铺设的一般方式及某些特殊情形。
2. 通过收集瓷砖的形状,整理各种铺设方法,探索其中的奥秘。
3. 学会从数学的角度提出问题、理解问题,培养学生运用数学知识分析问题、解决问题的意识与能力。
4. 经历合作与探索的过程,欣赏生活中丰富多彩的图形,体会数学的美,认识数学的价值。

【活动准备】

1. 每位同学分别准备 16 个形状、大小都相同的正三角形、正方形、长方形、正六边形、平行四边形、三角形及四边形纸板。
2. 收集不同形状、不同颜色、不同图案的瓷砖铺成的漂亮的地面或墙面的图片。
3. 上网收集有关瓷砖铺设的资料,打印出来,或者拷进磁盘中。

【活动过程】

一、交流展示

1. 首先,各活动小组内部展示小组成员收集到的各种不同形状、不同颜色、不同图案的瓷砖铺成的漂亮的地面或墙面的图片;然后,不同的活动小组之间相互传递、交流、欣赏,最后评出数量最多的小组予以表扬。

请数学课代表集中演示同学交上来的磁盘,通过电脑播放展示,师生一同欣赏各种图案,感受图形的美,老师注意对学生的学习态度、学习过程进行评价,对收集资料认真的同学及时予以表扬,保护学生学习数学的积极性。

2. 通过上面的活动,对能够铺满地面的图形的形状进行观察,看看发现了什么。请同学们把各自的发现在小组内进行交流。

结论:

(1) 铺满地面的图形绝大多数为同一种规则图形,如等边三角形、正方形、长方形、正六边形等(展示图形)。

(2) 有两种或两种以上规则图形组合在一起的,例如正八边形和正方形组合(展示图形)。

(3) 有一些是不规则图形,如公园里铺人行道用的砖,可以用任意的三角形或四边形。

二、动手操作

请学生拿出课前准备好的正三角形、正方形、正六边形及长方形纸板,拼出课本第42页图8.1.1中(1)(2)(3)(4)图。

拼完后互相检查,并思考问题:

这些图形是如何铺满地面的?即铺设方式有哪些?(小组交流、讨论)

结论:瓷砖铺设的一般方式是围绕多边形的某一顶点进行铺设,能够铺满地面的关键是在此顶点处形成360°的角;对某些特殊情形,如长方形(或正方形)等瓷砖的铺设,要做到无空隙、不重叠,实际上就是要满足上述条件,老师要注意给予说明、指导。

三、能力拓展

1. 与同学合作,用课前准备好的平行四边形纸板铺满桌面(学生可能提出多种铺设方法;可以围绕某一顶点铺满桌面;也可以用其他方法铺设,使接点处形成360°的角)。

注意到有些同学未带纸板,老师可以在课堂上介绍一种快速剪平行四边形的方法,以便使每个学生都能动手实验:

(1) 将一张长方形白纸对折四次;

(2) 在对折后的白纸上任意画一个平行四边形;

(3) 用剪刀剪下这个平行四边形。

这样可以得到16个形状相同、大小也相同的平行四边形来。

2. 请同学按照上述方法剪出16个形状大小都相同的三角形纸板,思考并操作:能否用它们铺满课桌面?如果能,有几种铺设方法?

(学生操作,小组讨论、交流)

方法一:把两个相同的三角形拼成一个平行四边形,进而运用上面的方法铺设。

方法二:把它们先绕某一顶点铺设,再沿接点铺设(长度相等的边靠在一起)。

结论:由于三角形三个内角的和是180°,是360°的约数,因此任意形状大小都相同的三角形可以铺满地面。

四、实验探究

再进一步思考:如果要你用形状大小都相同的一般四边形铺设地面,你能行吗?

在学生进行了一定的探索实践以后,老师可以告诉学生阅读课本第43的材料并仿照图8.1.2进行铺设。可以根据学生铺设的情况请一名同学上台演示。

说明:由于这个操作难度较大,如果学生操作确实有困难,老师应该给予引导,即将每个四边形相应的四个角分别标上∠1、∠2、∠3、∠4,试着将它们拼在一起,并且使长度相等的边靠在一起。

【活动评述】

在探索瓷砖的铺设活动过程中,注意培养学生的合作交流意识和一定的审美情趣,使学生进一步体会平面图形在现实生活中的广泛应用。探索多边形密铺的条件,发展学生的合情推理能力,在活动中培养学生观察、猜想、动手操作的能力,充分体现新课程的学生是数学学习的主人,教师是数学学习的组织者、引导者和合作者的理念。

(深圳市桃源中学 肖少庭)

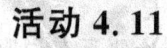

数据的收集

【设计理念】

数学教学活动必须建立在学生认知发展水平和已有知识经验的基础上,教师应激发学生的积极性,向学生提供充分的数学活动机会,在自主探索与合作交流中真正理解、掌握基本数学知识、技能、方法,获得经验。

【活动目标】

1. 了解数据是有用的,掌握数据收集的方法;
2. 能够进行简单数据的收集工作,并能学会初步的数据分析;
3. 让学生经历调查和收集数据的过程,体会数据在解决现实生活问题中的作用,激发学生学习和应用数学的兴趣。

【活动准备】

将学生分为八个小组,担当组长、操作员、记录员、监督员等不同角色;各组准备一枚一元硬币,并画好记录数据用的表格。

【活动过程】

一、问题的引入

上课了,望着略显疲惫的孩子们,老师故意大声地说:"通过这一段时间的学习,老师认为同学们最喜欢的科目就是数学,全体同学尤其喜欢我们刚刚学过的几何。"

话声一落,下面有的学生大声附和,有些则是面面相觑,苦笑着摇摇头,慢慢地在底下出现争论声,逐渐增大。

于是老师叫了一名学生,问有什么问题。他狡猾地说:"老师,我是非常喜欢数学,但是其他同学……"

老师又问道:"那如果想要了解有多少同学喜欢数学,该怎么办?"。

有许多同学大声说:"调查!"

老师听了之后不置可否,却又换了一个话题:"老师敢肯定,我们班所有同学最爱看的动画片是国产动画片。"

学生们听了一愣,一时不明白老师今天怎么尽说些没根没据的话,随即就喧哗起来,有些同学大声反对,有称喜欢日本的,有称喜欢美国的,有称国产的,进而争论开来,全班跟开了锅似的。

看到时机成熟,老师说道:"看来大家认为老师所说的话不合理,那么怎样才能知道一句话、一个判断合理不合理呢?"

"最好调查一下。"

"大家说得非常好,从刚才的情况来看,一个人说出的话、下的结论要具有说服力,首先就要进行调查。调查在数学上是从收集数据开始的,用数据来说话,才是最有说服力的。"

说完,同学们恍然大悟,原来老师是有备而来,这些都是挖好的"陷阱"。到了此时,大家精神振奋,疲惫一扫而光。

二、问题的解决

接下来,老师让同学列举实际生活中需要调查、用收集到的数据说理的例子。

很多同学想起班上前不久进行的班长换届选举,在这次选举中,两位候选人经过两轮投票,才最终得出结果,其激烈程度给人留下很深的印象。借此,老师接着说:"当我们要进行一项决策,要用科学的数据作为依据,而科学数据的获得,就要用科学的方法来收集,就我们的选举活动,请你说说如何收集数据。"

于是,课堂里再次热闹起来,很多同学争相发言,最后归纳出如下几条:

(1)明确调查问题——投票选举班长;

(2)确定调查对象——全班每位同学;

(3)选择调查方法——采用民主推荐的方法,每个同学投一票;

(4)展开调查——每位同学将心目中的班长名字写下来;

(5)记录结果——由一位同学唱票,一位同学计票(画"正"字),另一位同学在旁监督,记录到原始数据调查表中,最后由一名同学将原始数据记入统计表中。

(6)得出结论——得票数最多的同学当选班长。

三、探索与发现

在大家对数据的收集方法基本了解以后,老师又布置下面一个任务:

问题情境:我们班就要和别的班进行拔河比赛。比赛前双方队长要挑选场地,裁判拿出一枚硬币,用掷硬币的方式来决定谁先挑选场地。已知若掷出硬币正面向上由我方先挑,反面向上由对方先挑。请你来猜猜,最后是我方先挑场地,还是对方先挑?你能肯定你的结果吗?为什么?

问题一经提出,又引来一片争论声,但片刻后,大家都意识到要用数据来说话,就都蠢蠢欲动,要作调查。

于是,老师将全班分成八个小组,每组一枚硬币,掷 50 次,让他们自己去实际调查投掷硬币的问题。

这时只见教室里一片热闹景象,但又显得井井有条、按部就班,各组有掷硬币的、有记录的、有监督的,大家各司其职,这让老师心中暗暗高兴。

实验结果出来了,各组组长分别将本组数据填在老师事先在黑板上画好的表格中(见下表)。

结果 组别	正面	反面
第一组		
第二组		
……		
第八组		

通过所收集到的数据,大家纷纷表示,无法肯定我方是否能先挑场地,因为各组实验结果都不尽相同,说明我们掷硬币的结果是随机的,无法事先确定结果。

最后,结合这个实验,老师引出"频数""频率"两个概念,学生非常容易接受。

看着大家满足的样子,老师又提出一个问题:如果把表中的各组正面、反面的数据分别加起来,会有什么结果?

对于这个问题,大家都要求再试一试,老师把这个问题连同开始上课时提出的两个问题,一同作为作业留给同学们在课后解决。

一节课,就这样带着疑问与期待而结束。

【活动评述】

1. 在本节课中,开始所提出的几个问题以及选举班长,都是从学生已有知识经验出发,从而能引起学生强烈的反应,激发学生的学习兴趣,有助于正确理解收集数据的方法;

2. 数据在决策中有非常重要的作用,正因为此,收集数据是一项严谨科学的工作。可以结合开始所提出的问题,再举出相关实例,让学生体会到数据也有"好"、"坏"之分,有时能帮助人们做出合理决策,有时也会将人引入歧途。

3. 教师及时创设问题情境,组织学生进行自主探索与合作交流,通过充分的探究活动,用所学到的知识来解决问题,加深学生对所学知识的认识与理解。

4. 小组合作学习是新课程倡导的一种学习方式,与其他学习方式一样都是为了提高学生学习能力、学习兴趣,它们之间是多样性的统一,因此,小组合作学习的使用也有一定的适用范围。只有处理好它与别的学习方式之间的联系,选择合适的时机开展,才能更有效地发挥它的作用,使小组内每个成员都获得充分的发展。

(深圳市前海中学　王旭东)

活动 4.12

成功与失败

【设计理念】

数学知识来源于生活实践,又应用于生活、生产实际,因此利用活动探究教学,让学生自己提出问题并尝试自己解决问题的方法,可以逐步改变学生的学习方式,培养学生的创新意识和实践能力,通过活动使学生对本来枯燥的数学产生一种亲切感和真实感,突破教学的一般模式,这也是课程改革的基本理念。同时在活动过程中,学生思维多元化发展,淋漓尽致地展现自己的不同想法,使学生的数学思维得到较好的培养。

【活动目标】

1. 通过活动,培养学生发现知识、勇于探索的能力,以及动手能力。
2. 通过活动,培养学生实践能力和创新精神,发展学生思维,丰富他们的生活经验。
3. 通过活动,培养学生的合作意识及运用数学知识解决实际问题的信心和勇气。
4. 通过用直接经验的形式来掌握新知识、技能、技巧,培养学生科学的态度和坚强的意志。
5. 通过游戏活动让学生了解"玩中也有数学"。

【活动准备】

活动参加者:蛇口学校七年级(1)、(2)班。

活动时间:25 分钟。

将全班 48 人分成 8 个小组,每组选出一名代表担任小组长。

课前预习教材第 10 章第 4 节第 2 部分内容,并上网查寻概率。准备 8 副扑克牌、每人两个硬币、8 个直径 35cm 的塑料盆。

【活动过程】

为了能完成以上活动目标,设计了五个环节。

一、创设情境

师:下列事件是什么事件?

1. 瓜熟蒂落。
2. 明天会下雨。
3. 掷一枚均匀的硬币,掷两次都是正面朝上。

生：不确定事件。

师：一件不确定事件在一次实验中发生的可能性多大呢？下面我们来玩游戏。

二、活动实践

游戏一

把一副扑克牌背面朝上，随意打乱摊开，请问：你有把握只摸一次就摸到一张方块的扑克牌吗？如果不能，大约要几次才摸到一张方块扑克牌？把方块换成"5"呢？换成"王"呢？试一试，看需要几次。

游戏规则：① 每8人组成一组；② 把一副扑克牌背面朝上，随意打乱摊开放在桌面上；③ 同组的8位同学每人抽一次，抽过的每张牌每次要放回。

游戏结果：一般有下面两种结果：

1. 没有抽到方块；
2. 抽到方块。

【感　想】

同学们学习的数学应当是生活中的数学，是学生"自己的数学"。数学来源于生活，又必须回归于生活。现实性的生活内容，能够赋予数学足够的活力和灵性。对许多同学来说，扑克游戏是最为时尚的内容，因此，也最具有现实性。这样的内容，有趣而受欢迎。而且学习的同时，同学们也感受到了玩中学的乐趣，增进了对数学价值的认识——通常情况下，像这类扑克牌之类的游戏的成功率是事件中扑克牌的张数与扑克牌总张数的比。同学们还说出了"通过计算得到的结果不一定与每次实验的结果相吻合"的原因，令人惊讶不已！

游戏二

小组合作，做一做抛掷两枚硬币的游戏，每人各抛10次，一位同学抛的时候，另一位同学帮着记录实验结果。看看不确定事件"出现两个正面"在你们的实验中各成功了几次。

过程：

1. 采取正确抛的方法，将硬币掷在塑料盆中，每人10次，并且小组长记录好结果。
2. 小组长将结果输入电脑，形成条形统计图。
3. 各组分析数据和图形，得出各自的信息。

结果：

学生得到了众数、平均数、中位数的信息，得到了成功率的数据，掌握了成功率的图形分析，知晓了"常赌必输"的人生真谛。

【感　想】

通过对不确定现象的反复实验、观察、收集、整理、分析、猜测，同学们已经发现：从表面上看不确定现象发生与否有随机、不可测的一面，但其背后却存在着一定的规律。伟大的物理学家牛顿说过：没有大胆的猜测就没有伟大的发现！

三、学生展现自我，畅所欲言

生1：不管怎样，每一次能得出哪个数据都是不可预知的。

生2：虽然每次取出的数据是未知的，但是每个数据被取到的可能性是均等的。

生3：表格中的频数肯定是一个大于或等于0的整数，而且频数之和肯定等于实验的总次数。

生 4：表格中的频率肯定是一个介于 0 和 1 之间（包括 0 和 1）的有理数，而且频率之和为 1。

生 5：我觉得，出现两个正面的可能性为 25%。

生 6：不会吧：我们周围好多小组的实验结果并非如此呢！

（众生议论纷纷、争执不已。）

四、教师释疑

1. 一般情况下，不能以某一次实验中随机事件的成功率作为这件随机事件的成功率。

2. 一件不确定事件的成功率在两人或多人的实验中结果不一样是正常的。

3. 通常情况下，实验次数越多，其结果所显示的成功率就越接近，也就越精确。

五、学生总结

1. 一件不确定事件的成功率有趋于稳定的特点，我们用平稳时的成功率表示随机事件发生的机会。

2. 通过实验感受成功率的"先波澜起伏，后风平浪静"的特点。会求出不确定事件在实验中的成功率。

【活动评述】

本节课的设计是让学生在游乐中获取新的数学知识，进一步理解成功与失败的几率、频率和频数。

创设问题情境，是数学课改十分强调的理念之一。选用学生喜爱的扑克牌、掷硬币等等真实的数学实践活动提供众多有趣且富有数学含义的问题让学生亲身经历，这样，有助于展现数学与现实生活及其他学科的联系，突出数学化的过程。

另外，通过数学活动，学生所获得的答案将是丰富的。在最后交流归纳时，他们感觉到，自己在活动中"研究"的成果，对最终形成规范、正确的结论是有贡献的，从而激发他们更加注意学习方式和"研究"方式。这也是对他们从事科学研究的情感态度的培养。

【相关链接】

参考《在线课堂》伍鹏主编，华东师大版数学实验教材七年级（下）数学教材。

（深圳市蛇口中学　樊　静）

活动 4.13

位置的确定

——图形与坐标(1)的教学活动设计

【设计理念】

1. 体现教学活动真正面向学生,真正以学生为学习主体的理念。
2. 借助初中生单纯、好表现、不服输、团队荣誉感强的特点,激发学生在群体活动面前调动所有的学习潜能,积极地投入到理论知识的学习和实际问题的解决当中去。
3. 通过学生在生动的学习和实践中,产生自主获得知识的快乐和在解决问题后同伴、老师的认可、欣赏中获得身心方面的满足,增强学习数学的兴趣和自信。
4. 训练学生的社会学习能力,包括协作、沟通、评价和语言表达能力。
5. 借助问题情景,适当进行德育方面的教育。

【活动目标】

1. 掌握确定平面内点的位置的两种常用方法——方位法和坐标法。
2. 能灵活运用所学知识,现场编排有关位置确定的问题场景,并能选择恰当的方式确定位置。

【活动准备】

直尺、量角器、各种地图、电脑、投影仪、座位表等。

【活动方式】

1. 分组。将全班 42 人均分为 6 个小组,每组 7 人,以小组为单位开展学习和竞赛活动,各组选一名组长协调组内各项活动的顺利开展,并负责记录和监督各组的得分。
2. 课堂教学小组场地安排示意图:

第三组	第六组
第二组	第五组
第一组	第四组

讲台

3. 各组根据老师在引导活动过程中提出的问题进行抢答；各组根据老师布置的任务，各显其能，自创符合任务要求的问题情景，并提出问题，由学生点名要求其他组的某同学进行回答，但不能总提问该组前面已回答过问题的同学(除非组内同学都已轮过)，否则，扣提问组的分数。抢答同学也不能是前面回答过问题的同学，但可做本组的补充回答。这样做旨在让每位同学都能积极参与到学习、思维和活动中去，防止总是几个固定爱发言的学生一言堂的现象。若被提问组同学在限定时间内(一分钟)不回答或回答错误，可由其他组的同学抢答，活动中凡能正确回答问题、提出问题、纠正问题的组均能加一次分数。反之，扣该组一次分数。分数标准是各组在开始时都有 60 分的基本分，以后每次加 10 分一次，反之扣 10 分一次，上不封顶，60 分以下为不及格，并记录在案。对于不及格组要求课后认真整改，并声明若在今后的课堂活动中连续两次不及格，将取消一次参与课堂活动的机会，只能当旁观者。而对于每次活动中取得前三名的小组及时给予大、中、小的红星奖，以此记录作为学期末评价考核的依据之一。

【活动过程】

1. 各小组桌椅按要求拉开，教室中央空出表演场地。
2. 教师板书本节课题《位置的确定》。
3. 课堂引入，各组抢答以下问题：

(1)师：夏令营举行野外拉练活动，老师交给大家一张地图，请看课本图，给出电脑投影(见下图 1)，地图上只画了一个直角坐标系，作为定向标记，并给出了一座农舍的坐标是：(1,2)、(-3,5)、(4,5)、(0,3)。

(此例为课本引题，让学生直接在书中画出即可。)

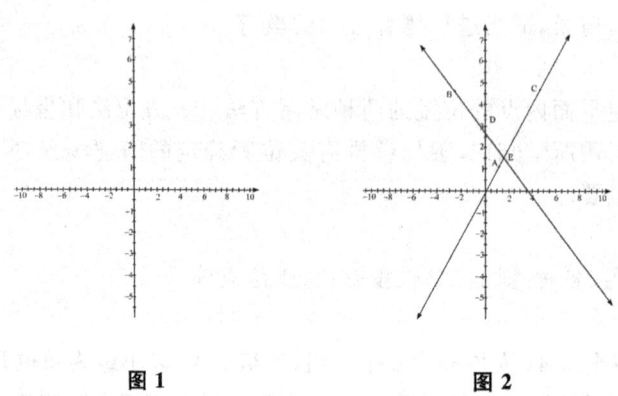

图1　　　　　图2

任务一：请同学们在课本上标出四座农舍的位置。

学生活动，并由小组长组织组员交流各自答案。

任务二：夏令营目的地在连接第一与第三座农舍的直线和连接第二与第四座农舍的直线的交点。请你在图中标出目的地的位置。开始！

请抢答同学利用电脑几何画板展示答案(见上图2)。

(2)师：三八妇女节那天，我班天丽同学的母亲所在的单位发放电影票，电影有两部可供选择，一部是母亲最想看的生活片《手机》，一部是天丽盼望已久的《哈里波特》，但每人只能领一张，你们猜母亲领了哪一张？开始！

(以故事口吻展开，增强问题的趣味性；编排本班同学的名字，不必说姓，可融洽师生的感情,也使枯燥的问题变得生动和亲切,更能吸引同学们解决问题的欲望。)

生:老师,你的答案一定领的是《哈里波特》(众生没有表示异议)。

师:我的答案正是如此。同学们想一想,这位母亲是不是犯傻了,她不想看《手机》了吗?

生:因为母亲爱我们,至少我的母亲是一定会这样的。

老师立即带头鼓掌,全班掌声雷动。

(显然,大多数学生能以己母仁爱之所为,推及人母之所为。短短的两三分钟,并不会影响课程的进程,但却能使学生感受到母爱亲情的教育,令人动容。)

师:母亲为天丽领了一张5排3号的电影票,来到电影院,天丽有些犯晕,她一屁股坐到了3排5号去了。结果被别人给叫起来时,天丽才仔细看清自己的票,连忙道歉,同学们说说看,这是怎么回事呢?

学生回答略。

(3)师:"听说晓敏家在西丽,老师想明天去他家进行家访,可我方向感弱,记不起怎么走了。你们谁来教我若从学校出发该怎么走?是向东呢,还是向西?向南,还是向北?"

学生回答:在距我校西南方向约走3公里。

(七年级时已学过用此法确定位置的知识,它在本节起一个归类的作用)

老师安排学生以小组形式阅读课本,并讨论本节主要内容和确定位置的常用方式。(8分钟后抢答)

4. 根据学生回答,做如下板书:

本节课内容:如何确定平面内某点的位置。

5. 常用确定方式:坐标法,方位法。

6. 老师布置任务:各小组结合所学知识,试编创恰当的有关确定位置的问题情景,提出问题,向别组发起挑战吧!准备时间为8—10分钟。

7. 学生讨论设计活动问题和展示方案:

(1)第5组聂霜同学抢先举手,她拿出一张班级座位表放在实物投影仪下(见下表)。

赵泽宇	郭婧	李丽贞	高小燕	陈树超	刘帝文
李金虹	姚晓敏	陈天丽	陈彦慧	吴建才	蔡兰芳
洪嘉莉	邹宇	延曦	范一鸿	罗洋	姚俊良
何微萍	温家裕	梁宇	刘为	陈琼真	柳青
唐洁	骆智能	张玲玲	陈琴童	徐倩	廖小月
温秋云	王秀	王一涵	翟欣宇	陈曦	黄晓敏
张均龙	高寒	黄美玲	邹柳贤	聂霜	刘智刚

他说:座位表中,若以张均龙所在位置为原点,以水平向右的直线为X轴建立直角坐标系,请其他5组各派一名没回答过问题的同学讲讲自己所在位置的坐标;若以梁宇为原点,以水平向右的直线为X轴建立直角坐标系呢?两次都答对才能加分,否则扣分。(好家伙,一下就挑战5组,众生不敢怠慢,高度集中地投入到问题情景中,积极思维,纷纷迎战。)

(2) 第2组7人走到表演区,其中王秀等6人手中高举写有地名的纸牌(有松坪中学、松坪小学、民润超市、名秀发屋、桂林米粉店、商业银行),选择合适的位置站定。此时,只见骆智能同学带着幽默而又神秘的表情粉墨登场,他先在黑板上写上:"比例尺为1∶1000"。然后站在松坪中学的牌子边上,问到:"我想请问第5组的同学,我想先去民润超市购物,再去米粉店吃米粉,它们在哪儿?该怎么走?"(哈,想报复第5组的同学啦!)

只见第5组的7名同学经过短暂的交流(因为有时间限制),走到表演区,有的拿卷尺,有的拿量角器,有的拿纸笔,有的拿计算器等忙开了,不一会就有条不紊地宣布答案:你从松坪中学朝东偏南大约60度的方向走约750米,就可到民润超市;从超市出来,沿西北方向(即西偏北45度)走300米就可到米粉店了。

这时又见到第1组的赵泽宇同学在举手,他说:"也可利用坐标系的方法来定位,以我校为原点,以松坪街朝东的方向为X轴,建立直角坐标系,则……(后面略)"

(3) 第4组的翟欣宇同学早已按捺不住地拿出世界地图,放在实物投影仪下,问:"经度45度,纬度180度的地方在哪个国家?我们深圳的经度和纬度是多少呢?我想让第6组的刘帝文来回答。两问都答对才能得分。"

刘帝文回答略。

8. 小结:

(1) 用坐标法表示位置的重要前提是建立适当的直角坐标系,重点占据原点、坐标轴上的点、对称的点等特殊点的位置。

(2) 表示平面内点的位置,无论用何种方法,都需要两个数据才能确定。

【活动延伸】

1. 一维直线上的点的位置需要几个数据就可确定?(1个)

2. 三维立体空间内的点的位置需要几个数据才可确定?(3个)

3. 在军事、航海等方面应用较为广泛的极坐标系是如何表示点的位置的?(可简单介绍,不必深究。)

【活动评述】

1. 通过创设同学们现实生活中熟悉的问题环境,加深了应用数学的意识,认识学好数学的必要性和重要性。在活动中,学生对学生的互相提问与抢答,增强了实际活动的趣味性、游戏性、挑战性,符合初中生的好表现,好胜心强的心理需求特点,可极大地激发出学生的参与热情。特别在得到他人和老师的认可下,可短时间内激活学生的创新灵感,大大提高了学生学习的效率和自主性。

2. 让学生在编制问题、解决问题、发现问题的过程中体会到自身的价值和潜力,体会到探索的快乐,体会到被别人认可的满足,增强今后成才的自信心。

3. 教师教书更育人,要及时创造和利用一切可能的机会对学生进行思想品德教育,只有这样,课堂教学才能更显精彩。

4. 当然,此课还需要改进的是,数学知识不能只停留在简单直观的表面问题上,而数学更多的是理论抽象思维。我们数学老师有责任提高学生的抽象思维能力,带领学生从直观表象上升到抽象理论。不断进行思维体操的训练,是数学教学中提高学生数学能力的重要任务。

(深圳市松坪学校 喻建珍)

活动 4.14

在电脑教室学数学

——一次函数的实践与应用

【活动内容】

华东师大版数学教材,八年级下册,一次函数的实践与应用。

【设计理念】

本节内容包含一个重要的数学思想——利用图形的直观性解决数学问题。如果在教学时采用直接告诉学生这一思想方法,接着讲解例题,最后让学生做练习的模式,虽然也可以教会一部分学生做题,但很可能导致出现下面一些问题:

1. 由于在学习的过程中需要学生多次建立坐标系,并画出函数图象(但这不是本节课的重点),这需要较多时间,并且比较麻烦,容易导致学生认为这种方法非常繁杂,不便于使用,从而不能真正从内心认可这一重要的数学思想方法;同时导致课堂时间分配不合理,学生没有时间和空间去学习更有意义的内容。

2. 由于作图不精确和误差的影响,很可能学生求出的结果是"错误"的,使得学生对这一思想方法失去信心,甚至否定它的正确性。

如果我们利用几何画板软件画一次函数图象,不但操作简单,而且图象精确。因此,我打算让学生在电脑教室学习这节课的内容,利用几何画板软件,以活动课的形式展开。通过学生积极参与数学活动,让学生经历运用这一方法解决数学问题的过程,验证它的正确性,从而能够对它有较为深刻的理解。

本节课以学生的自主活动为主,老师作为活动的指导者、组织者和参与者。

【活动目的】

1. 理解一次函数与其图象的关系。
2. 理解"利用函数图象解方程组"这一思想方法,并能够进行简单应用。
3. 理解函数关系式与方程之间的紧密联系。
4. 通过学生的自主学习活动,引导学生建立"利用图形的直观性解决数学问题"的思想和方法。
5. 调动学生学习数学的兴趣和热情。

【活动准备】

1. 分学习小组,每小组 4 至 5 人。

2. 准备好学生活动任务单,每位学生发一份。

3. 准备好电脑教室,每位学生一台电脑,并在电脑中装好几何画板软件。

4. 首先让学生掌握本节课需要的电脑画图操作。

打开几何画板软件

(1) 根据坐标画点:"图画"→"画点"→输入坐标→确认;

(2) 根据点求坐标:选中所求点→"测算"→"坐标";

(3) 过两点画直线:首先利用"根据坐标求点"画出两点→选中这两点→"构造"→"直线"。

【活动过程】

一、牛刀小试,进入数学活动

通过教师示范,学生很快掌握了3个画图操作,这时每位学生都想利用"新方法"画出一次函数的图象。为了进一步引导并激发学生学习的热情,在设计活动内容时,采用"低门槛,多层次"的设计思路,把不同层次的问题组成"问题串",这样所有的学生都能够进入到数学活动之中。

活动任务一

1. 已知一次函数 $y=-x+2$,在它上任意选取两点 A、B,请你把坐标填入表格中,并画出这两点,经过这两点作直线,即得到一次函数 $y=-x+2$ 的图像。

点坐标	横坐标	纵坐标
A		
B		

2. 在这条直线上另外任取两点 C、D。

① 求出它们的坐标,并填入表格中;

② 分别把 C、D 的坐标代入函数关系式 $y=-x+2$;

③ 与组员们进行交流,此时等式成立吗?

点坐标	横坐标	纵坐标
C		
D		

3. 在这条直线外任取两点 E、F。

① 求出它们的坐标,并填入表格;

② 分别把 E、F 的坐标代入函数关系式 $y=-x+2$;

③ 与组员们进行交流,此时等式成立吗?

点坐标	横坐标	纵坐标
E		
R		

4. 式子 $y=-x+2$ 是一元二次方程吗?点 C,D 的坐标是方程的解吗?点 E,F 的

坐标值呢?

5.结合问题2、3,与组员讨论并写出一元二次方程的解与一次函数图象上点的坐标之间的关系。

在本活动中,选取了函数$y=-x+2$,它的系数较为简单,这样学生都可能得出正确的结论,避免出现因为误差而得出错误的结论。但随着学生理解的深入,可以安排一些系数较为复杂的一次函数,让学生发现误差,并逐步认可误差存在的合理性,同时促进学生更加深入理解一次函数。

学生可以很快并比较顺利地完成这一部分内容。老师此时要简单归纳学生结论,为下一步的活动做好铺垫。

二、因势利导、突破难点

由于活动一的门槛较低,大部分学生可以顺利过关,此时要充分利用学生的热情,因势利导,突破本节课的难点。同样活动二也采用"问题串"的形式展开,让学生都"动"起来。通过活动二,让学生经历利用画函数图象解方程组的过程,并能够掌握这种方法,对它有较为深刻的理解,同时能够更加深入理解一元二次方程与一次函数的关系。

活动任务二

1.在同一坐标系中画出函数$y=2x-5$与$y=-x-1$的图象,请把选取的点的坐标填入下表,在坐标系中画出函数图象。

直线 $y=2x-5$			直线 $y=-x-1$		
点坐标	横坐标	纵坐标	点坐标	横坐标	纵坐标
A			C		
B			D		

2.这两条直线有交点吗?若有,有几个?用字母表示出来,并求出它的坐标。

3.把交点坐标分别代入$y=2x-5$与$y=-x+1$,此时等式成立吗?

4.交点坐标是方程组$\begin{cases} y=2x-5 \\ y=-x+1 \end{cases}$的解吗,为什么?

5.与组员进行交流,总结一下是怎样求出$\begin{cases} y=2x-5 \\ y=-x+1 \end{cases}$的解的,你觉得这种方法正确吗?为什么?

处理方式:在学生完成问题5后,老师请几个小组的同学回答,并进行归纳总结。

6.小组共同完成

利用函数图象解方程组$\begin{cases} y=-2x-1 \\ y=\frac{1}{2}x+4 \end{cases}$

三、实践应用,探索创新

学生在完成任务一和任务二后,已经能够熟练地画出一次函数的图象,并对函数图象有一定认识,所以此时希望通过把一次函数设置在现实情景之中,让学生结合已有的经验,在解决问题的过程中,提高学生应用数学知识的能力,同时让学生对函数的理解有较大的提升,并能够把函数思想逐步建构在自己的知识体系之中。

活动任务三

阅读下面的文字,回答后面的问题:

某园林门票每张 10 元,只能一次性使用;若购买年票,有两种类型:A 类年票每张 56 元,持票者进入园林,需每次再买门票 2 元;B 类门票每张 42 元,持票者进入园林,需每次再买门票 3 元。

设每年预计进入园林 x 次,购买年票或门票共需 y 元,则 y 是 x 的函数,且 $x\geqslant 0$,$y\geqslant 0$,若不购年票,则 $y=10x$;若购 A 类年票,则 $y=2x+56$;若购 B 类年票,则 $y=3x+42$。

1. 在同一坐标系中画出这三个函数的图像(注:$x\geqslant 0$,$y\geqslant 0$)。

请把你选取的点的坐标填在下表中:

直线 $y=10x$			直线 $y=2x+56$			直线 $y=3x+42$		
点坐标	横坐标	纵坐标	点坐标	横坐标	纵坐标	点坐标	横坐标	纵坐标
A			C			E		
B			D			F		

2. 请根据图象回答,若一位市民该年预计游园 5 次,他怎样购票合算?12 次呢?30 次呢?

3. 根据图象,请你依据游园次数多少,设计一个合理的购票方案,要求小组共同完成。

课后练习

小张准备将平时的零用钱节约一些储存起来,他已存有 50 元,从现在起每个月存 12 元;小张的同学小王以前没有存过零用钱,听说小张在存零用钱,表示从现在起每个月存 18 元,争取超过小张。

1. 请你分别写出他们的存款数与从现在开始的月份数之间的函数关系式;

2. 在同一坐标系中画出函数图象;

3. 在图中找一找,半年以后小王的存款是多少,能否超过小张?至少几个月后小王的存款能超过小张?

【活动评述】

现代信息技术的教学应用一般分为三个层次:电子板书、应用教学软件、开发合适的教学软件。本活动课充分利用信息技术的优势,结合数学教学软件设计教学内容,积极探索改变课堂教学模式和学生的学习方式,以认知心理学和建构主义学习理论为指导,改善传授式教学和接受式教学,加强指导性教学和体验式、探究式学习。

(深圳市西丽二中 郑 兴)

活动 4.15

直角三角形中三边之间的关系
——勾股定理的探索

【设计理念】

《数学课程标准》提出：数学学习，是要让每个学生的脑和手都能动起来，让学生经历数学知识的形成过程，促进学生主动学习的愿望和积极性，成为真正的学习主体。勾股定理是初中数学中的重要内容，应该让学生亲自体验勾股定理的探索过程，培养学生在独立思考的基础上，与他人合作、交流的学习方法和合作精神，学会表达自己的见解，能够理解并尊重他人，并且能够通过交流学习获取知识，使"交流学习"成为学生解决问题、获取新知的一种理性的学习方法。

【活动目标】

1. 让学生了解什么是勾股定理及其由来和发展。
2. 让学生懂得数学来自于生活，又服务于生活的道理以及应用数形结合的方法，能够把抽象的数学问题转化为实际问题。通过活动向学生渗透数形结合的数学思想和从特殊到一般的探究方法。
3. 让学生进行大胆猜想与合情说理相结合的训练，培养学生动脑、动手、语言表达的能力和习惯。

【活动准备】

每人上网查阅有关"勾股定理"的资料，收集定理的有关文字资料，整理成文。以组为单位，准备定理的说明方法，用纸板制作图形，或用电脑制作课件。

【活动过程】

一、介绍活动问题

老师：在三角形中，直角三角形是一种特殊的三角形，它除了角之间的相互关系外（两锐角互余），边之间是否存在一定的关系呢？

请一位口齿清楚、普通话标准的同学，向全班同学介绍"勾股定理"的来历。

二、图形展示

老师用投影仪展示下列图形，并提出问题：为什么 $AC^2 + BC^2 = AB^2$？

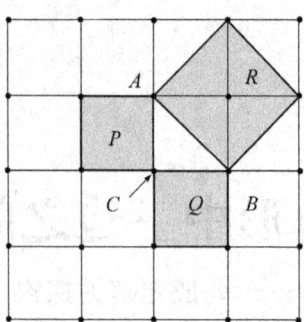

三、讨论交流

在这个环节,老师应让学生有充分的思考时间,经过独立思考后,再与邻近的同学进行小组讨论、交流。

根据学生活动的情况,老师选派三个小组的代表向全班交流。

甲组:把 P 和 Q 的两个正方形,沿对角线剪开,再拼凑成 R 的正方形。

乙组:正方形 P 和 Q 的面积和为 $AC^2+BC^2=2AC^2$,正方形 R 可看作以 $2AC$ 为边长的正方形减去以 AC 为直角边的 4 个全等的等腰直角三角形。

即 $$R=AB^2=(2AC)^2-4\times\frac{1}{2}AC\times AC=2AC^2$$

则有 $$AC^2+BC^2=AB^2$$

丙组:设格子的边长为 1($AC=1$),则 $P+Q=AC^2+BC^2=2$,正方形 R 的面积为对角线乘积的一半。

即 $$R=AB^2=\frac{1}{2}\times 2AC\times 2BC=2AC^2=2$$

则有 $$AC^2+BC^2=AB^2$$

四、深入探究

老师引导:以上是一个特殊的直角三角形:等腰直角三角形。通过大家的思考讨论,得出了 $AC^2+BC^2=AB^2$ 这一结论。如果把等腰直角三角形"等腰"这一条件去掉,换成一般的直角三角形,以上结论是否还成立呢?

用投影仪展示下列图形:

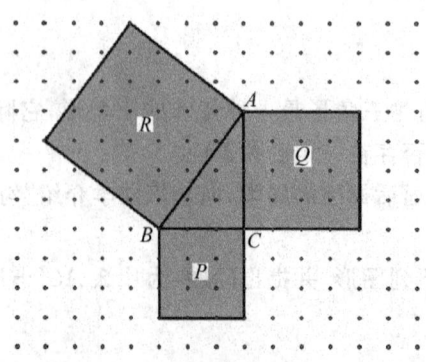

这个环节,老师一定要让学生有充分的时间进行思考和交流,可以参与到各个小组,进行适当的引导。老师应尊重学生的每一个思维活动,让学生经历面对困难、克服困难的过程,体验克服困难后成功的喜悦,从而培养学生学习数学的勇气和信心。

五、汇报交流

老师根据学生活动的情况,选派几个小组的代表上台汇报、讲解。

甲组:设每个小正方形的边长为1,则 P 的面积为9,Q 的面积为16,R 的面积可看成边长为7的正方形减去4个全等的直角三角形,直角边长分别为3和4。则有:$P+Q=9+16=25$,$R=49-4\times\frac{1}{2}\times3\times4=25$,即有 $AC^2+BC^2=AB^2$。

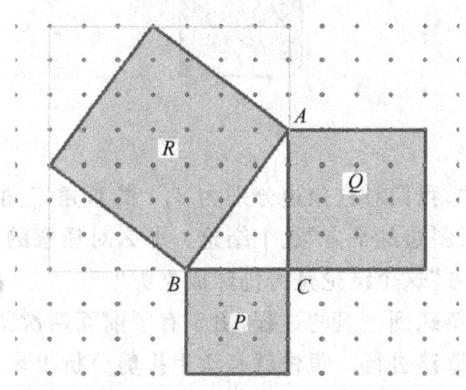

乙组:设每个小正方形的边长为1,把正方形 R 分割成4个全等的直角边分别为3和4的直角三角形与一个边长为1的正方形,如图,则:

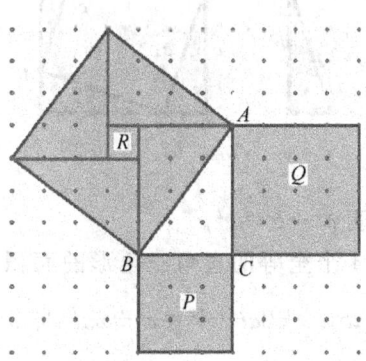

$R=1+4\times\frac{1}{2}\times3\times4=25$,而 $P+Q=9+16=25$。因此:

$P+Q=R$,即 $AC^2+BC^2=AB^2$

丙组:把正方形分割成如下图的形状,再拼装,则有 $R=4^2+3^2=25$。

即 $AC^2+BC^2=AB^2$。

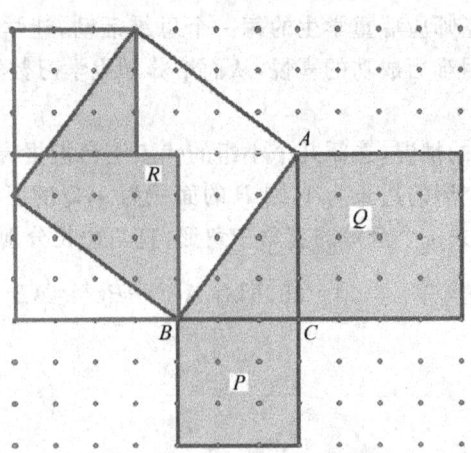

六、活动拓展

老师继续引导:刚才,我们对直角边分别为 3,4 的直角三角形作了分析推理,得到"两直角边的平方和等于斜边的平方"这个结论。那么对任意的直角三角形,"两直角边的平方和等于斜边的平方"这个结论是否仍然成立呢?

这个探究过程是由特殊到一般的过程,由于有了前面两次图形变换的铺垫,学生很自然地沿着图形拼剪的思路进行。很快就有学生拼剪分析出来。

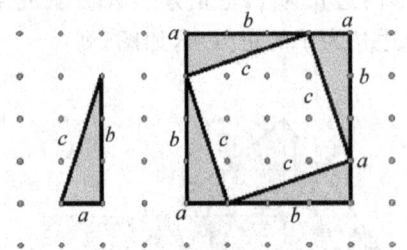

学生甲:用上面图形,说明 $a^2+b^2=c^2$。

因为大正方形的面积是 4 个全等的直角三角形的面积与一个小正方形的面积的和,所以 $(a+b)^2=c^2+4\times\frac{1}{2}ab$,$a^2+2ab+b^2=c^2+2ab$,即 $a^2+b^2=c^2$。

学生乙:用下列图形,说明 $a^2+b^2=c^2$。

因为大正方形的面积是一个小正方形与 4 个全等的直角三角形的面积的和,所以 $c^2=4\times\frac{1}{2}ab+(b-a)^2=2ab+a^2-2ab+b^2$,$c^2=a^2+b^2$。

即: $a^2+b^2=c^2$。

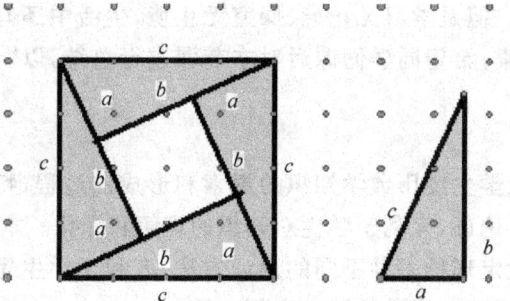

学生丙：用下列图形，说明 $a^2+b^2=c^2$。

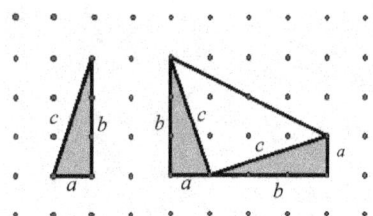

因为梯形的面积是两个全等的直角三角形的面积与一个等腰直角三角形的面积的和，所以有：

$\frac{1}{2}(a+b)(a+b)=2\times\frac{1}{2}ab+\frac{1}{2}c^2$，$\frac{1}{2}(a+b)^2=ab+\frac{1}{2}c^2$。

即 $a^2+b^2=c^2$。

学生丁：用下列图形，说明 $a^2+b^2=c^2$。

因为以 a 为边长的正方形和以 b 为边长的正方形，可以进行下图的分割，拼成以 c 为边长的正方形。

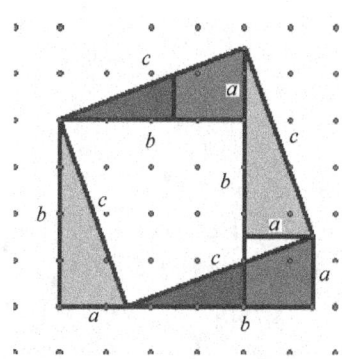

七、活动总结

今天，我们经历了勾股定理的发现、探索的过程，同学们通过查阅资料和上网搜索，课前进行了充分的预习,才能够使我们这节课进行得紧凑而丰富多彩,自始至终同学们兴趣盎然,感受颇深。但是学习无止境、探究无止境,生活中还有大量的知识奥秘等待着我们去发现、去探索,希望同学们课后对本节课进行总结,以"勾股定理的证明"为题写一篇数学小论文。

【活动评述】

　　课程标准要求让学生经历数学知识的探索和形成的过程,特别是数学中的重要定理、公式的再发现、再论证,有利于学生对知识的理解和深化。本次活动课程中,老师和学生一道探究了勾股定理的多种不同的论证方法,有利于学生思维的灵活性和创新意识的培养,这是一个有借鉴意义的活动案例。

(深圳市荔香中学　黄　静)

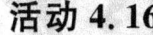

活动 4.16

让活动贯穿整个课堂

——学习《勾股定理》之实践探索

【设计理念】

摒弃传统的灌输式教学模式,让学生自主探索数学问题,引导学生通过特例来猜想数学结论,然后积极从多个角度来验证所得猜想,培养学生科学的思维方法。

【活动目标】

1. 掌握勾股定理,了解多种验证勾股定理的方法,并体验勾股定理的探索过程,由特例猜想勾股定理,再由特例验证勾股定理
2. 学会多角度思考问题,培养学生的创新能力和解决实际问题的能力。
3. 在探索勾股定理的过程中,发展学生归纳、概括和有条理地表达活动过程及结论的能力。
4. 在探索过程中获得学习数学的快乐,提高学习数学的兴趣,锻炼学生克服困难的勇气。

【活动准备】

教师准备:

1. 教师收集古今中外关于勾股定理的故事并做成幻灯片。
2. 教师准备课堂学生用卷,在上课前发给学生,用于辅助学生进行探索勾股定理。
3. 教师用硬纸板做好用于证明勾股定理的拼图教具(可贴在黑板上进行讲解)。

学生准备:

1. 学生阅读教材,预习勾股定理,利用网络、报刊书籍收集关于勾股定理的故事,收集至少三种勾股定理的证明方法,并用硬纸板作出相应模型。
2. 准备刻度尺、计算器、剪刀、硬纸板。

【活动过程】

活动一　读一读、听一听

师生共同回忆勾股定理的发现历史。让学生介绍自己收集到的关于勾股定理的故事。老师借助幻灯片加以归纳总结。

师：出示幻灯片，对古今中外发现勾股定理的历史故事进行归纳总结。

活动二　看一看、想一想

学生通过观察老师给出的图形，开动脑筋思考图形之间的联系，归纳猜想出勾股定理。

师：出示幻灯片（内容如下表）。

生：拿出课前发放的学生课堂用卷（内容如下）。

课堂用卷

观察下图，并回答问题（图中每个格点表示一个平方单位）：

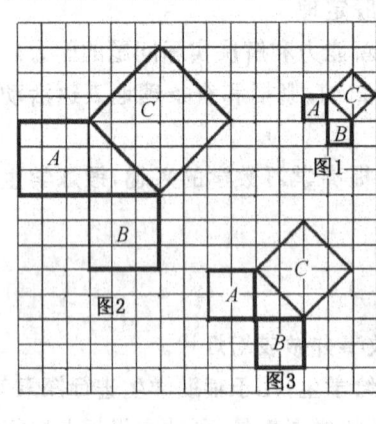
图（Ⅰ）

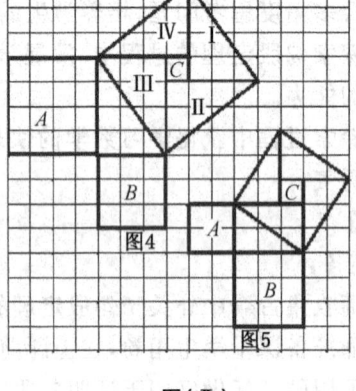
图（Ⅱ）

(1) 观察图（Ⅰ）中的图1。

正方形 A 中含有_____个小方格，即 A 的面积是_____个单位面积；

正方形 B 中含有_____个小方格，即 B 的面积是_____个单位面积；

正方形 C 中含有_____个小方格，即 C 的面积是_____个单位面积。

(2) 在图（Ⅰ）中图2、图3中，正方形 A、B、C 中各含有多少个小方格？它们的面积各是多少？你是如何得到上述结果的？与同伴交流。

(3) 请将上述结果填入下表，你能发现正方形 A、B、C 的面积关系吗？

	A 的面积(单位面积)	B 的面积(单位面积)	C 的面积(单位面积)
图 1			
图 2			
图 3			
面积关系：			
设 A、B、C 的边长分别为 a,b,c，则用 a,b,c 改写上面关系式为：			

注意：表中图（Ⅰ）和图（Ⅱ）分别从等腰直角三角形和一般直角三角形来探索勾股定理。鉴于篇幅，本文只叙述讲解图（Ⅰ）的教学过程。

生：在图 1 中，正方形 A 含 1 个小方格，所以它的面积是 1 个单位面积；正方形 B 含 1 个小方格，所以 B 的面积也是 1 个单位面积；正方形 C 含 2 个小方格，所以 C 的面积是 2 个单位面积。

师：如何求得正方形图 1 中 C 的面积呢？

生：正方形 C 可划分为四个直角边长都为 1 个单位的四个全等的等腰直角三角形，所以 C 的面积为 $4 \times \left(\frac{1}{2} \times 1 \times 1\right) = 2$ 个单位面积。

生：我们观察可发现，这四个等腰直角三角形重新拼摆，刚好可拼摆成 2 个小方格，所以 C 的面积为 2 个单位面积。

生：图 3、图 2 与图 1 类似，所以我们可用同样的方法观察求得 A,B,C 的面积。

师：把三个图中 A,B,C 的面积分别填入上面的表格中，你能发现它们的关系吗？

生：C 的面积＝A 的面积＋B 的面积。

师：很好！但是，A、B、C 的面积为什么会有这种关系呢？我们接着观察这三个图，你能发现什么？

生：在前面您说过这节课我们主要研究直角三角形，而在这三个图中，都是三个正方形围着一个直角三角形。

师：的确如此，从图中我们可以发现，三个正方形好像是"长"在直角三角形的三边上。

生：这说明三个正方形的边长分别是以直角三角形的三边为边长得到的。

师：那么，C 的面积＝A 的面积＋B 的面积与所围成直角三角形有什么关系呢？这个关系说明什么？大家可以讨论、交流。

生：C 是斜边上的正方形，所以 C 的面积是斜边 c 的平方；A、B 是两直角边上的正方形，所以 A、B 的面积分别是这两条直角边 a、b 的平方。根据 A、B、C 的面积关系，我们不难发现：斜边的平方就等于两直角边的平方和，即 $a^2 + b^2 = c^2$。

师：但是，我们也不难发现上面 3 个图中的直角三角形是等腰直角三角形。如果不是等腰直角三角形，而是一般的直角三角形，会不会也有这种三边关系呢？

（下面以小组为单位，讨论图（Ⅱ）是否得出同样结论，讨论后教师稍加总结。）

活动三　画一画、验一验

在格点中画直角三角形,借助刻度尺和计算器来验证勾股定理。

生:在直角三角形中,两条直角边长度的平方和等于斜边的平方。

师:这是由前面几个特例猜想出来的,是否合理呢?我们不妨作几个直角三角形检验一下。例如,作一个分别以 5 厘米、12 厘米为直角边的直角三角形,然后测量斜边的长度,通过计算看一下直角三角形三边的规律是否还成立。

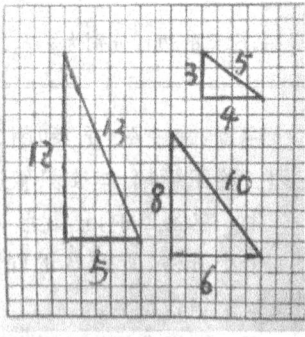

生:在"学生课堂用卷"上画直角边为 5 厘米、12 厘米的直角三角形,用刻度尺量出斜边的长度(强调注意测量的误差)为 13 厘米。经检验斜边 $13^2=169$,两直角边平方和 $5^2+12^2=25+144=169$。即两直角边的平方和等于斜边的平方。

师:很好。同学们不妨多作几个不同的直角三角形,用上面的方法检验直角三角形三边的关系。

[师生共析]通过特例猜想、检验,我们不难发现,直角三角形的三边的规律是成立的,这就是我们将要介绍的重点内容——勾股定理:如果直角三角形两直角边分别为 a,b,斜边为 c,那么 $a^2+b^2=c^2$,即直角三角形两直角边的平方和等于斜边的平方。

活动四:剪一剪、拼一拼

用硬纸板拼几何图形,寻找证明勾股定理的方法。

师:出示幻灯片。

(1) 在一张硬纸板上画 4 个如下图所示形状相同的直角三角形,并把它们剪下来。

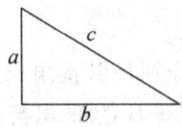

(2) 用这 4 个直角三角形拼一拼、摆一摆,看能否得到一个含有以斜边 c 为边长的正方形,你能利用它说明勾股定理吗?

(对于上面的两个问题,教师要引导学生大胆联想,将形与数的问题联系起来。鼓励学生大胆拼摆,只要符合要求,教师都应予以鼓励,然后在小组内交流,同时提示学生根据自己拼出的图形,联系 $(a+b)^2=a^2+2ab+b^2$ 的拼图推证方法说明勾股定理。)

生 1:我拼出了如下图所示的图形,中间是一个边长为 c 的正方形。观察图形我们不难发现,大的正方形的边长是 $(a+b)$。要利用这个图说明勾股定理,我们只要用两种方法表示这个大正方形的面积即可。

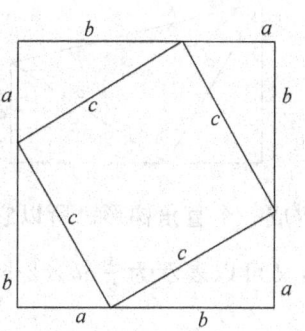

大正方形面积可以表示为:$(a+b)^2$,又可以表示为:$\frac{1}{2}ab\times4+c^2$。

根据面积相等,可得出$(a+b)^2=\frac{1}{2}ab\times4+c^2$。化简、整理得$a^2+b^2=c^2$。因此我们得到了勾股定理。

生2:我拼出了和这个同学不一样的图,如下图所示,大正方形的边长是c,小正方形的边长为$b-a$,利用这个图形也可以说明勾股定理。因为大正方形的面积也有两种表示方法,既可以表示为c^2,又可以表示为$\frac{1}{2}ab\times4+(b-a)^2$。对比两种表示方法可得$c^2=\frac{1}{2}ab\times4+(b-a)^2$,化简得$c^2=a^2+b^2$。同样得到了勾股定理。

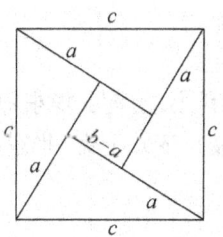

师:真棒!同学们用拼图的方法,大胆地验证了勾股定理。利用拼图的方法验证勾股定理,是我国古代数学家的伟大贡献。在后面的课题学习中,我们还要继续研究它。

在所有的几何定理中,勾股定理的证明方法也许是最多的了。有人做过统计,说有五百余种。1940年,国外有人收集了勾股定理的365种证法,编了一本书。其实,勾股定理的证法不止这些,作者之所以选用了365种,也许他是幽默地想让人注意,勾股定理的证明简直到了每天一种的地步。

生:老师,我在查资料时,还发现勾股定理的证明还和美国的一个总统有关系,是这样吗?能给我们介绍一下这位总统的证明方法吗?

师:当然可以!如下图所示。这就是这位总统用两个全等的直角三角形拼出的图形,和第一个同学用全等的四个直角三角形拼出来的图形对比一下,有联系。

生:总统拼出的图形恰好是第一个同学拼出的大正方形的一半。

师:同学们不妨自己从这个图中推导出勾股定理。

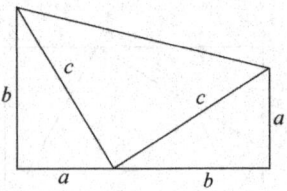

生：上面的图形整体上拼成一个直角梯形。所以它的面积有两种表示方法：既可以表示为 $\frac{1}{2}(a+b)\times(a+b)$，又可以表示为 $\frac{1}{2}ab\times 2+\frac{1}{2}c^2$。对比两种表示方法可得 $\frac{1}{2}(a+b)\times(a+b)=\frac{1}{2}ab\times 2+c^2$。化简，可得 $a^2+b^2=c^2$。

师：很好。同学们如果感兴趣的话，不妨自己也去寻找更多的证明勾股定理的方法。

【活动评述】

这个案例体现了学生的活动贯穿了整个课堂，让学生亲身体验勾股定理的发现过程，整个活动过程循序渐进，由归纳猜想到简单验证，直至一般证明，让学生感受从"特殊到一般"的数学问题研究方式。

另外，课堂活动的形式多样是本案例的一大亮点。让学生通过多种方式参与活动，不至于重复一种活动而感到枯燥乏味。总之，本案例体现了新课程改革的教学思想，达到了培养学生积极探索问题的能力的目的，使学生在课堂中充满生机活力。

在教授勾股定理的同时，还可以介绍毕达哥拉斯定理，激发学生的爱国主义热情，以树立科技报国的理想。

【资料链接】

1. 义务教育课程标准试验教科书. 上海：华东师范大学出版社
2. 数学·初中二年级(八年级)(下). 上海：华东师范大学出版社

(深圳市桃源中学　谭炜东)

后 记

数学教学是数学活动的教学,是师生之间、学生之间交往互动与共同发展的过程。本书所展现的,正是南山区全体数学教师在这一过程中积极探索、敢于创新而获得的丰硕成果。这一成果表明,南山作为全国第一批课程改革实验区,在实验的深度和广度上,都有着全新的发展。本书力图从多视角、多层面出发,选入第一线老师个性化的不同案例,以反映全区广大教师在课程改革当中开拓进取、高度敬业的精神风貌。它不是单纯的经验文本,而是厚重生命意识的忠实记录,是课改理论的精彩演绎。从本书中,我们大致可以看到我区课改的基本走向:广大教师认真学习新课标,体会课改精神,从实际出发,在课堂教学中创设有助于学生自主学习的问题情境;在教师的引导下,学生通过实践、思考、探索、交流,获得知识,形成技能,发展思维,并进而学会主动地、富有个性地学习。

这是一种何等生动活泼的局面:在教学当中,广大教师发扬教学民主,成为学生数学活动的组织者、引导者、合作者;以激发学生学习潜能为己任,鼓励学生大胆创新与实践;创造性地使用教材,积极开发、利用各种教学资源,为学生提供丰富多彩的学习素材;关注学生的个体差异,有效地实施有差异的教学,使每个学生都得到充分的发展;重视现代教育技术在教学中的应用,合理、有效地使用计算机和有关软件,以提高教学效益;与学生共同学习、共同成长!

我们的老师在第一线的教学中,将日常教学活动经验加以总结,形成文字,这是极有意义的一件事情。由于篇幅所限,我们仅能将其中的一部分汇编成册,供同行参考,以期达到抛砖引玉的目的。

为了满足读者的需要,我们在编写过程中尽可能遵照以下原则:

1. 导向性。《教学活动设计》坚持课程改革全新理念,以学生发展为本,对改变学习方式、转变教学行为有示范和导向作用;力求让读者从中得到借鉴、受到启发、获得灵感。

2. "活动"性。《教学活动设计》突出"活动"特点,以"活动"为基本题材:教学活动追求"活"——教的灵活性,学的活跃性;体现"动"——思维动,手动,个体动,互动,能动。

3. 多样性。《教学活动设计》从知识类型、教学方法、活动方式、学生学习方式、课

程资源利用等不同层面和不同纬度,创设不同的问题情景,让学生在形式多样的教学设计中探究学习,使课堂教学达到最优化效果。

4. 新颖性。《教学活动设计》在设计上突破传统的教学模式,追求教学创新,体现全新的课堂教学设计理念,确保有较大的借鉴与推广价值。

本书是集体劳动的成果,得到了试验区各学校广大数学教师、各级领导的支持与指导,在这里谨向他们表示衷心感谢。此外,本书在编写过程中,还得到了深圳市教研室石永生老师、南山实验学校陈力老师、桃源中学赵晓雷老师、北师大附中南山分校张晓明主任的真诚支持,一并在此表示衷心感谢。

全体作者、编委都尽可能努力将本书编写成可资借鉴、有一定价值的著作,但是,由于水平所限、时间仓促,美好的愿望、艰苦的努力,未必能得到满意的结果。如有不当之处,恳请读者批评指正。

李文虎

2005 年 4 月

北京大学出版社
教育出版中心 精品图书

21世纪高校广播电视专业系列教材

电视节目策划教程（第二版）	项仲平
电视导播教程（第二版）	程晋
电视文艺创作教程	王建辉
广播剧创作教程	王国臣
电视导论	李欣
电视纪录片教程	卢炜
电视导演教程	袁立本
电视摄像教程	刘荃
电视节目制作教程	张晓锋
视听语言	宋杰
影视剪辑实务教程	李琳
影视摄制导论	朱怡
新媒体短视频创作教程	姜荣文
电影视听语言——视听元素与场面调度案例分析	李骏
影视照明技术	张兴
影视音乐	陈斌
影视剪辑创作与技巧	张拓
纪录片创作教程	潘志琪
影视拍摄实务	翟臣

21世纪信息传播实验系列教材（徐福荫 黄慕雄 主编）

网络新闻实务	罗昕
多媒体软件设计与开发	张新华
播音与主持艺术（第三版）	黄碧云 眭凌
摄影基础（第二版）	张红 钟日辉 王首农

21世纪数字媒体专业系列教材

视听语言	赵慧英
数字影视剪辑艺术	曾祥民
数字摄像与表现	王以宁
数字摄影基础	王朋娇
数字媒体设计与创意	陈卫东
数字视频创意设计与实现（第二版）	王靖
大学摄影实用教程（第二版）	朱小阳
大学摄影实用教程	朱小阳

21世纪教育技术学精品教材（张景中 主编）

教育技术学导论（第二版）	李芒 金林
远程教育原理与技术	王继新 张屹
教学系统设计理论与实践	杨九民 梁林梅
信息技术教学论	雷体南 叶良明
信息技术与课程整合（第二版）	赵呈领 杨琳 刘清堂
教育技术学研究方法（第三版）	张屹 黄磊

21世纪高校网络与新媒体专业系列教材

文化产业概论	尹章池
网络文化教程	李文明
网络与新媒体评论	杨娟
新媒体概论	尹章池
新媒体视听节目制作（第二版）	周建青
融合新闻学导论（第二版）	石长顺
新媒体网页设计与制作（第二版）	惠悲荷
网络新媒体实务	张合斌
突发新闻教程	李军
视听新媒体节目制作	邓秀军
视听评论	何志武
出镜记者案例分析	刘静 邓秀军
视听新媒体导论	郭小平
网络与新媒体广告（第二版）	尚恒志 张合斌
网络与新媒体文学	唐东堰 雷奕
全媒体新闻采访写作教程	李军
网络直播基础	周建青
大数据新闻传媒概论	尹章池

21世纪特殊教育创新教材·理论与基础系列

特殊教育的哲学基础	方俊明
特殊教育的医学基础	张婷
融合教育导论（第二版）	雷江华
特殊教育学（第二版）	雷江华 方俊明
特殊儿童心理学（第二版）	方俊明 雷江华
特殊教育史	朱宗顺
特殊教育研究方法（第二版）	杜晓新 宋永宁等
特殊教育发展模式	任颂羔

21世纪特殊教育创新教材·发展与教育系列

视觉障碍儿童的发展与教育	邓猛
听觉障碍儿童的发展与教育（第二版）	贺荟中
智力障碍儿童的发展与教育（第二版）	刘春玲 马红英
学习困难儿童的发展与教育（第二版）	赵微
自闭症谱系障碍儿童的发展与教育	周念丽
情绪与行为障碍儿童的发展与教育	李闻戈
超常儿童的发展与教育（第二版）	苏雪云 张旭

21世纪特殊教育创新教材·康复与训练系列

特殊儿童应用行为分析（第二版）	李芳 李丹
特殊儿童的游戏治疗	周念丽
特殊儿童的美术治疗	孙霞
特殊儿童的音乐治疗	胡世红
特殊儿童的心理治疗（第三版）	杨广学
特殊教育的辅具与康复	蒋建荣
特殊儿童的感觉统合训练（第二版）	王和平
孤独症儿童课程与教学设计	王梅

21世纪特殊教育创新教材·融合教育系列

融合教育本土化实践与发展	邓猛 等
融合教育理论反思与本土化探索	邓猛
融合教育实践指南	邓猛
融合教育理论指南	邓猛
融合教育导论（第二版）	雷江华
学前融合教育（第二版）	雷江华 刘慧丽

21世纪特殊教育创新教材（第二辑）

特殊儿童心理与教育（第二版）	杨广学 张巧明 王芳
教育康复学导论	杜晓新 黄昭明
特殊儿童病理学	王和平 杨长江
特殊学校教师教育技能	昝飞 马红英

自闭谱系障碍儿童早期干预丛书

如何发展自闭谱系障碍儿童的沟通能力	朱晓晨 苏雪云
如何理解自闭谱系障碍和早期干预	苏雪云
如何发展自闭谱系障碍儿童的社会交往能力	吕梦 杨广学
如何发展自闭谱系障碍儿童的自我照料能力	倪萍萍 周波
如何在游戏中干预自闭谱系障碍儿童	朱瑞 周念丽
如何发展自闭谱系障碍儿童的感知和运动能力	韩文娟 徐芳 王和平
如何发展自闭谱系障碍儿童的认知能力	潘前前 杨福义
自闭症谱系障碍儿童的发展与教育	周念丽
如何通过音乐干预自闭谱系障碍儿童	张正琴
如何通过画画干预自闭谱系障碍儿童	张正琴
如何运用ACC促进自闭谱系障碍儿童的发展	苏雪云
孤独症儿童的关键性技能训练法	李丹
自闭症儿童家长辅导手册	雷江华
孤独症儿童课程与教学设计	王梅
融合教育理论反思与本土化探索	邓猛
自闭症谱系障碍儿童家庭支持系统	孙玉梅
自闭症谱系障碍儿童团体社交游戏干预	李芳
孤独症儿童的教育与发展	王梅 梁松梅

特殊学校教育·康复·职业训练丛书（黄建行 雷江华 主编）

信息技术在特殊教育中的应用	
智障学生职业教育模式	
特殊教育学校学生康复与训练	
特殊教育学校校本课程开发	
特殊教育学校特奥运动项目建设	

21世纪学前教育专业规划教材

学前教育概论	李生兰
学前教育管理学（第二版）	王雯
幼儿园课程新论	李生兰
幼儿园歌曲钢琴伴奏教程	果旭伟
幼儿园舞蹈教学活动设计与指导（第二版）	董丽
实用乐理与视唱（第二版）	代苗
学前儿童美术教育	冯婉贞
学前儿童科学教育	洪秀敏
学前儿童游戏	范明丽
学前教育研究方法	郑福明
学前教育史	郭法奇
学前教育政策与法规	魏真
学前心理学	涂艳国 蔡艳
学前教育理论与实践教程	王维 王维娅 孙岩
学前儿童数学教育与活动设计	赵振国
学前融合教育（第二版）	雷江华 刘慧丽
幼儿园教育质量评价导论	吴钢
幼儿学习与教育心理学	张莉
学前教育管理	虞永平

大学之道丛书精装版

美国高等教育通史	[美]亚瑟·科恩
知识社会中的大学	[英]杰勒德·德兰迪
大学之用（第五版）	[美]克拉克·克尔
营利性大学的崛起	[美]理查德·鲁克
学术部落与学术领地：知识探索与学科文化	[英]托尼·比彻 保罗·特罗勒尔
美国现代大学的崛起	[美]劳伦斯·维赛
教育的终结——大学何以放弃了对人生意义的追求	[美]安东尼·T.克龙曼
世界一流大学的管理之道——大学管理研究导论	程星
后现代大学来临？	[英]安东尼·史密斯 弗兰克·韦伯斯特

大学之道丛书

市场化的底限	[美]大卫·科伯
大学的理念	[英]亨利·纽曼
哈佛：谁说了算	[美]理查德·布瑞德利

麻省理工学院如何追求卓越	[美]查尔斯·维斯特	教育研究方法（第六版）	[美]梅瑞迪斯·高尔等
大学与市场的悖论	[美]罗杰·盖格	高等教育研究：进展与方法	[英]马尔科姆·泰特
高等教育公司：营利性大学的崛起	[美]理查德·鲁克	如何成为学术论文写作高手	[美]华乐丝
公司文化中的大学：大学如何应对市场化压力		参加国际学术会议必须要做的那些事	[美]华乐丝
	[美]埃里克·古尔德	如何成为优秀的研究生	[美]布卢姆
美国高等教育质量认证与评估		结构方程模型及其应用	易丹辉 李静萍
	[美]美国中部州高等教育委员会	学位论文写作与学术规范（第二版） 李 武 毛远逸 肖东发	
现代大学及其图新	[美]谢尔顿·罗斯布莱特	生命科学论文写作指南	[加]白青云
美国文理学院的兴衰——凯尼恩学院纪实	[美]P.F.克鲁格	法律实证研究方法（第二版）	白建军
教育的终结：大学何以放弃了对人生意义的追求		传播学定性研究方法（第二版）	李 琨
	[美]安东尼·T.克龙曼		
大学的逻辑（第三版）	张维迎		
我的科大十年（续集）	孔宪铎	**21世纪高校教师职业发展读本**	
高等教育理念	[英]罗纳德·巴尼特	如何成为卓越的大学教师	[美]肯·贝恩
美国现代大学的崛起	[美]劳伦斯·维赛	给大学新教员的建议	[美]罗伯特·博伊斯
美国大学时代的学术自由	[美]沃特·梅兹格	如何提高学生学习质量	[英]迈克尔·普洛瑟等
美国高等教育通史	[美]亚瑟·科恩	学术界的生存智慧	[美]约翰·达利等
美国高等教育史	[美]约翰·塞林	给研究生导师的建议（第2版）	[英]萨拉·德拉蒙特等
哈佛通识教育红皮书	哈佛委员会		
高等教育何以为"高"——牛津导师制教学反思		**21世纪教师教育系列教材·物理教育系列**	
	[英]大卫·帕尔菲曼	中学物理教学设计	王 霞
印度理工学院的精英们	[印度]桑迪潘·德布	中学物理微格教学教程（第三版） 张军朋 詹伟琴 王 恬	
知识社会中的大学	[英]杰勒德·德兰迪	中学物理科学探究学习评价与案例 张军朋 许桂清	
高等教育的未来：浮言、现实与市场风险		物理教学论	邢红军
	[美]弗兰克·纽曼等	中学物理教学法	邢红军
后现代大学来临？	[英]安东尼·史密斯等	中学物理教学评价与案例分析	王建中 孟红娟
美国大学之魂	[美]乔治·M.马斯登	中学物理课程与教学论	张军朋 许桂清
大学理念重审：与纽曼对话	[美]雅罗斯拉夫·帕利坎	物理学习心理学	张军朋
学术部落及其领地——当代学术界生态揭秘（第二版）		中学物理课程与教学设计	王 霞
	[英]托尼·比彻 保罗·特罗勒尔		
德国古典大学观及其对中国大学的影响（第二版） 陈洪捷		**21世纪教育科学系列教材·学科学习心理学系列**	
转变中的大学：传统、议题与前景	郭为藩	数学学习心理学（第三版）	孔凡哲
学术资本主义：政治、政策和创业型大学		语文学习心理学	董蓓菲
	[美]希拉·斯劳特 拉里·莱斯利		
21世纪的大学	[美]詹姆斯·杜德斯达	**21世纪教师教育系列教材**	
美国公立大学的未来		教育心理学（第二版）	李晓东
	[美]詹姆斯·杜德斯达 弗瑞斯·沃马克	教育学基础	庞守兴
东西象牙塔	孔宪铎	教育学	余文森 王 晞
理性捍卫大学	眭依凡	教育研究方法	刘淑杰
		教育心理学	王晓明
学术规范与研究方法系列		心理学导论	杨凤云
如何为学术刊物撰稿（第三版）	[英]罗薇娜·莫瑞	教育心理学概论	连 格 罗丽芳
如何查找文献（第二版）	[英]萨莉·拉姆齐	课程与教学论	李 允
给研究生的学术建议（第二版）	[英]玛丽安·彼得 等	教师专业发展导论	于胜刚
社会科学研究的基本规则（第四版）	[英]朱迪斯·贝尔	学校教育概论	李清雁
做好社会研究的10个关键	[英]马丁·丹斯考姆	现代教育评价教程（第二版）	吴 钢
如何写好科研项目申请书	[美]安德鲁·弗里德兰德等	教师礼仪实务	刘 霄

家庭教育新论	闫旭蕾 杨 萍	中外母语教学策略	周小蓬
中学班级管理	张宝书	中学各类作文评价指引	周小蓬
教育职业道德	刘亭亭	中学语文名篇新讲	杨 朴 杨 旸
教师心理健康	张怀春	语文教师职业技能训练教程	韩世姣
现代教育技术	冯玲玉		
青少年发展与教育心理学	张 清	**21世纪教师教育系列教材·学科教学技能训练系列**	
课程与教学论	李 允	新理念生物教学技能训练（第二版）	崔 鸿
课堂与教学艺术（第二版）	孙菊如 陈春荣	新理念思想政治（品德）教学技能训练（第三版）	
教育学原理	靳淑梅 许红花		胡田庚 赵海山
教育心理学	徐 凯	新理念地理教学技能训练（第二版）	李家清
		新理念化学教学技能训练（第二版）	王后雄
21世纪教师教育系列教材·初等教育系列		新理念数学教学技能训练	王光明
小学教育学	田友谊		
小学教育学基础	张永明 曾 碧	**王后雄教师教育系列教材**	
小学班级管理	张永明 宋彩琴	教育考试的理论与方法	王后雄
初等教育课程与教学论	罗祖兵	化学教育测量与评价	王后雄
小学教育研究方法	王红艳	中学化学实验教学研究	王后雄
新理念小学数学教学论	刘京莉	新理念化学教学诊断学	王后雄
新理念小学音乐教学论（第二版）	吴跃跃		
		西方心理学名著译丛	
教师资格认定及师范类毕业生上岗考试辅导教材		儿童的人格形成及其培养	[奥地利] 阿德勒
教育学	余文森 王 晞	活出生命的意义	[奥地利] 阿德勒
教育心理学概论	连 榕 罗丽芳	生活的科学	[奥地利] 阿德勒
		理解人生	[奥地利] 阿德勒
21世纪教师教育系列教材·学科教育心理学系列		荣格心理学七讲	[美] 卡尔文·霍尔
语文教育心理学	董蓓菲	系统心理学：绪论	[美] 爱德华·铁钦纳
生物教育心理学	胡继飞	社会心理学导论	[美] 威廉·麦独孤
		思维与语言	[俄] 列夫·维果茨基
21世纪教师教育系列教材·学科教学论系列		人类的学习	[美] 爱德华·桑代克
新理念化学教学论（第二版）	王后雄	基础与应用心理学	[德] 雨果·闵斯特伯格
新理念科学教学论（第二版）	崔 鸿 张海珠	记忆	[德] 赫尔曼·艾宾浩斯
新理念生物教学论（第二版）	崔 鸿 郑晓慧	实验心理学（上下册）	[美] 伍德沃斯 施洛斯贝格
新理念地理教学论（第三版）	李家清	格式塔心理学原理	[美] 库尔特·考夫卡
新理念历史教学论（第二版）	杜 芳		
新理念思想政治（品德）教学论（第三版）	胡田庚	**21世纪教师教育系列教材·专业养成系列**（赵国栋 主编）	
新理念信息技术教学论（第二版）	吴军其	微课与慕课设计初级教程	
新理念数学教学论	冯 虹	微课与慕课设计高级教程	
新理念小学音乐教学论（第二版）	吴跃跃	微课、翻转课堂和慕课设计实操教程	
		网络调查研究方法概论（第二版）	
21世纪教师教育系列教材·语文教育系列		PPT云课堂教学法	
语文文本解读实用教程	荣维东	快课教学法	
语文课程教师专业技能训练	张学凯 刘丽丽		
语文课程与教学发展简史	武玉鹏 王从华 黄修志	**其他**	
语文课程学与教的心理学基础	韩雪屏 王朝霞	三笔字楷书书法教程（第二版）	刘慧龙
语文课程名师名案例分析	武玉鹏 郭治锋	植物科学绘画——从入门到精通	孙英宝
语用性质的语文课程与教学论	王元华	艺术批评原理与写作（第二版）	王洪义
语文课堂教学技能训练教程（第二版）	周小蓬	学习科学导论	尚俊杰